U0896806

基于生态价值共创的自然保护区利益相关者管理研究

刘静艳　王雅君　陈阁芝　编著

科学出版社

北　京

内 容 简 介

本书以自然保护区的可持续旅游发展与生态管理为研究领域，以自然保护区各利益相关者为研究对象，探讨自然保护区生态系统中生态旅游的可持续发展问题，并将可持续旅游纳入生态管理的系统中，从系统动力学的角度，探讨旅游开发对自然保护区的生态系统、价值链系统、利益相关者系统等的作用和影响。

本书可供旅游管理、自然保护区管理、生态旅游等领域的管理人员和研究人员参考。

图书在版编目（CIP）数据

基于生态价值共创的自然保护区利益相关者管理研究/刘静艳，王雅君，陈阁芝编著．一北京：科学出版社，2019.1

ISBN 978-7-03-059842-4

I. ①基… II. ①刘… ②王… ③陈… III. ①自然保护区－旅游业发展－可持续性发展－研究②自然保护区－生态管理－研究 IV. ①F590.3②S759.9

中国版本图书馆 CIP 数据核字(2018)第 276565 号

责任编辑：郭勇斌 肖 雷 / 责任校对：邹慧卿

责任印制：张克忠 / 封面设计：无极书装

科学出版社 出版

北京东黄城根北街 16 号

邮政编码：100717

http://www.sciencep.com

河北鹏润印刷有限公司 印刷

科学出版社发行 各地新华书店经销

*

2019 年 1 月第 一 版 开本：720×1000 1/16

2019 年 1 月第一次印刷 印张：13 1/2

字数：260 000

定价：95.00 元

（如有印装质量问题，我社负责调换）

前　言

作为生态资源的载体，自然保护区在生态环境保护方面发挥着举足轻重的作用。我国自 1956 年建立第一个自然保护区以来，经过 60 多年的发展，已建立自然保护区 2700 多个，自然保护区面积达到 147.17 万平方公里，约占陆地国土面积的 14.86%，形成世界上规模最大的保护区体系之一。以保护生态为目的建立的自然保护区既能为人类生存、生活和发展提供基础生命支持系统，又具有气候调节、涵养水源、保护生物多样性以及旅游休闲等多方面的生态价值。为自然保护区生态系统及其价值实现创造有效途径，构建良性的价值运行机制，是确保自然保护区可持续发展的前提。

从系统学角度来看，自然保护区是一个复合系统，其生态价值的运行涉及自然保护区管理者、政府部门、旅游企业、社区居民、游客等多个共生单元的利益相关者。基于利益相关者的生态价值共创是自然保护区生态价值运行的最优途径。然而，一方面，利益相关者之间以及利益相关者与自然保护区资源之间存在彼此依赖、相互关联的共生关系；另一方面，独立的利益相关者又存在各自不同的利益诉求，“集体行动的困境”是自然保护区生态价值共创过程中客观存在的现实问题。在此背景下，作者及其研究团队致力于研究生态价值共创情境下的自然保护区利益相关者管理。

本书包含了作者及研究团队对自然保护区生态价值共创及价值共创中利益相关者管理的一些阶段性研究成果，共分为五章内容。第一章是理论概述，在这部分中提出自然保护区生态价值共创的概念，从管理学、经济学和生态学相结合的跨学科视角研究自然保护区生态价值共创这一命题，对生态价值评估、生态补偿机制进行探讨，并从价值链的视角，界定自然保护区的关键利益相关者，提出运用治理观点对相互依赖而又存在冲突和矛盾的利益相关者之间的关系进行协调的可能性措施。第二～四章主要阐述各个利益相关者参与自然保护区价值共创中进行的管理活动。其中，第二章是旅游企业管理，针对影响自然保护区生态价值实现及旅游企业可持续发展的两个重要问题，即环境管理、社会责任问题展开讨论，并对我国旅游上市公司内部治理结构的安排进行了实证研究，指出建立科学的权力制衡机制对我国旅游上市公司的意义。第三章为景区管理，强调自然保护区在开发过程中面对的管理问题，如经营主体的选择、开发之后景区门票的定价等。

第四章对游客在自然保护区的环境责任行为提出一些思考。第五章内容则尝试从利益相关者之间交互的角度，对利益相关者的价值共创进行分析，呈现出自然保护区关键利益相关者在价值共创中错综复杂的关系。

本书是在国家自然科学基金支持下，基于刘静艳教授自2006年以来主持的3项国家自然科学基金项目（40571063、40971292、41471467）的团队研究成果，选择汇编了近年发表的期刊论文、学位论文和研究报告，意在抛砖引玉，供业界专家、学者和自然保护区管理者学习交流。除了三位作者外，在此要特别感谢本书中各篇论文或报告的合作者：孙楠博士、李玲博士，以及研究团队中的历届硕士研究生：梁追达、黄扬慧、刘芝岑、车甜婷、黎娇等。本书包含了他们的研究成果，凝结了他们的辛勤汗水，是研究团队合作的结晶。此外，本书在写作过程中，参考了国内外大量文献著作和网站资料，得到许多学界和业界专家的大力支持，在此一并表示衷心的谢意。由于本书中涉及的研究时间跨度较大，不同研究有不同的研究视角和背景，敬请读者阅读时，考虑到情境的不同，理解研究的结论及其局限性。本书也难免存在可商榷之处，欢迎读者予以指正。

作　者

2018年10月

目　录

第1章 理论概述

本章是理论概述部分，首先，界定自然保护区生态价值的内涵，研究自然保护区利益相关者共生的内在机制，通过构建旅游开发企业与政府、旅游开发企业与社区居民的动态博弈模型，演绎民间资本介入的自然保护区利益相关者价值共创的市场发生机制和条件，研究基于利益相关者的自然保护区生态价值共创机制；其次，基于价值链理论构造生态服务价值链模型，指出参与自然保护区生态价值创造的主要利益相关者及其在生态价值创造过程中扮演的角色和发挥的重要作用。构建生态价值评估体系是生态价值共创的前提，本章探讨了生态价值评估的重要意义，尝试结合可持续发展框架构建自然保护区生态价值的评估体系，并对生态价值创造过程中涉及的自然保护区生态补偿机制进行分析和讨论，为自然保护区各利益相关者的管理研究奠定基础。

1.1 民间资本介入的自然保护区生态价值共创机制

随着我国经济高速发展，环境问题日益严重。据环境保护部（现生态环境部）《全国生态保护“十二五”规划》的信息，未来五年，我国生态环境整体恶化的趋势仍无法得到根本遏制，资源能源消耗和人为活动干扰对生态环境的压力将不断加大，产业布局和产业结构与生态环境承载力不匹配、不协调的矛盾依然突出，产业转移和资源开发对生态脆弱地区可能产生新的生态破坏。如何协调经济发展与生态保护的矛盾，是我国当前在生态环境管理领域面临的重大课题。在这一背景下，自然保护区具有极其独特而重要的意义。

尽管资源是稀缺的，对于任何一种与资源配置有关的选择都存在机会成本，但建立自然保护区仍然是保护生态环境和生物多样性的最佳方法。世界发达国家自然保护区的面积一般在国土面积 10%以上。根据世界保护区数据库（world database of protected areas，WDPA）资料，截至 2011 年，全球自然保护区已超过 15 万个，面积约 2 423 万 km^2。我国自 1956 年建立第一个自然保护区以来，截至 2017 年底已建成 2 750 个自然保护区，自然保护区陆域面积 142.70 万 km^2，约占陆域国土面积的 14.86%（中华人民共和国环境保护部，2017）。

虽然自然保护区属于国有公共资源，但中央及地方政府财政投资比例较低，资金短缺问题突出。据调查，全国仅有 11.14%的自然保护区的财政拨款能满足保护区编制内人员工资和福利需要，2.06%的自然保护区的财政拨款能满足自然保护区的管理需要，5.98%的自然保护区的保护费用能得到保障（权佳等，2009）。在这种情况下，民间资本介入自然保护区已成趋势。2012 年 6 月，国家旅游局（现文化和旅游部）公布了《关于鼓励和引导民间资本投资旅游业的实施意见》（旅办发〔2012〕280 号），标志着旅游产业向民间资本的全面开放。这更进一步加快了民间资本投资自然保护区旅游开发的步伐。据不完全统计，截至目前，全国共计 500 多个自然保护区以 30～70 年不等的年限通过买断经营权、租赁经营、承包经营、协议开发、投资开发及挂牌等方式出让了经营权（李爱平和张绪海，2011），如表 1-1 所示。但在我国生态补偿机制和生态保护立法尚未健全的情况下，企业的正外部性权益和外部不经济性的责任缺乏有效匹配，民间资本的逐利性导致“圈地”及资源过度消耗等严重问题，在很大程度上改变了自然资源的公共性、公益性和非营利性特点，导致资源贬值，环境问题不断加剧。尽管民间资本在创造就业、创新，以及促进经济发展方面发挥着重要作用，但也因社会责任缺失、监管缺乏、恶性竞争而导致对资源的低效无效利用（武真真和章锦河，2012）。这就意味着需要更多资源输入和更多污染输出，同时也意味着相关环保措施，无论技术的、经济的，其实施难度都会加大，企业更倾向于滥用环境逃避成本。开发与保护、全局与局部、长期与短期利益之间的矛盾日益尖锐，已成为自然保护区可持续发展的制约因素（Leverington et al.，2008）。

表 1-1 民间资本介入自然保护区概况

民间资本介入模式	合作年限	自然保护区
买断经营权	40	山东腊山国家森林公园
	50	碧峰峡生态景区（四川卧龙国家级自然保护区）、神农架国家级自然保护区、夹山国家森林公园、江西齐云山国家级自然保护区
	70	山西庐芽山国家级自然保护区
租赁经营	50	湖南张家界国家级的保护区黄龙洞景区
承包经营	40	新疆天山大峡谷国家森林公园
	50	山西绵山自然保护区
协议开发	30	喀纳斯国家级自然保护区
	50	四姑娘山国家级自然保护区、桐柏山淮源风景名胜区 浙江千岛湖国家森林公园、四川美女峰国家森林公园
	70	天湖省级自然保护区
投资开发	48	崀山国家地质公园
	50	壶瓶山国家级自然保护区、湖南张家界国家级的保护区宝峰湖景区（世界自然遗产）、酒埠江国家地质公园
上市公司		黄山自然保护区、峨眉山景区（世界自然与文化遗产） 张家界武陵源省级自然保护区
挂牌出让		安徽妙道山国家森林公园、湖南大围山国家森林公园（省级自然保护区） 陕西南宫山国家森林公园、福建三元国家森林公园（省级自然保护区）

1.1.1　自然保护区生态价值的内涵

从生态学角度看，以保护自然生态系统为目的建立的自然保护区具有两方面的价值，一方面，因其能够提供气候调节、涵养水源、保护生物多样性及旅游休闲等方面的服务，而具备满足人类需要的属性，这类属性和效应即为生态服务价值；另一方面是自然保护区生态系统自身的存在价值，即维护人类生存所具有的价值（戴星翼等，2005）。生态系统自身的存在价值即“自然价值”或“环境价值”，是指自然物之间及自然物对自然系统整体所具有的系统“功能”，表现在 3 个方面：创生价值、平衡价值、自净价值（卢彪，2013）。人是自然的一部分，一旦生态系统遭到不可修复的破坏，人类就无法生存和发展。生态系统的服务价值源于人类从自然和生态系统获取的各种利益，包括直接的生态产品和支持功能、调节功能等其他生态利益。生态系统提供的食物和自然资源是人类赖以生存的基础，“资源价值”为人类创造了“经济价值”。然而，生态系统具有刚性，即当人类高强度的使用，导致生态系统提供服务的能力遭到破坏时，其生态服务的能力将衰退或消失。

从哲学视角看，生态价值理念源自中国传统哲学中的“天人合一”思想。儒家“万物一体”“仁民爱物”的思想均体现人与自然的和谐、人对自然的道德关怀（钱俊生和彭定友，2002）。生态伦理发端于全球生态问题的凸显，以及人类对生态问题进行伦理反思的哲学重构。而儒学的“天人合一”思想正是以道德的角度审视人与人、人与自然的关系。因此，由“天人合一”演化而来的生态价值同时具备了伦理的价值，从而帮助人们树立尊重自然、敬畏自然的价值观，以及遵循环境公平与正义的自觉性，并且藉此协调人与自然的关系，促进现代公民的生态人格，从而实现生态价值（何怀宏，2000）。综上，生态价值是生态系统的一种总体性价值，包括 3 个维度：经济价值、环境价值和伦理价值。

由于长期以来人们对价值认识的局限性，自然保护区被严重开发甚至破坏，生态系统快速退化，环境资源的稀缺性更为突出（崔永和，2008）。一般而言，在缓解资源稀缺性的各种途径中，最有效的莫过于利用市场机制。虽然市场能够有效地应对自然物品的稀缺，但在应对生态服务稀缺性方面存在“市场失灵”问题。最常见的，是将环境资源用于一种目的会导致其服务于其他方面的能力下降，即资源使用的矛盾。这主要涉及两种情况，一是相关生态服务载体具有竞争、非排他、拥挤的特点；二是一种资源的使用不具有竞争性，也被称为环境公共物品，如空气等，尽管其使用不具有竞争性，但其供给能力会受到竞争性资源的影响，例如，空气质量会受到自然保护区绿地面积的影响。因此，不难得出这样一种解释，如果一种资源既是稀缺（竞争性使用）的，又是开放进入（非排他）的，则对这种资源的滥用就会是一种必然。因为在这种情况下，不会有人愿意对这种资源保护进行投入，原因是开放进入使得他难以保证回报。同时每个利益主体又会尽可能地最大化利用这种资源，从而必然加速其退化。这种情况对于既具有物品提供功能，又具有生态服务功能的自然保护区生态资源尤为突出。正是在这种情况下，其部分功能可能被充分市场化，从而体现出生态服务的市场价值，但被排斥在市场之外的价值却容易被忽视。市场价值是明确的，容易通过交易量化，权属是清晰的，可通过市场交易实现，可称为市场机制；而非市场价值往往是含糊的、权属不清的，其具有经济价值，但无法通过市场实现，或者独立于经济系统之外，此时的生态服务价值的确定与实现，市场是无能为力的，需要政府的作用，可谓政府主导下的准市场机制（戴星翼等，2005）。显然，当生态服务功能被排斥在市场之外，这一资源就会被市场用途所控制，如果这些功能是矛盾的，其结果就是生态服务功能的急剧衰退，从而引发上述问题不断加剧（黎洁，2006；李法云等，2005）。

然而，以民间资本为主体的市场经济并非天然与生态环境为敌，如果其运行机制是良性的，那么在供求和竞争关系的作用下，生产和消费活动将会与生态环境相协调。但这种协调的构建，不是靠政府的倡导、学者的呼吁或宣传教育而自动实现的，限于道德和伦理层面的谴责也远不足以解决根本问题。社会人同时更是经济人，逐利驱动并非仅靠道德感化所能轻易改变。为此，一条有效的途径是为自然保护区生态价值的实现创建有效的市场，而创建市场的本质是制度和机制的创新。厘清各利益主体与生态服务相关的权益和责任边界，并使这些权益和责任的让渡形成市场机制。

目前，有关此类问题的理论研究明显滞后，应对策略的可操作性堪忧。对自然保护区的研究比较分散，系统性不强；对于生态价值的研究集中于概念解析及价值评估方面（金卓等，2011；李海涛等，2005），研究视角多局限在自然科学范畴，对生态价值实现的参与主体的行为研究比较少见；对自然保护区民间资本的多数研究倾向于关注民间资本主体的事前监督，如明确自然保护区经营主体的资格确定经营权转让的年限，准确评估经营权转让的价值等，对经营权转让后的自然保护区的生态价值如何实现保值增值缺乏关注。本节立足于可持续发展的目标，基于系统的观点，从管理学、经济学和生态学相结合的跨学科视角探讨如何解决经济发展与环境保护的矛盾问题，提出自然保护区生态价值共创的概念范畴，以共生理论为基础，构建生态价值共创的理论模型。

1.1.2 自然保护区利益相关者的共生机制

以现代产权理论为规范性理论基石，利益相关者理论强调对各个利益相关者之间相互竞争、相互冲突的利益索取权给予综合考虑并进行平衡。1984 年，弗里曼（Freeman）的著作《战略管理：利益相关者方法》标志着利益相关者理论的正式开端。从广义上来讲，利益相关者指的是那些能够影响组织目标的实现，或者被组织目标的实现所影响的群体或个人。自然保护区的核心利益相关者包括：自然保护区管理机构、社区居民、旅游企业、游客；边缘利益相关者包括：政府部门、专家学者、媒体、非政府组织；潜在利益相关者涵盖：非人类物种、后代子孙等（冯晓东和徐超，2012）。

自然保护区的利益相关者之间，以及利益相关者与生态环境之间存在的彼此依赖相互关联的状态，可谓"共生"（权佳，2003）。最早提出生物界广义"共生"概念的是德国真菌学家 de Bary，他在 1879 年明确指出："共生是不同生物密切地生活在一起。"20 世纪 70 年代，生物学的共生思想被引入企业管理的研究。基于生物学的共生概念及其相关理论，袁纯清（1998）构建了"共生理论"框架。通过研究共生单元、共生环境及共生模式揭示共生的本质，用共生界面、共生密度、共生行为模式和共生组织模式研究共生关系状态。其中，共生单元是指构成共生体或共生关系的基本能量生产和交换单位，它是形成共生体的基本物质条件；共生环境是指共生关系即共生模式存在发展的外生条件；共生模式，也称共生关系，是指共生单元相互作用的方式或相互结合的形式。

共生关系的形成一般需要具备以下几个条件：①共生单元之间具有内在性质的兼容及某种时空联系；②在给定的时空条件下，它们之间应存在某种确定的共生界面；③共生单元之间按某种方式进行物质、信息和能量的不断交换，这种交换是推进共生关系的物质基础，也是共生行为的具体表现（胡晓鹏，2008；袁纯清，1998）。在自然保护区这一共生界面下，政府部门通过招商引资吸引民间资本介入自然保护区，企业利用和依赖保护区资源进行开发和逐利，由此产生的税收在一定程度上弥补保护区资金不足的困局；对于当地社区和旅游者，环境的适宜性、经济的可行性、社会文化的可接受性和旅游体验的可持续性是一切旅游形式存在的前提。如果没有体验，旅游者不再来，经济上不可行，服务和设施不能保障，旅游企业和社区的经济利益就无从谈起；如果文化上不可接受，当地社区就会敌视甚至抵制旅游者，社区如果没有形成良好的认知性社会资本，就不会产生积极的环保行为意向；如果保护区环境被破坏，那么所有赖以生存和发展的基础将不存在（Liu et al.，2004）。因此，自然保护区各利益相关者之间，以及利益相关者与生态环境之间存在着彼此依赖相互关联的关系，并进行着物质、信息和能量的交流，相互之间的状态是一种共生关系。

共生理论认为，"对称互惠共生"是共生系统进化的一致方向，是所有共生行为模式中最有效率和最稳定的模式，共生单元之间的利益是多赢的（袁纯清，1998）。对称互惠共生状态可以达到帕累托最优（Pareto Optimality），同时也是最佳激励兼容状态或最佳资源配置状态（杨玲丽，2010）。具体而言，就是自然保护区利益相关者在承认利益冲突的前提下，主张将局部的对立变成更大空间的共存，着眼于发展和保护共同优势，强调通过利益的共享和义务的共担，在市场这一共生界面中共同进化、共同发展、共同适应，寻求双方或多方的共存共享和互惠共赢，构筑一个统一和谐的整体，从而获得任何单个一方无法达到的高水平和整体的最大利益。即在“对称互惠共生”模式中，自然保护区、旅游企业与当地社区之间存在良好互动，社区居民可以获得经济和社会利益，自然保护区可以通过旅游所得收入增加保护资金，改善管理手段等，而旅游企业则通过向旅游者提供旅游产品和服务获得经济上的稳定发展（Ross and Wall，1999）。利益相关者依赖自然保护区资源，通过交易、协调和平衡，实现“共赢”。但实际情况是，资源的有限性造成了各利益相关者在追求各自价值实现的基础上面临着角色冲突。这主要体现在负责环境保护目标的主体和经济收益目标主体之间的权力抗衡和制约，也就是如何协调“经济价值”与“环境价值”的冲突问题。例如，自然保护区与当地社区，是互利共存还是排斥，旅游者对当地社区是尊重还是冲击，自然保护区与旅游企业是互补还是抵制等一系列问题。

生态价值共创为自然保护区利益相关者“对称互惠共生”关系的实现提供了有效途径。按照价值共创观点，通过供给者与消费者互动、合作，供给者与消费者共同创造并分享价值，能够实现双方利益的最大化（Vargo and Lusch，2008）。自然保护区是一个复合系统，其生态价值的实现涉及多个共生单元的利益相关者。共生单元——自然保护区是生态资源的供给者，而相关的共生单元，包括社区居民、政府部门、旅游企业、游客、压力集团、专家学者、媒体等在内的利益相关者，是生态价值的依赖者和消费者。供给者与消费者之间存在的相互依赖关系是价值创造和实现的源动力（Payne et al.，2008）。这种利益主体对于资源及利益主体之间的高度依赖性，使价值共创机制成为构建自然保护区生态价值实现有效市场的最优途径。

1.1.3 自然保护区生态价值共创的系统观点

围绕“价值究竟是由谁创造”的问题，管理学研究领域衍生了“价值共创”的概念，并经历了“以企业为中心——价值链——价值系统”的演进。传统的以企业为中心的价值创造体系观点认为，价值由生产者单独创造，消费者被动接受着价值（Normann and Ramirez，1998）。随着社会的进步和消费者需求的变化，生产者和消费者共同创造价值的服务主导逻辑（service-dominant logic）逐渐占据了主流观点，价值创造过程不再由生产者完全控制，而是需要与消费者互动、合作，生产者与消费者共同创造并分享价值，从而实现双方利益的最大化（Vargo and Lusch，2008）。

随着近年价值链思想向价值系统思想的逐步演进，学者们指出价值共创不应只关注生产者和消费者的关系，而应将更多参与价值创造的主体和来源整合起来

（Gummesson，2008），价值是由整个系统共同创造的（Nenonen and Storbacka，2010）。价值共创过程中的所有利益相关者，可以看作一个依靠彼此资源而生存的开放系统（Vargo et al.，2008）。在这个系统中，利益各方进行着动态的、网络式的互动，各利益主体对彼此资源的依存和需要是其价值共创的源动力（Payne et al.，2008），价值共创主体之间依赖程度越高、交互时间越长，价值共创的意愿就越大（Forsström，2005）。系统价值共创的观点强调了资源整合的重要性，由只关注生产者和消费者二元角色的变化，转向更加关注系统内各类资源和要素对价值共创的作用。

自然保护区生态服务价值的实现涉及多个共生单元的利益相关者——自然保护区管理机构、政府部门、旅游企业、社区居民、游客等。政府部门通过立法、规范、协调政策、基础设施建设等有力工具，影响着自然保护区的开发和保护；旅游企业被很多研究者视为可持续发展这幕情景剧中“坏蛋”，仅仅关心自身利益（Rees，1992）。然而，如果他们是造成旅游负面影响的一个主要原因，则正说明他们在任何试图建立更加可持续发展旅游形式的努力中具有举足轻重的作用，在生态价值实现过程中扮演着重要角色；而各共生单元之间既相互矛盾，又彼此依赖，在生态服务价值实现过程中扮演着不可或缺的角色，如图 1-1 所示。

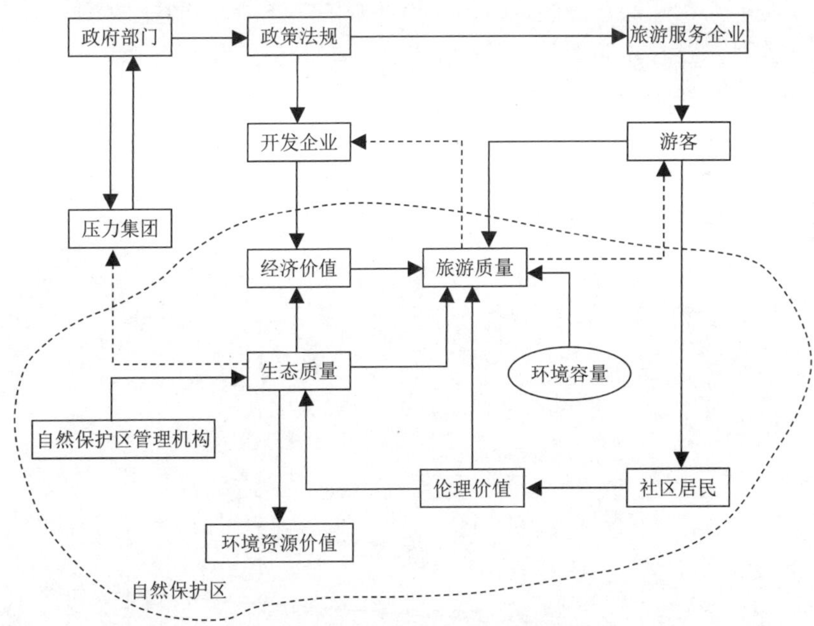

图 1-1 自然保护区利益相关者生态价值共创系统关系图

自然保护区生态系统中，政府部门、自然资源和环境质量构成背景控制因素，对自然保护区的发展起着调控作用；政府部门通过政策法规影响着社区、保护区和旅游（开发）企业，其中旅游企业和社区是直接的利益驱动因素。各利益主体相互作用并对系统施加影响，最终影响着自然保护区的生态质量和旅游质量，决定着其经济价值、环境价值和压力集团的响应倾向，也在很大程度上体现了伦理价值水平。在最优情况下，自然保护区得到保护性开发，企业赢利，社区居民和游客共享成果。

1.1.4 基于内生理论的自然保护区生态价值共创机制

依据哈佛学派市场结构决定行为的观点，市场结构决定企业的市场行为，而在一个给定的市场结构下，市场行为又是市场绩效的决定因素。因此，为了获得理想的市场绩效，最重要的是通过公共政策来调整不合理的市场结构（苏东水，2000）。基于共生理论的“对称互惠共生”模式的关键在于共生单元的利益均衡多赢的格局，但其前提是要有利且互惠。这带给我们一个启发，即对于生态环境友好的市场必须是高效率的。只有拥有合理的市场结构和充满活力的企业，才可能反哺生态环境，这意味着确定合理开发和保护目标的自然保护区的市场结构和运行效率必须显著提高。

建立生态价值共创的市场机制，一种理想情况是正常的市场运行中能够产生大量有利于环境的效应，使环境在市场运行中不断改善。但自发的市场不可能达到这一目标，必须完善市场制度、纠正市场缺陷，厘清各利益主体与生态服务价值关联的正外部性权益和负外部性的责任边界，分析各利益相关者在自然保护区生态价值共创系统中的格局和利益诉求，研究保障生态价值共创有效实现的结构性问题，如准入机制、利益分配机制、生态补偿机制和行为约束机制等，如图 1-2 所示。通过政策调控和机制设计，优化市场结构，促使利益相关者实施生态价值共创行为，在满足参与方利益诉求的同时，保证自然保护区生态价值的实现。

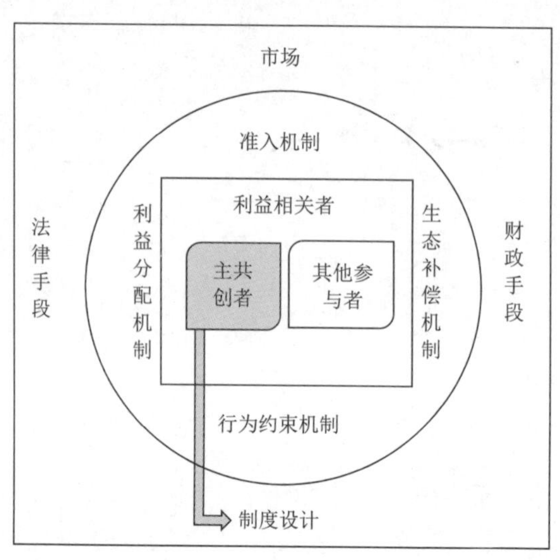

图 1-2 自然保护区生态价值共创的运行机制

1.2　民间资本介入的自然保护区生态服务价值链*

自 1956 年建立第一个自然保护区——鼎湖山自然保护区以来，我国自然保护区的规模增长很快。截至 2017 年年底，我国已设立各种类型的自然保护区 2750 个，自然保护区陆域面积约占陆域国土面积 14.86%，高于世界平均水平。虽然我国自然保护区属于国有公共资源，但在自然保护区的建设过程中，中央及地方政府对自然保护区尤其是省、市级自然保护区的投资并不充足。近年来，一些地方政府为了缓解资金困境、提高财政收入，纷纷出台支持自然保护区旅游发展的政策，并通过出让经营权的方式鼓励民间资本介入自然保护区，投资开发旅游资源，民间资本介入自然保护区呈现愈演愈烈的趋势。

资本的逐利性、丰厚的经济回报和自然资源的占有欲成为民间资本进入自然保护区的主要动力。在我国生态补偿机制和生态保护立法尚未健全，以及政府相关部门监管缺位的情况下，民间资本介入自然保护区可能带来自然资源的过度和无序开发，造成诸如重经济轻保护、“圈地”和寻租腐败等问题，在一定程度上改变了自然资源的公共性、公益性和非营利性特点（依绍华，2003）。民间资本的主体、地方政府等相关群体成为直接受益者，但正外部性的权益和外部不经济性的责任却缺乏有效匹配，导致环境破坏、自然资源保护不力等问题不断加剧，自然保护区的可持续发展受到严重威胁。为此，如何规避民间资本主体的机会主义行为，确保民间资本介入下自然保护区生态服务价值的保值和增值，是我国迫切需要解决的问题。

过去几年，我国学术界也曾对民间资本介入自然保护区的问题进行过一些探讨（张进福，2004；郑向敏，2005）。总体来说，大部分文献都倾向于关注民间资本主体的事前监督，例如，在经营权转让时，明确自然保护区经营主体的资格，合理确定自然保护区经营权转让的年限（阎友兵和陈喆芝，2010），准确评估自然保护区经营权转让的价值（刘敏等，2007）。也有一部分文献强调从地方政府角度对民间资本主体实施事后监督，如建立适当的激励约束制度（郭淳凡，2010）。然而，目前的理论研究还是明显滞后于实践。本节结合战略管理领域价值链的基本思想和价值链治理理论，将民间资本介入作为驱动因素，将处于相对静态的自然保护区生态服务价值置于其价值实现的活动之中，通过构建自然保护区生态服务价值链模型，探索民间资本介入模式下实现自然保护区可持续发展的有效途径。本节不仅在理论上具有创新意义，而且在实践中将为规范民间资本主体的市场行为提供科学参考。

1.2.1　自然保护区及其管理模式

根据世界自然保护联盟（International Union for Conservation of Nature，IUCN）

---

* 本节选自：刘静艳，陈阁芝，2012. 民间资本介入的自然保护区生态服务价值链研究[J]. 中大管理研究，7(1).

的定义，自然保护区是指为了保护和维持生物多样性、自然及相关文化资源而特别划定的，通过立法或其他有效手段进行管理的陆地和/或海洋区域。由此可见，自然保护区实际上是一个宽泛的概念，不仅包括我国《中华人民共和国自然保护区管理条例》中界定的狭义自然保护区，而且包括风景名胜区、湿地公园、森林公园、地质公园等多种类型的自然区域。

自然保护区既承担着提供生态服务等公共产品的功能，又承担着提供旅游服务产品的功能，所以单一的管理者提供这两类服务并不合适（依绍华，2003）。国外自然保护区管理模式已呈现多元化趋势。美国 1965 年颁布了《特许经营政策法案》，由政府按照有关法律法规，通过市场竞争机制选择某项公共产品或服务的投资者或经营者，明确其在一定期限和范围内经营某项公共产品或提供某项服务。民间资本以特许经营的方式介入自然保护区，较好地解决了自然保护区所有权、管理权和经营权“三权分立”的问题。在国家公园联邦所有的情况下，政府严格执行监督和管理的职能，民间资本从特许经营中获利，游客和消费者也从这一模式中获益。在加拿大，自然保护区管理实体已由政府机构转变为“公司+政府”模式。机构归政府所有，企业自主经营、自负盈亏。政府机构投入经费约占 20%，企业自筹经费百分比逐年上升。在德国，联邦政府不拥有土地，政府只负责相关政策及立法，自然保护区实行的是比较典型的地方政府管理模式。在日本，自然保护区管理实行的是比较典型的综合管理模式。总体来说，我国自然保护区的管理模式主要分为 3 类：①政府主导开发、企业参与投资；②国有资本占主导地位，民间资本开发部分景区；③完全由民间资本买断经营权（Costanza et al.，1997）。图 1-3 对国内外自然保护区的管理模式进行了总结。

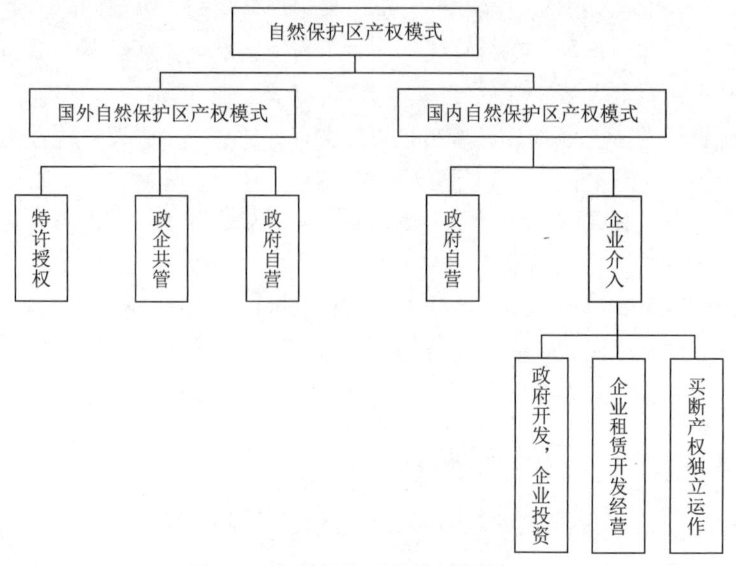

图 1-3　自然保护区的管理模式

1.2.2　自然保护区生态服务价值的概念和类型

自然保护区丰富的生态资源能够为人类提供有价值的生态服务。早在 20 世纪 60 年代，学术界已经开始关注生态系统为人类提供生态服务的重要价值，并取得了大量的研究成果（如 Fisher，Turner and Morling，2009；Hein et al.，2006）。20 世纪 90 年代后，康斯坦茨（Costanza）及戴利（Daily）对生态服务价值及评估方法的研究取得了重大进展并在学术界引起广泛关注（Daily，1997）。Costanza 等指出，生态服务是人类从生态系统功能中直接或间接获得的收益。其中，生态系统功能泛指栖息地、生物物种、生态资产或生态系统的循环过程。自然保护区的生态服务不仅包括自然保护区生态系统为人类提供的旅游、休闲娱乐服务，而且包括气候调节、食物生产、原材料生产、文化等在内的诸多服务类型（Costanza et al.，1997）。单纯从自然保护区旅游经济的角度看待自然保护区生态资源的价值，是极端片面的。在 Costanza 研究的基础上，生态服务功能被界定为生态系统与生态过程所形成及所维持的人类赖以生存的自然环境条件与效用。谢高地等进一步将生态服务划分为 4 种类型，即供给服务、调节服务、支持服务和社会服务，并由 31 个因子组成。生态服务价值的评估对象可以归纳为 5 个主要方面：①全球性质的生态服务价值评估，例如，Costanza 对全球生态服务价值的分类和全面评估；②区域性生态服务价值评估，例如，对某些省、市或对某个流域的生态服务价值评估；③对单个生态系统的评估，例如，对某个森林公园、湿地公园、某条河流、草原的生态服务价值评估；④对物种及其多样性保护的评估；⑤对土地利用区域或人工开发区域的评估（谢高地等，2006）。生态服务价值的评估方法主要包括市场价值法、旅行费用法、机会成本法、意愿调查法等。通过生态服务价值的研究，可以提供关于生态系统结构和功能，以及支持人类生存、发展过程中所需要的信息；有助于制定人类福利和可持续发展的指标体系，在宏观和微观层面都具有十分重要的意义。

尽管 Costanza 等对生态服务价值及其评估进行了开创性的研究，研究成果也给了我们极大启示，但由于生态服务本身的复杂性、实践的不确定性和研究滞后性等问题，生态服务价值的理论和研究方法等方面仍存在很多亟待解决的问题。一方面，迄今还没有形成一个准确评估自然保护区生态服务价值的权威标准，研究尺度缺乏可比性，导致研究成果不足以为政府和企业提供决策依据，这也给民间资本介入下我国自然保护区生态服务保值或增值的衡量带来了更大的困难和挑战；另一方面，目前的研究主体局限在自然科学领域，而且研究大多限于静态，计量结果只是货币化的资源存量数值，不具有现实意义，对生态服务价值实现和转化过程的动态研究十分少见。事实上，生态资本是以资源形态存在的，是动态变化的。生态服务价值只是生态资本存在价值的一小部分，是功能和服务的价格赋值。生态资本的运营十分重要，决定着生态资本的价值能够发挥和实现多少，其实现价值因途径和社会经济条件不同而有很大差异，但目前还没有系统性的理论和实证研究。

1.2.3 自然保护区生态服务价值链的内涵

价值链的概念是由美国 Porter 在其《竞争优势》一书中提出来的。Porter 认为，“每个企业都是在设计、生产、销售、运送和辅助其产品的过程中进行种种活动的集合体”。所有这些互不相同又相互关联的活动，构成了企业创造价值的动态过程，即价值链（Porter，1985）。Porter 将价值定义为顾客愿意为企业产品或服务支付的价格，价值与创造价值的活动成本之间的差异，决定企业的利润。运用价值链的思想对企业进行管理，强调企业应该从系统的角度考察经营绩效，对价值链上的各项价值活动进行协调以提高整体绩效，而不是追求单项价值活动的优化。Porter 认为不仅企业内部存在价值链，企业的价值链还存在于一个更大活动流的价值系统之中。

除企业价值链外，供应商为企业提供原材料、机器设备等外购投入，形成供应商价值链；企业的很多产品需要通过销售渠道才能到达顾客，形成渠道价值链；而企业的产品到达顾客后，最终会成为顾客价值链的一部分。也就是说，不仅是企业内部存在着价值链，上下游关联的企业之间通过价值的传递、转移、增值，也构成了价值链。企业价值链与供应商价值链、渠道价值链之间形成了纵向联结。供应商或渠道商的价值活动方式会影响企业的价值活动，反之，企业的价值活动方式也会影响到供应商或渠道商的价值活动。这意味着价值链模型不仅可以用于分析企业内部价值活动，而且可以用于行业层面，分析“一项产品或服务从提出设想，经过不同阶段的加工传递给消费者，到消费者使用后的处置这整个过程中的价值创造和价值分配活动”（Kaplinsky & Morris，2001）。价值链理论立足于明细的局部分析和整体的结构组合，以及精确的片段研究和衔接的流程组合，不仅能用来分析特定组织内部的行为，而且可用于研究整个系统流程的优化，是对社会、经济、环境各个不同层面进行探索的科学方法（Kaplinsky et al.，2003）。

价值链理论广泛应用于制造业、服务业等领域多个行业研究，但在生态服务领域仍然是空白，尚没有学者运用价值链理论对自然保护区生态服务价值进行相关的研究。如前文所述，生态系统能够为人类提供生产、调节和文化 3 种类型的服务，这些服务具有巨大的价值。但是，很多类型的生态服务并不是天然就能为人类利用，而是需要经过设计、生产、销售、运输和辅助等价值活动，如绿色食物、药材、木料及旅游、休闲娱乐服务等。这个过程中的一系列价值创造和价值分配活动构成了生态服务价值链。在生态服务价值的实现过程中，生态系统作为生态服务“唯一”的源头，是整个过程的起点，经过从开发规划、基本建设、产品设计、生产过程、市场营销到废物回收利用等全过程的活动，生态服务的价值被传递、转移、增值（或贬值），最终到达消费者，此时生态服务的价值得到实现；消费者享受生态服务的同时，需要做出经济的或非经济的补偿，这种补偿又通过一系列环节的传递、转移，返回生态系统，提高（维持或降低）生态系统的服务功能，实现生态服务价值的持续循环（不变、上升或下降）。这一系列活动过程就构成了生态服务价值链。

结合生态服务与价值链的概念，生态服务价值链可以定义为：生态系统为人类提供的服务，其从产生直到最终传递给消费者所经历的一系列价值创造和价值分配活动。自然保护区的生态服务价值链，就是指自然保护区的生态系统为人类提供的服务从产生直到最终传递给消费者所经历的一系列价值创造和价值分配活动。自然保护区作为生态系统天然的“本底”资源，对资源的开发、运营方式和水平都直接影响着生态服务价值的传递、转移和实现路径。如图 1-4 所示，自然保护区的生态服务价值链是一个动态循环的链条。正向链条以价值的传递为方向，自然保护区生态系统作为生态服务的“原材料”，是整个价值链的起点，自然保护区生态系统经过经营主体的规划、开发成为生态服务，通过营销最终到达消费者，生态服务的价值得到实现；而逆向的链条则根据资金的流向，消费者享受生态服务必须支付一定货币，其中一部分投入生态系统的保护和再开发，实现生态资源的保值（增值），最终实现生态服务价值的持续循环。

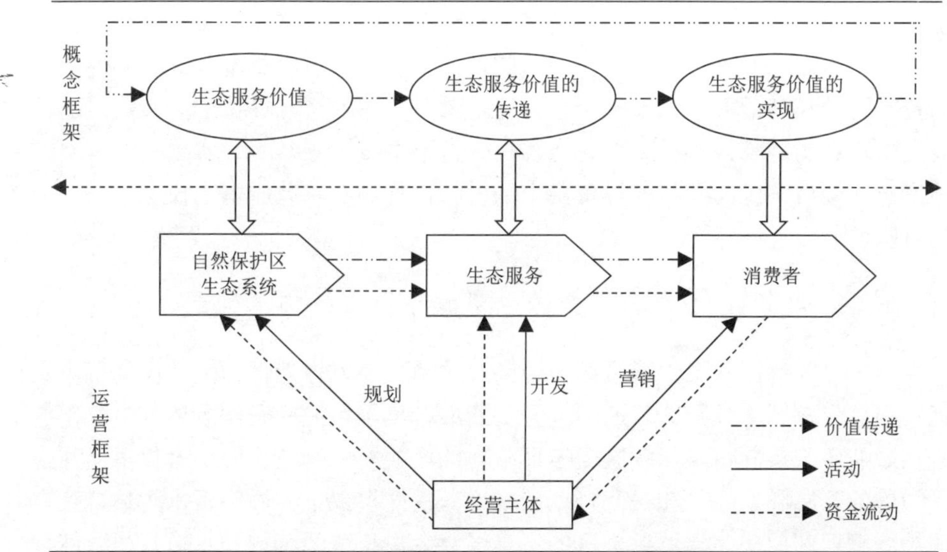

图 1-4　自然保护区生态服务价值链的概念框架

传统意义上，我国自然保护区属于国有公共资源，政府在自然保护区生态服务价值的传递、实现和分配过程中承担着多重角色。自然保护区的管理部门作为政府机构，既是自然保护区的监管者，又是实际上的经营者。这种“监管”与“经营”职能并存的局面使自然保护区的管理部门难以做到自我约束和自我监督，容易导致自然保护区出现投入资金不足、规划水平不高、监督力度不够等问题。近年来，民间资本以多种形式介入自然保护区，打破多年来自然保护区所有权与经营权高度统一的局面，改变了自然保护区生态服务价值链的传统结构，这将会对自然保护区生态服务价值的传递、实现和分配带来一定影响。

1.2.4 民间资本介入下自然保护区生态服务价值链的结构及治理

1. 民间资本的内涵和特征

民间资本是相对于政府资本而言的。政府资本是按照国家政策意图、产业政策需要来配置的资本，不以盈利为目的（杨天荣，2010），主要包括财政预算内资本和政策性银行提供的纳入国家投资计划的信贷资本两部分（王丽娅，2003）。民间资本则定义为除政府资本之外的所有国内资本，包括集体经济、个体经济、私营经济、联营经济、股份制经济和其他经济成分拥有的资本。民间资本投资总额由总投资额扣除政府资本、外商资本之后得到。

民间资本包括货币、实物、知识 3 种资本形态。具体来说，民间资本既包括现金、股票、债券、基金等货币形态的资本，也包括固定资产、机器设备等实物形态的资本，以及科研成果、专利技术等知识形态的资本（王丽娅，2003）。与政府资本相比，民间资本具有显著不同的特征。首先，政府资本是非营利性的，民间资本则以利润最大化为投资经营目标，具有典型的逐利性特征；其次，驱动民间资本投资的是私人利益或私人意志，政府资本投资则是为了实现公共利益或集体意志；最后，民间资本的投资由市场机制进行调节，政府资本投资往往是由政治机制调节。

2. 民间资本介入下自然保护区生态服务价值链的结构

本节主要探讨民间资本通过买断经营权的模式介入自然保护区，民间资本主体拥有自然保护区主导经营权的情况。买断经营权是指民间资本主体支付一定的资金从政府手中买断自然保护区一定期限内的产权，完全由民间资本投资运作自然保护区的开发和建设。在民间资本买断经营权的模式下，民间资本主体取代自然保护区管理部门成为自然保护区的主导经营者，享有经营权和收益权，政府则只享有自然保护区的所有权和管理权（王凯和谭华云，2005）。

如图 1-5 所示，民间资本介入下的自然保护区生态服务价值链是一个闭合的、循环的链条。一方面，左向链条以价值的传递为方向。自然保护区内的生态系统作为生态服务的原材料供应者，是整个价值链的起点。民间资本主体承担自然保护区的经营者角色，通过投入资金对生态系统进行规划、开发等价值活动，不仅在生态服务与消费者之间架起一座桥梁，而且直接影响生态服务的价值。经过规划、开发，自然保护区的生态服务既可以直接销售给消费者，使生态服务的价值得以实现，也可以通过营销渠道的各种营销活动，使生态服务最终到达消费者，生态服务的价值得以实现。另一方面，自然保护区生态服务价值链中的右向链条则以价值分配为方向。首先，消费者必须支付一定的货币才能享受生态系统提供的服务；其次，生态服务价值链中的各个环节对消费者支付的货币进行分配，形成各个环节的收益和利润；最后，一部分货币需要重新投入自然保护区生态系统的保护和再开发，以实现生态资源的保值甚至增值，进而实现生态系统的可持续发展及生态服务价值的良性循环。

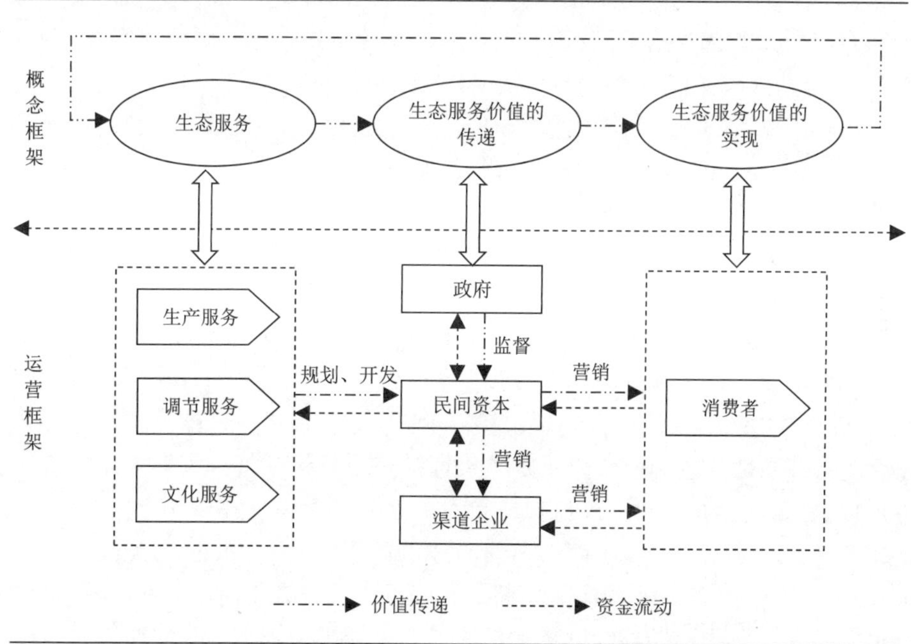

图 1-5 民间资本介入下的自然保护区生态服务价值链

虽然有学者认为民间资本介入自然保护区使得自然保护区的“所有权”和“经营权”相互分离，这并不会必然带来自然保护区生态资源的破坏（钟勉，2002），但不容忽视的是，民间资本的逐利性本质极有可能导致民间资本主体实施机会主义行为，即为了自我利益而损害公共利益或他人利益，造成自然保护区生态资源的过度和无序开发，与自然保护区可持续发展的理念背道而驰。尤其是目前我国自然保护区经营权转让年限较长、相关立法不完善、政府监管缺位，民间资本介入自然保护区带来的问题更加突出。因此，在民间资本介入的自然保护区，探索如何规避民间资本主体的机会主义行为，协调私人利益与公共利益之间的矛盾和冲突，是我国迫切需要解决的重要问题。

3. 民间资本介入下自然保护区生态服务价值链的治理

在民间资本介入的自然保护区，规避民间资本主体的机会主义行为，协调组织之间的矛盾和冲突，归根到底也是一个治理问题。根据全球治理委员会（Commission on Global Governance）的定义，治理是管理共同事务的诸多方式的总和，是使相互冲突或不同的利益得以调和并且采取联合行动的持续过程（Weiss，2001）。在之前的研究中，曾有学者指出地方政府与民间资本主体之间进行有效治理，增强地方政府对民间资本主体的监督，抑制民间资本主体机会主义行为的重要性。但实际上，并不是所有的生态保护问题都可以单独通过政府的协调和控制得以解决，很多时候，公共、私人及非营利性组织在生态保护问题方面的共同参与往往能起到更加有效的治理作用（Hilal and Ayda，2010）。

民间资本介入的自然保护区生态服务价值链上，各个组织、企业并不是孤立存在的，它们之间紧密联系、相互依赖，共同传递生态服务价值，并分享生态服务创造的收益。因此，加强自然保护区民间资本主体的治理，不仅要重视地方政府与民间资本主体之间的治理，有效协调民间资本主体与地方政府之间的矛盾和冲突，更要重视整个自然保护区生态服务价值链的治理，发挥其他组织、企业对民间资本主体的监督和约束作用，协调民间资本主体与生态服务价值链上其他企业之间的关系。

价值链的治理并不是一个新概念。早在十余年前，Gereffi 等就提出了价值链治理的必要性，他们的研究奠定了价值链治理理论的基础框架（Gereffi et al.，2005）。价值链治理是“通过价值链上企业之间的关系安排和制度机制，实现价值链内部不同经济活动和不同环节间的非市场化协调”（Humphrey and Schmitz，2001）。在价值链上，不同成员之间的权力并不一定是对称的。有时候，价值链上的关键成员往往主导着价值链上不同成员之间的劳动分工，并通过设定标准，控制着价值链上其他成员的行为。对此，Gereffi 曾区分了两种不同类型的价值链，即购买者驱动型和生产者驱动型。购买者驱动型是指大型零售商、品牌经销商和品牌制造商在分散型生产网络的建立和协调中起核心作用的组织形式，这种类型的价值链普遍存在于劳动密集型及日常消费品行业，如服装、玩具、家居用品等。生产者驱动型是指大型的跨国制造商在生产网络的建立和调节中起核心作用的组织形式，这种类型的价值链往往存在于资本密集和技术密集型的行业，如汽车、飞机、计算机、半导体和重机器等。也就是说，价值链的主导者变成了价值链的治理者（程度随其在价值链中的权力不同而有所差异）。这些治理者不需要拥有所有权，却能对整个价值链进行控制。例如，在生产者驱动的价值链中，控制着关键生产和工艺技术的企业将通过设定标准对整个价值链进行治理；而在购买者驱动的价值链中，则由负责设计和营销的零售商和品牌商设定标准，对整个价值链进行治理。当然，生产和工艺标准也可以由价值链之外的机构设定。例如，政府为了消费者的安全及建立透明的市场，会对产品的设计和生产进行控制。当价值链上的某个成员要求其他成员遵从外部设定的标准或将外部设定的标准引入价值链中，就会形成价值链的治理。

Humphrey 和 Schmitz 将价值链的治理模式划分为 4 种：市场型、网络型、准层级型、层级型。市场型治理指的是一种无治理模式，由于生产标准化或供应方不需要根据特定买方的需求定义产品，交易双方不需要对产品的定义进行协作，纯粹是一种市场关系。此时，买方的需求很容易满足，或者供应方有足够的能力，因此面对的风险很低。买方对供应方能力的知识来源于某个集群或特定制造商的声誉。网络型治理指交易各方的权力几乎“相等”的情况下产生的合作。此时，供应方和买方共同定义产品，并分享核心能力。由于供应方具备高水平的能力，买方面对的风险减小。准层级型，即核心企业对其他企业实施高度控制，常常会严格规定产品的各种特征及要遵循的流程。准层级型包括以下两类企业间的关系：一类是企业在法律上虽然独立，但要从属于其他企业；另一类是企业在价值链中不得不遵守核心企业制定的规则。层级型，即核心企业对价值链上的某些环节采取直接的股权控制，跨国公司及其分支机构之间的关系就属于这种类型的治理结构。

Gereffi 将购买者驱动型价值链的治理模式划分为 5 种类型：市场型、模块型、关系型、领导型和层级型。网络型治理在这个模型中被进一步细分为模块型、关系型、领导型 3 种类型。市场型治理并不意味着价值链成员之间的交易是完全短暂的，事实上，价值链上各个行为主体之间随着时间的推移可能存在重复性的交易。市场型治理的关键在于，交易中一方转移到新伙伴的成本很低。市场型治理运行的核心机制是价格机制。在模块型的价值链中，供应方有足够的技术能力根据需求方的要求生产产品，并且交易专属性投资很低，因此交易双方的地位比较对等。在关系型的治理模式中，买卖双方之间存在复杂的互动，往往会形成相互依赖的关系，并且资产专用性很高。关系依赖治理可以通过声誉、信任、社会和空间临近性、家庭和种族连带等将价值链成员聚集在一起。在领导型价值链中，小规模的供应方在交易过程中依赖于大规模的买方企业，小规模供应方面对的转换成本很高，因此可以视为被大规模的买方企业“领导”。这种结构的特点，通常是一些核心企业监督和控制着价值链的其他成员。层级型的治理模式与市场型刚好相反，层级型治理以垂直一体化为特征，其运行的核心机制是管理控制。在现实世界中，这 5 种模式往往相互交错，而且彼此之间存在一个动态的转换机制。由于原有供应商的供应能力提升或者出现新的供应商、核心企业调整发展战略、新技术的出现等，价值链的治理结构在不同的时间或不同的地点，可能会由一种模式转变成为另外一种模式。

在现有文献中，价值链的治理研究主要集中在制造业领域，还没有学者对自然保护区生态服务价值链的治理问题进行过探讨和研究。本节认为，民间资本介入自然保护区，成为自然保护区生态服务价值链上的重要环节，民间资本主体的机会主义行为不仅会对自然保护区的本地资源带来负面影响，不利于自然保护区的可持续发展，而且会对自然保护区生态服务价值链上的其他环节产生连带影响。从自然保护区生态服务价值链的治理角度，探索对民间资本主体机会主义行为进行监督和约束的有效途径，不仅是有效的，也是可行的。

1.2.5 自然保护区生态服务价值链的未来研究方向

1. 全面看待自然保护区生态服务价值的重要性

正如 Costanza、Daily 等学者所言，自然保护区的生态服务不仅包括自然保护区生态系统为人类提供的旅游、休闲娱乐服务，而且包括气候调节、食物生产、原材料生产、文化等在内的诸多服务类型。因此，本书认为，民间资本介入自然保护区之后的经营绩效，不能单纯从自然保护区旅游经济的角度来衡量，而应该从自然保护区生态系统为人类提供的整体服务价值来衡量。然而，由于自然保护区生态服务本身的复杂性，学术界至今还没有形成一个能够准确评估自然保护区生态服务价值的权威标准，这为学者们今后的研究提供了方向。

2. 民间资本介入下自然保护区生态服务价值链的结构优化

在民间资本介入的自然保护区生态服务价值链上，自然保护区生态系统提供的生产服务、调节服务、文化服务往往会通过不同的渠道传递给消费者，形成不同的价值链。而且即使是同一种服务，也可以通过不同的价值链进行传递，例如，旅游休闲服务既可以由民间资本主体组成的经营企业直接传递给消费者，也可以由经营企业通过旅行社或旅游电子商务企业传递给消费者。在不同结构的自然保护区生态服务价值链上，生产服务、调节服务、文化服务价值的传递、实现、分配的过程和结果都存在差异。那么，什么样的结构才能够最有效地约束民间资本主体的机会主义行为？本节并没有对此进行更加深入的研究。未来的研究可以进一步探讨自然保护区生态服务价值链的结构优化，以有效地控制民间资本主体的机会主义行为，实现自然保护区生态服务价值链的良性循环。

3. 民间资本介入下自然保护区生态服务价值链的有效治理

民间资本介入自然保护区存在一定的风险，如民间资本主体“利润最大化”的逐利性在生态资源开发和经营过程中很有可能存在与可持续发展原则相违背的短视行为。根据民间资本介入的自然保护区生态服务价值链模型，本书认为对自然保护区民间资本主体机会主义行为的监督和约束，不仅需要有效发挥地方政府的监督和约束作用，而且需要充分利用民间资本介入的自然保护区生态服务价值链上其他组织和企业的作用，对自然保护区民间资本主体的机会主义行为进行全方位的监督。总体来说，战略管理领域价值链的思想和价值链治理理论对民间资本介入下自然保护区可持续发展的实现具有很强的指导作用。通过建立自然保护区生态服务的价值链模型，能够清晰地界定民间资本主体在自然保护区生态服务价值链中的角色和定位，在此基础上引入适当的监督和约束机制对民间资本主体的机会主义行为进行监督和约束，以有效规避民间资本主体在利益获取与社会责任之间的失衡行为。本节的局限在于只是提出了一个理论性的框架，未来可以在本节的基础上进行更多的实证研究，以探索自然保护区生态服务价值链治理在实践中的可操作性。

1.3　自然保护区生态服务价值评估*

自然保护区生态服务价值的研究在近十年得到了迅速发展，但生态服务概念的发展却较为缓慢，远远落后于实践的需要。实际上，生态服务的概念界定具有重要意义，只有清楚界定生态服务的概念和范围，才能分析生态服务的关键特征及系统的特点，更好地理解生态服务与人类福利之间的联系，进而更好地管理、维持、储存或评估生态系统服务（Fisher et al.，2009）。本节在现有文献的基础上，结合生态学、经济学、管理学的相关理论及可持续发展理论，对自然保护区生态服务的概念进行了重新界定。

1.3.1　自然保护区生态服务的概念

现有文献对生态服务概念界定如表 1-2 所示，但学术界普遍采用 Daily（1997）、Costanza 等（1997）及 MEA（2005）的定义。总体来说，现有的生态服务概念不足以系统分析生态服务的关键特征及特点，也不利于建立具体和公认的理论框架体系（Venkatachalam，2007），更不利于指导生态服务价值评估工作。目前迫切需要一个广泛接受的、明确的、统一的和可操作的生态服务概念（Fisher et al.，2009）。

---

* 本节选自：孙楠，2011. 自然保护区生态服务价值评估研究[D]. 广州：中山大学.

表 1-2　代表性生态服务概念界定

资料来源	定义内容
Daily（1997）	支持和满足人类生存的自然系统及其组成物种的条件和过程，也就是自然生态系统的结构和功能的维持会产出对人类的生存和发展有支持和满足作用的产品、资源和环境
Costanza（1997）	自然生态系统及其所属物种支撑和维持人类生存的条件和过程
谢高地（2003）	人类通过生态系统的各种功能直接或间接得到的产品和服务
吕光辉（2003）	对人类生存及生活质量有贡献的生态系统产品和生态系统功能，生态系统服务包括来自自然资本的物流、能流和信息流，与制造业资本、人力资本结合在一起产生人类的福利
赵军和杨凯（2004）	生态系统提供的商品和服务，人类生存和发展的物质基础
MEA（2005）	广义的生态系统服务可以被定义为生态系统各种（直接或间接）支持人类福祉的过程
Hein（2006）	生态系统为人类社会提供的产品或服务，提供了生态系统评价的基础
Boyd and Banzhaf（2007）	自然的组成部分，该部分被直接地享受、消费或使用以满足人类的福祉
Fisher 等（2009）	人类（主动或被动地）利用生态系统的各个方面以产生人类的福祉

实际上，人类社会的可持续发展从根本上取决于生态系统及其服务的可持续性（张志强等，2001）。生态系统提供的服务功能是实现人类可持续发展的基础（余新晓，2005），并与可持续发展密切相关（Daily，1997）。生态服务价值评估有助于制定人类可持续发展的指标体系（Daly and Cobb，1989；史培军等，2005）。Parris 和 Kates（2003）认为人类可持续发展目标具体包括生态环境、经济及社会 3 个方面的可持续发展，他们对人类可持续发展目标分类如图 1-6 所示。

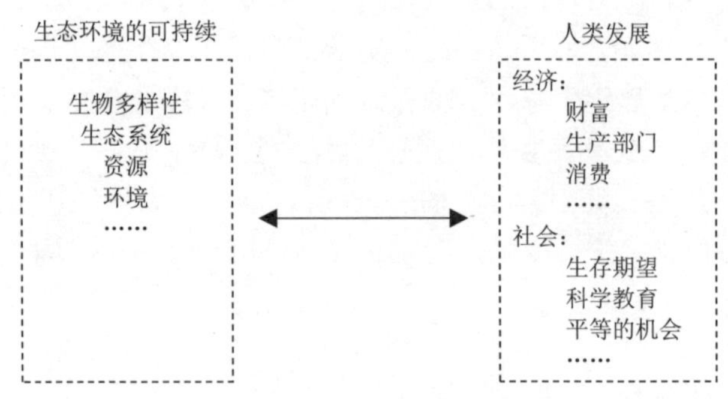

图 1-6　人类可持续发展目标分类图

基于可持续发展的宗旨，本节提出的生态服务概念界定如下：生态服务是指生态系统为人类在环境、经济、社会 3 个方面的可持续发展所做的贡献。首先，本节提出的生态服务概念首次将生态服务与人类可持续发展目标相联系；其次，生态服务领域的研究以生态学为基础，在发展过程中结合经济学思想，形成代表性的概念界定，进而形成生态服务功能框架和评估体系。然而，缺乏对社会问题的关注是该领域的短板（Bryan et al.，2010）。本节提出的概念将社会发展引入生态服务的概念界定，是管理学思想融入生态服务价值评估研究的具体体现，既有效延伸生态服务的概念内涵，也符合人类可持续发展的目标；另外，本节提出的生态服务概念明确指出生态服务的 3 个不同领域，为理解生态系统特征和进行生态服务价值评估指明了方向，可操作性较强，有助于建立稳定的生态服务功能框架和价值评估体系，促进经济、社会及生态 3 个方面的平衡发展。

1.3.2　自然保护区生态价值评估体系构建

根据经济学的效用理论，生态服务对人类是有效用的。进入工业化社会以来，生态环境提供了大量人类社会发展所需的原材料，并满足了人类精神方面追求愉悦的需求。随着人口增加和需求方式的变化，人类对生态服务的需求量不断上升并且需求更加多元。但生态资源的有限性，使生态服务在一定程度上成为一种稀缺资源，而效用与稀缺性决定了生态系统服务是有价值的（Herendeen，1998；Faber et al.，2002；Scheffer et al.，2003），这种价值可以通过市场手段及人类偏好进行货币化评估。所以生态服务价值就是生态服务功能的货币化价值量，对该价值量数值的确定就是生态系统服务的价值评估。

总体来说，生态服务价值评估是以生态学为基础，通过经济学方法进行货币化表现的过程。价值评估的目的是分析和量化生态系统对人类的重要性，以便为可持续使用和管理生态系统的众多服务项目做出更好的决策（Chen et al.，2009）。Hein 等（2006）对生态服务价值评估的步骤和内容进行了总结：界定所要评估的生态系统边界或尺度，确定生态服务功能并进行分类，评估不同类型生态服务功能的价值。

自然保护区生态服务价值评估研究存在如下问题和缺失。①生态服务价值评估，对于生态服务功能的选择受到的主观影响较大。②现有自然保护区生态服务价值评估内容并不完整，直接使用价值和间接使用价值是评估的主要内容，而对于非使用价值的评估明显不足，文献中仅有 Curtis（2004）、辛琨等（2006）、Hein 等（2006）、Berta 等（2011）对非使用价值的存在价值或馈赠价值进行了评估。自然保护区的设立是人类文明进步的表现，体现了人类珍惜自然环境的精神追求和可持续发展的代际要求，因此对自然保护区的非使用价值进行评估具有昭示人类文明进步程度的实际意义，不过现有多数研究在非使用价值的评估上是缺失的。③自然保护区是一个十分复杂特殊的生态系统，具有特殊的生态功能和经济价值，它具有持续地为人类提供食物、原材料和水资源的潜力，并在保护生物多样性及旅游休闲等方面发挥着重要作用，给人类带来了巨大的经济效益、生态效益和社会效益（Shanshin et al.，1998）。据统计，平均每个保护区内有常住居民近 1.5 万，周边则高达 5 万多（苏扬，2004），这些人口的生计情况对环境保护和经济活动将产生重要影响。需要关注的自然保护区社会问题包括：缺乏环境教育、本地贫穷及本地福利等问题（Bernard，2009）。生态服务包含社会从自然获得收益的许多方式，因此有诸多理由支持这些社会价值应进行评估，并且增加对社会价值的关注能够在生态和经济价值之外增加环境管理的收益，提升本地社区及利益相关者的参与（Cowling et al.，2008），而生态与经济价值经常包括在保护与环境管理的空间规划中，社会价值却很少考虑（Bryan et al.，2010）。所以，忽视社会发展问题和生态服务在社会发展中体现的价值已经成为该领域研究的一块“短板”，需要给予重点关注。④现有文献多为自然保护区生态服务价值的静态评估，揭示某年某自然保护区的生态服务价值量，并根据大气调节、水调节等具体生态服务价值量的占比情况提出该自然保护区的发展建议。静态评估的优势是认识自然保护区生态服务并提供一定程度的政策建议，而其劣势是不能动态揭示自然保护区生态服务功能的变化，无法指出自然保护区生态服务价值的分配问题，对自然保护区可持续发展的政策建议力度较弱。而本书则关注了自然保护区生态服务价值的动态评估。

根据 De Groot 等（2002）和 Farber 等（2006）对研究方法适用性的总结，本书确定的自然保护区生态服务功能采用的评估方法如表 1-3 所示。

表 1-3　自然保护区生态服务功能采用的评估方法

生态服务功能	二级分类	研究方法
环境可持续功能	大气调节	替代成本法
	干扰调节	替代成本法
	水调节	替代成本法、影子价格法
	土壤调节	替代成本法、市场定价法
	物种授粉	市场定价法
	物种保育	二手数据获得
	废弃物处理	替代成本法
经济可持续功能	食物	市场定价法
	水供给	市场定价法
	原材料	市场定价法
	基因资源	市场定价法
	药材资源	市场定价法
	游憩娱乐	问卷调查 CVM 法
社会可持续功能	科学研究	二手数据获得
	本地服务	二手数据获得、问卷调查
	代际馈赠	问卷调查 CVM 法
	存在价值	问卷调查 CVM 法
	美学文化	二手数据获得

在本书自然保护区生态服务功能采用的评估方法中，自然保护区生态服务功能的价值构成如表 1-4 所示。

表 1-4　自然保护区生态服务功能的价值构成

一级服务功能	二级服务功能	价值构成
环境可持续功能	1.大气调节	1.吸收的二氧化碳价值 2.释放的氧气价值 3.人为排放的二氧化碳价值及吸入的氧气价值
	2.干扰调节	自然保护区防止灾害的价值
	3.水调节	1.蓄水价值 2.人为使用水的价值
	4.土壤调节	1.减少土壤流失的价值 2.防止泥沙滞留和淤积的价值 3.减少土壤肥力损失的价值
	5.物种授粉	植物果实价值
	6.物种保育	投入的保育经费
	7.废弃物处理	1.吸收污染气体的价值 2.阻滞粉尘的价值 3.吸收污染水体的价值 4.人为排放污染气体、粉尘及污染水体的价值
经济可持续功能	8.食物	某类食物的价值
	9.水供给	水供给的价值
	10.原材料	某类原材料的价值
	11.药物资源	某类药材的价值
	12.基因资源	某物种基因资源价值
	13.游憩娱乐	游客揭示偏好
社会可持续功能	14.科学研究	1.自然保护区投入的科研费用 2.研究团队人数 3.游客的人均游憩价值
	15.本地服务	1.本地居民收入 2.本地教育投入 3.本地医疗投入 4.本地参加社会保险金额 5.本地基础设施建设投入 6.本地补偿价值
	16.代际馈赠	非使用者陈述偏好
	17.存在价值	非使用者陈述偏好
	18.美学文化	1.出版物发行的价值 2.文艺演出收入

注：《中华人民共和国自然保护区条例》①规定禁止在自然保护区内进行砍伐、放牧、狩猎、捕捞、采药、开垦、烧荒、开矿、采石、挖沙等活动。所以自然保护区内生产的有机物无法被人类利用，价值暂不计入。

图 1-7 是在因果关系图基础上绘制的自然保护区生态服务价值评估系统流图。

① 引用来自于：http://www.gov.cn/ziliao/flfg/2005-09/27/content_70636.htm。

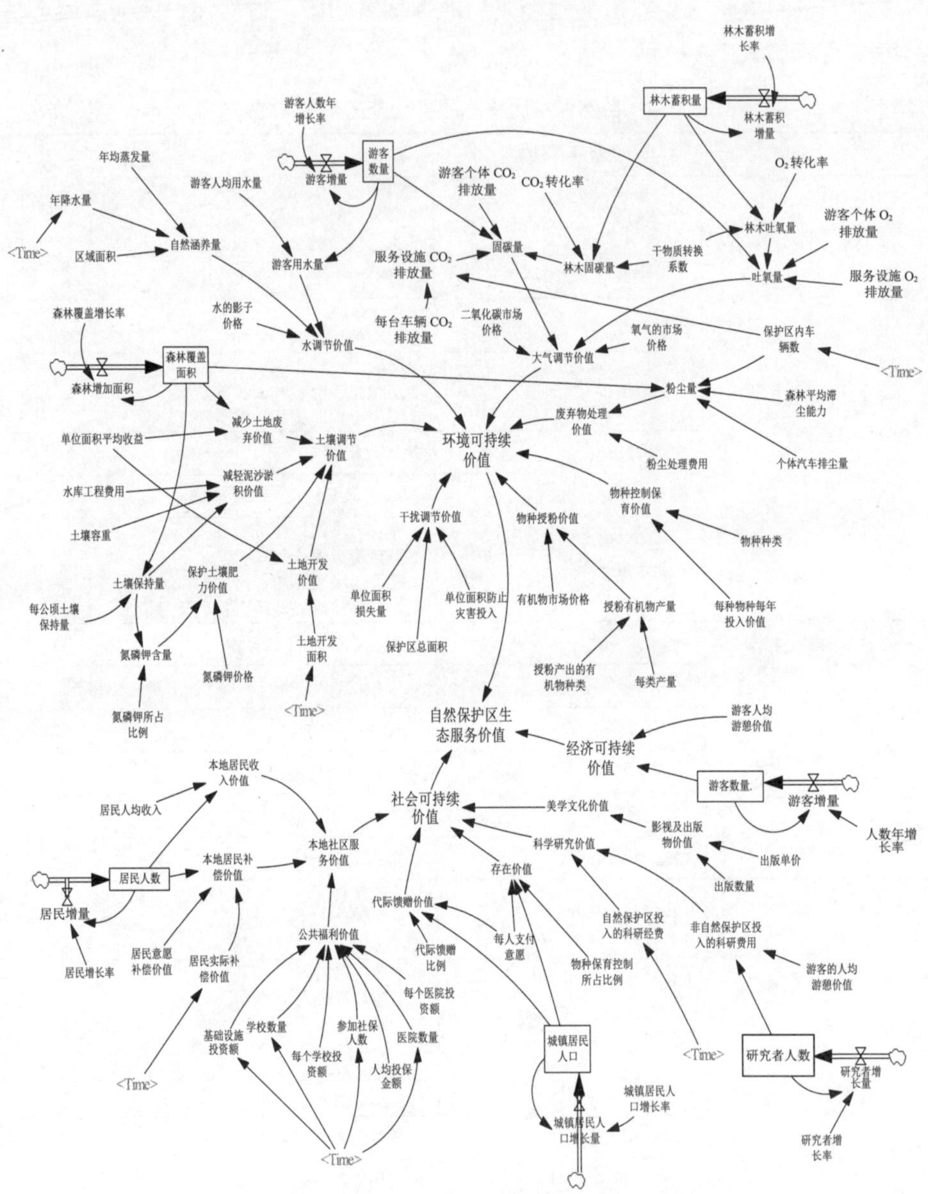

图 1-7 自然保护区生态服务价值评估系统流图

图 1-7 中“<Time>”为表函数符号，是体现系统动力学模型中非线性特征的一个重要环节，表达了系统动力学模型中变量间难以用解析形式表达的非线性关系。在运用系统动力学（system dynamics，SD）模型对系统进行仿真的过程中，当系统反馈回路中出现表函数时，传统的做法是根据历史统计数据，将自变量和因变量之间的非线性关系近似视为分段线性关系，进行仿真研究（严广乐，1991）。

1.3.3 自然保护区生态价值评估体系的应用

1. 研究对象的选择

本研究将九寨沟自然保护区和武夷山自然保护区作为实证研究对象：二者地理面积接近且均为以森林生态系统为主的自然保护区，二者自然禀赋相似，均为国家级自然保护区和世界遗产地，具有可比性。九寨沟自然保护区一直采取国有经营模式，而武夷山自然保护区已于 1999 年转让了景区经营权。将二者作为实证研究对象，可以代表我国自然保护区现有的典型的治理模式。

2. 研究方法

本研究采取系统动力学方法，以 2010 年为基准年，评估九寨沟自然保护区与武夷山自然保护区未来十年的生态服务价值，检验研究假设，进行对比分析，提出二者可持续发展的管理建议。其中：针对九寨沟自然保护区，通过近 10 天的实地调研，获得了近千份的一手问卷数据及大量的访谈资料和二手数据；受财力和时间的限制，武夷山自然保护区的数据以二手数据为主，来源于期刊文献、统计年鉴及当地政府发布的相关统计数据。

3. 九寨沟自然保护区生态服务价值评估

由图 1-8 可以看出，模拟结果显示，九寨沟自然保护区的预计环境可持续价值将从 2010 年的约 7 亿元人民币增加至 2020 年的约 7.2 亿元[图 1-8（a）]。

2020 年时，九寨沟自然保护区的经济可持续价值为 148 亿元；九寨沟自然保护区的游客数量将从 2011 年的 285 万人次迅速增加到 2020 年的 665 万人次[图 1-8（b）和（c）]。

2020 年时，九寨沟自然保护区的社会可持续价值约为 184 亿元，其中代际馈赠价值为 102 亿元，占社会可持续价值的 55.4%，而存在价值为 77 亿元，占社会可持续价值的 41.8%[图 1-8（d）]。

4. 武夷山自然保护区生态服务价值评估

由图 1-9 可以看出，模拟结果显示，武夷山自然保护区环境可持续价值呈增长趋势，环境可持续价值从 2010 年的 14.6 亿元增加至 2020 年的 15.2 亿元，至 2020 年，武夷山自然保护区环境可持续价值将增加 5800 万元[图 1-9（a）]。

2020 年时，武夷山自然保护区的经济可持续价值为 95 亿元；游客数量将从 2011 年的 267 万人次迅速增加到 2020 年的 450 万人次[图 1-9（b）和（c）]。

2020 年，武夷山自然保护区的社会可持续价值约为 254 亿元，其中代际馈赠价值约为 89 亿元，占社会可持续价值的 35%，存在价值为 162 亿元，占社会可持续价值的 63.8%[图 1-9（d）]。

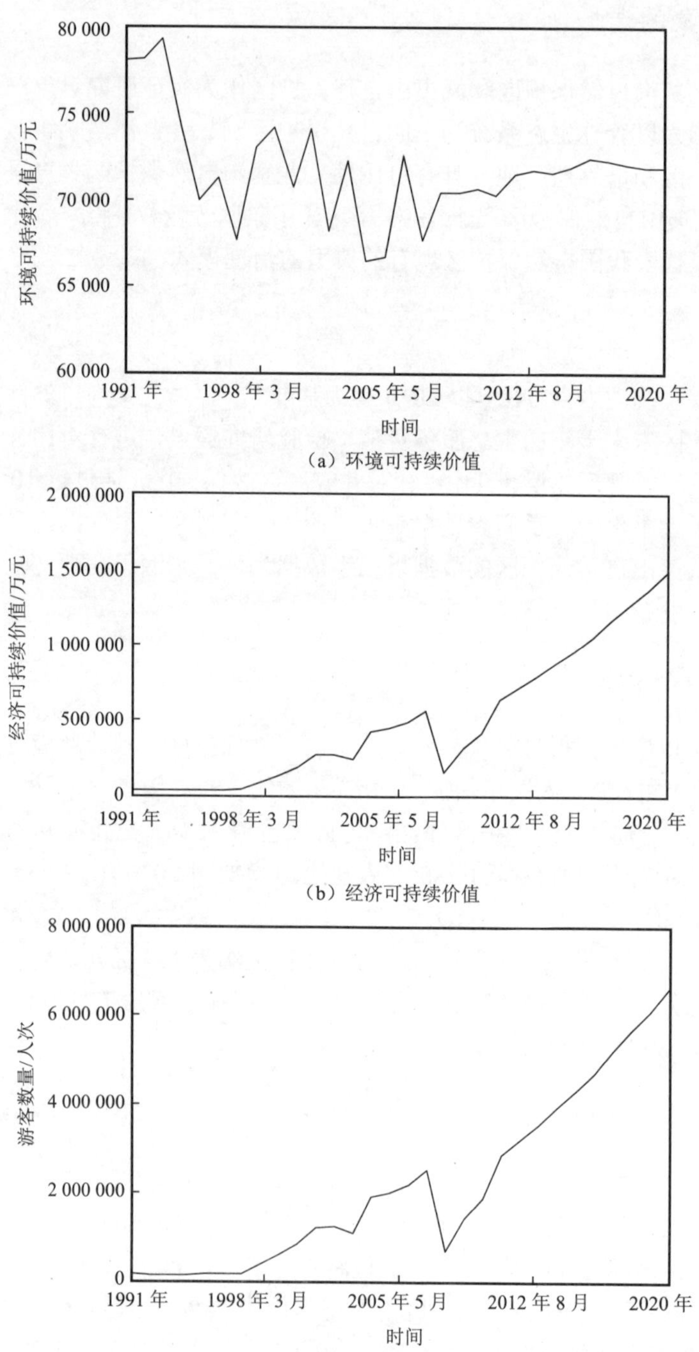

（a）环境可持续价值

（b）经济可持续价值

（c）游客数量

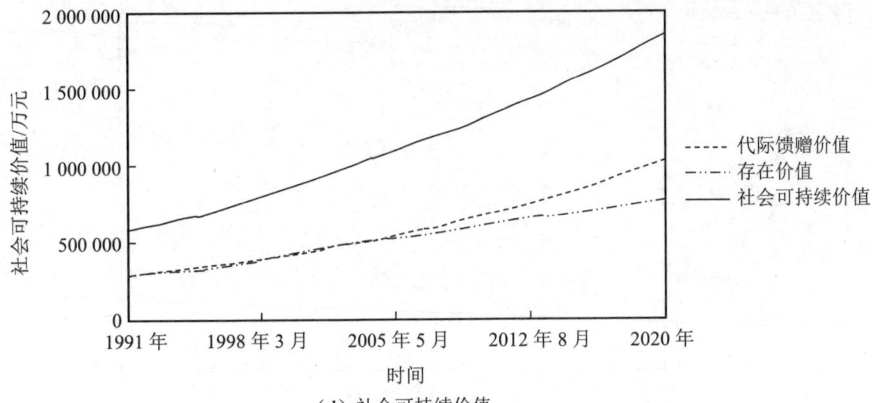

（d）社会可持续价值

图1-8 九寨沟自然保护区生态服务价值的模拟预测

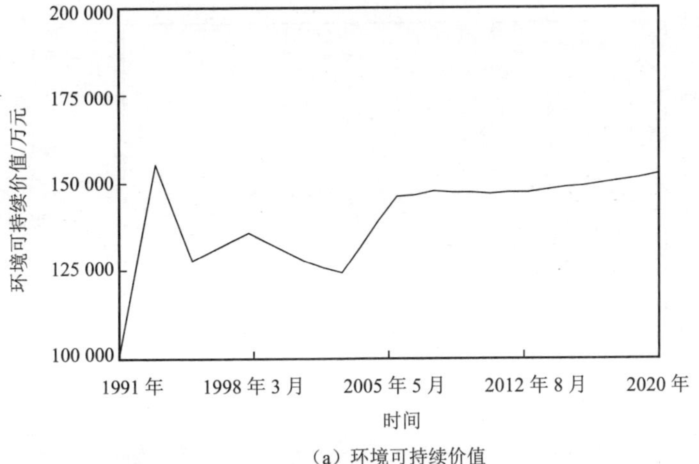

（a）环境可持续价值

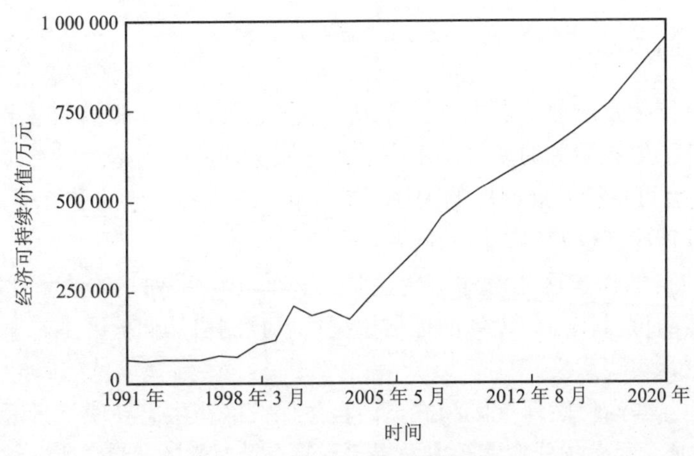

（b）经济可持续价值

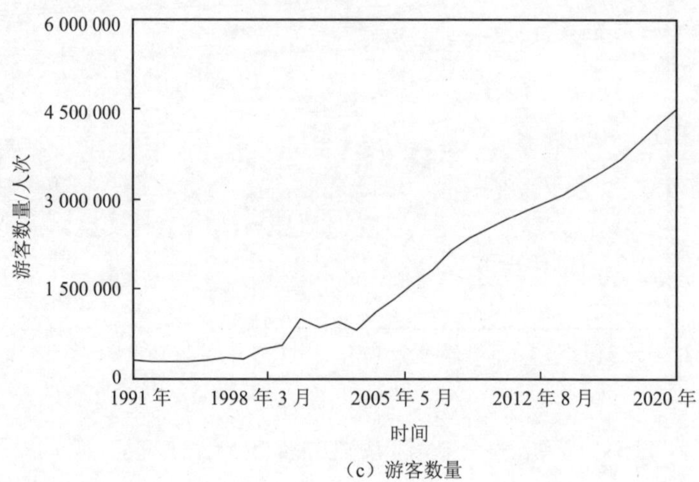

（c）游客数量

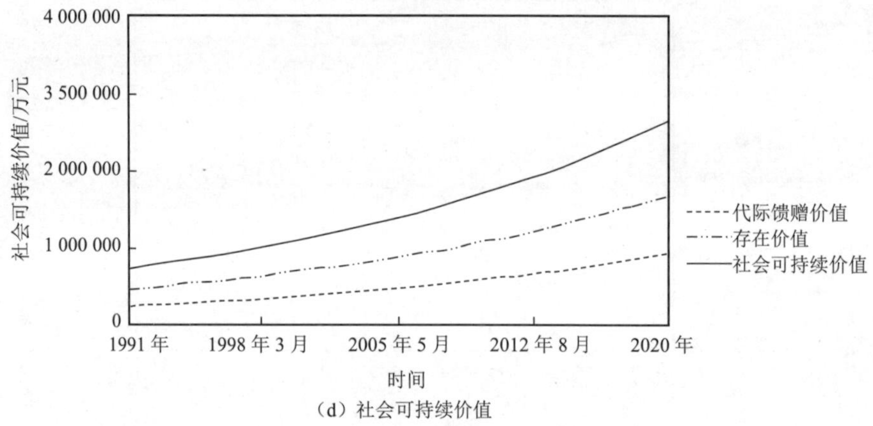

（d）社会可持续价值

图 1-9　武夷山自然保护区生态服务价值的模拟预测

5. 结论与贡献

本书基于可持续发展理论对生态服务进行了概念修订，延伸并丰富了生态服务的内涵，提升了生态服务的意义。本书的生态服务功能分类是对现有研究的整合，增加了对社会可持续发展问题的关注，指明了生态服务价值的受益者和流向，规避了生态服务功能产权归口不清的问题。

本书设计的自然保护区生态服务价值评估体系由一系列具体的量化指标组成，保证了评估的可操作性。设计的评估模型可以预测自然保护区生态服务价值的发展趋势，更具实践意义。

实证结果为九寨沟自然保护区和武夷山自然保护区在生态补偿、景区游客管理、本地社区发展、经营模式探索等方面提出了具有针对性的建议。实证结果显示九寨沟自然保护区的可持续发展能力和运营管理水平要优于武夷山自然保护区。

1.4　自然保护区生态补偿机制*

生物圈及生态系统是复杂的生命支持系统。人类离不开生态系统，不仅因为生态系统为人类提供食物，更重要的是其在调节全球气候、过滤人类社会污染物、控制水土流失等方面的重要作用。人类为了追求经济的增长，过度开发利用导致生态系统遭到破坏，生态服务的系统功能也随之退化，进而影响整个社会的可持续发展。生态系统的价值问题引起重视，Constanza 等在 1997 年计算出地球整个生态系统的生态服务价值，指出产生这种价值的生态系统对人类至关重要。但是由于生态系统服务具有公共物品和外部性的特性，使得其不能完全通过交易在市场上获得，也不能用创造了多少经济服务和资本来量化其价值，所以经常在决策制定中被忽视，最终影响人类和自然界的可持续发展（Constanza，1997；Pagiola et al.，2005）。人类的发展历史也证明了这一点，随着社会的发展，虽然经济取得了巨大的进步，但却是以生态系统的退化和自然环境的大范围恶化为代价。

资源与环境经济学家认为，造成资源不合理的开发利用及环境污染破坏的一个重要原因是生态资源的外部性。自然保护区在涵养水源、保持水土、保护动植物多样性等方面发挥了重要作用，但自然保护区的建立会给当地居民的传统生产和生活方式带来一定的影响，若经济损失全部由自然保护区范围内的居民承担，这无疑是不公平的。在这种背景下，生态补偿作为保护环境和平衡地区经济发展的有效手段应运而生。美国、巴西等多个国家已经成功运用生态补偿机制解决生态环境问题与经济发展之间的问题。无论是理论研究，还是国内外的成功经验，都表明生态补偿制度的实施可以协调生态系统保护与地区经济发展之间的矛盾。

我国政府对生态补偿的实施予以高度重视，生态补偿条例的起草工作已被列入国务院立法工作计划。2016 年，国务院办公厅发布关于健全生态保护补偿机制的意见，指出应探索建立多元化生态保护补偿机制，逐步扩大补偿范围，合理提高补偿标准，有效调动全社会参与生态环境保护的积极性。国内众多学者对我国自然保护区生态补偿实施和运行情况进行了研究，发现我国在自然保护区生态补偿实施过程中仍存在补偿资金来源单一、补偿标准低等众多问题，这些问题的存在一方面会导致补偿机构经费短缺，使得补偿项目难以正常可持续运转；另一方面则造成自然保护区周边居民生活困难，无法摆脱对自然保护区资源的依赖性，为了维持生计，当地居民往往不得不违反管制措施，重新开发利用自然保护地资源。

生态补偿在自然保护区顺利实施，必须弄清几个问题。首先，厘清什么是生

* 本节选自：黄扬慧，2012.自然保护区生态补偿机制研究[D].广州：中山大学.

态补偿，其运行机制是什么；其次，目前国际上有哪些成功的经验，这些经验对我国自然保护区生态补偿的实施有什么借鉴意义；最后，我国要具体问题具体分析来选择合适的补偿模式。因此，本节围绕以上几个问题，探讨我国自然保护区生态补偿机制，建立并完善我国自然保护区生态补偿实践，对因保护自然而损失经济利益的居民进行合理的补偿，不仅有利于优化保护区产业结构，也有利于激励公众保护行为长效机制的形成。

1.4.1 自然保护区生态补偿的概念与内涵

自然保护区可以为人类提供以下几个方面的生态系统服务功能：减缓温室气体排放；提供水文服务，包括提供水供人类食用、灌溉、生产等；保护生物多样性及提供娱乐和秀丽风景，等等。我国的自然保护区建设始于 20 世纪 60 年代中期，目前 70%的陆地生态系统种类、80%的野生动物和 60%的高等植物，特别是国家重点保护的珍稀濒危动植物绝大多数都在自然保护区里得到较好的保护。但自然保护区在保护生物多样性及为人类提供生态系统服务的同时，也对自然保护区居民的传统生产活动和生活方式产生了一定不利影响，从而导致保护目标与经济发展需求脱节。为了平衡生态环境保护与经济发展之间的矛盾，生态补偿项目开始在自然保护区兴起。

生态补偿概念最开始源于生态学，属于自然生态补偿的范畴。《环境科学大辞典》将其定义为生物有机体、种群、群落或生态系统受到干扰时，所表现出来的缓和干扰、调节自身状态使生存得以维持的能力，或者可以看作生态负荷的还原能力。这是生态系统的自我补偿。但是，如果生态系统内部某一要素在一定的时间内不能有效地自我补偿，就会导致整个生态系统的失衡，也将导致生态补偿的失败，这种后果的主要表现就是生态系统的破坏。因此，在该种情况下，生态系统的外部补偿可以发挥弥补自我补偿失败的作用。

自然资源是稀缺的，对自然资源的使用必须以一定的经济代价作为补偿。美国经济学家塞尼卡和陶希格也提出同样的观点，他们认为当生态环境成为稀缺物品时，在使用环境和资源时就必须付出越来越高的代价作为对环境破坏和资源浪费的补偿，并且提出应通过立法收取污染税来解决境问题。这也是国际社会首次提出用补偿的思想来解决自然资源问题（陈尉等，2010）。20 世纪 90 年代以来，生态补偿被引入社会经济领域。1993 年，补偿的原则被应用到荷兰的大规模发展项目中，该原则有两个要求：第一个原则是在大型基础设施建设中加强对自然保护的投入；第二个原则是在大型基础项目实施时，给自然带来的不能只有破坏而没有投入。在这个项目中，补偿仅局限于对严格意义上的生态功能的补偿，只对因发展而受到损害的生态功能的补偿（Cuperus et al.，2001）。

生态补偿是一种更直接的保护生态环境的方式，它明确指出要平衡土地所有者和其他利益相关者之间的利益（Wunder，2005）。生态补偿比传统的保护方式更有优势：首先，除了政府支付外，生态补偿还有其他的资金来源；其次，居民通过补偿可以得到改善。到了 21 世纪初期，生态补偿开始在中美和南美很多国家开展起来（Wunder，2008），《京都议定书》颁布之后，国际间的生态补偿机制也开始建立起来。目前，生态补偿被广泛用于碳存储、生物多样性保护、水资源保护、景观保护 4 个方面（Wunder，2005）。

Wunder 认为生态补偿应包含 5 个条件：①是一种自愿的交易；②对生态环境服务的界定要明确；③至少要有一个生态系统服务购买者；④至少要有一个生态系统服务的提供者；⑤当且仅当服务提供者保证服务的供给时，服务购买者才付费。虽然这个界定被引用得最多，但是有学者指出，该界定的范围太窄、太严格，在实际运用中，只有少数的生态补偿项目符合这个界定，而大多数的生态补偿项目并不能完全符合条件。Muradian 等（2010）则持有与 Wunder 不同的观点，Muradian 认为一个更加宽泛的生态补偿应该符合 3 点要求：①经济激励，这关系到生态补偿的提供者在激励的作用下能否提供实际生态补偿服务；②直接转移，指中介在生态系统服务提供商和最终受益者之间的调节程度，最常见的中介情况是政府代表生态系统服务的买家，这时在政府和提供商之间就存在一个中介，而提供商并不能得到来自个体的补偿；③生态系统服务商品化的程度，这涉及生态系统服务的价值能被量化的程度，在一些已经实施的生态补偿中，生态系统服务能被完全量化，如欧盟碳排放权交易，也有一些不能被量化，如中国的退耕还林项目。最后，Muradian 将生态补偿定义为资源在社会成员之间的转移机制，目的在于创造激励使得个人和集体土地所有者在管理自然资源时和社会利益保持一致。

当然，除了以上两种观点外，其他学者也有不同的看法。Engela 等（2008）将生态补偿定义为当且仅当生态服务提供者保证提供时，生态系统服务提供者才会与购买者自愿交易。他认为，一个生态补偿体系应该满足以下 3 个条件：生态系统服务的提供必须明晰；双方必须有可能终止合同关系（因为是自愿交易）；必须有干预机制以确保服务的提供。Tacconi（2012）在对两种主流观点进行了对比之后提出生态补偿应该要注重成本效益，生态补偿的实施要为当地的生计带来积极影响。他认为生态补偿是一个透明的体系，对生态服务的志愿提供者提供的额外的生态服务进行有条件的支付。

尽管关于生态补偿的界定有不同意见，但普遍认为生态补偿是可以将生态系统服务外部性内在化的一种制度（Pagiola and Platais，2007）。生态补偿的核心理念是生态系统服务的外部受益者直接地、基于一定的合同、有条件地补偿给为保护生态环境而付出的土地所有者（Wunder，2005），其主要目的是为物品供应创造激励，从而改变个人或集体的行为，以达到保护环境的目的（Muradian et al.，2010）。

目前，生态补偿机制已经在美国、巴西等地成功付诸实践，众多学者也就生态补偿进行了研究。执行生态补偿需要一个良好的结构性系统，这个系统需要对补偿规模进行界定，对生态服务，以及对如何提供和维持该生态系统服务进行界定。该系统应该包括对地理区域的选择、对符合条件的参与者的选择、合同的签订、检测合同的遵守情况、检测生态补偿的实施效果等一系列过程（Tacconi，2012）。根据作者对众多文献的阅读，总结出一个完整的生态补偿系统应该包括以下几个方面：一是生态补偿的实施主体，主要是指补偿主体、补偿对象及补偿项目的主要利益相关者；二是生态补偿的类型，是基于市场的补偿，还是基于政府的补偿，或两者兼有；三是补偿的方式，是金钱补偿，还是实物补偿，或是其他类型的补偿；四是补偿标准，即补偿主体应该补偿多少给补偿对象，补偿标准应该如何确定；五是补偿资金的来源，是单纯地依靠政府财政补贴，还是有其他融资渠道。

1.4.2 自然保护区生态补偿实践——多案例分析

本节选择了 5 个具有对比意义的国外案例和 3 个具有代表性的国内案例，以对自然保护区生态补偿实践进行分析。国外的案例包括哥斯达黎加的生态服务付费项目（简称 PSA 项目）、巴西的生态增值税（ICMS-E）项目、美国的土地休耕计划、墨西哥的帝王蝴蝶保护基金项目、日本的保安林制度。国内的包括退耕还林项目、广东省的公益林项目、海南省昌江黎族自治县自然保护区生态补偿项目。表 1-5 对样本的基本情况进行了简单的介绍。

表 1-5　案例基本情况

案例	目的	实施主体	补偿主体	补偿对象	开始年限
PSA，哥斯达黎加	减少森林砍伐	国家森林基金	私有企业、个人、政府	自愿加入 PSA 项目的林地所有者	1997
ICMS-E，巴西	为由于自然保护区的建立而限制发展的城市提供补偿；保护生态环境	州政府	NGO、州政府	拥有自然保护区的城市	1991
土地休耕，美国	减少土壤侵蚀	农业部农场服务局	商品信用公司，政府	自愿加入该项目的农民	1933
保安林制度，日本	防止公共灾害的发生，维护国土安全	政府、林业非政府组织（NGO）	政府	私有林主、森林所有者	1897
帝王蝴蝶保护，墨西哥	保护物种多样性	世界自然基金会	世界自然基金会	保护区社区居民	1990
退耕还林，中国	保护和改善生态环境，减少水土流失	政府	政府	退耕农户	2003
广东省公益林项目，中国	保护生态环境	政府	政府	林地经营者、林木所有者	1999
海南省自然保护区生态补偿项目，中国	平衡生态环境保护和经济发展	政府	政府	村民	2007

从生态补偿计划实施的时间来分析，不难看出以美国为代表的发达国家在生态补偿实施的时间上要早于我国和其他发展中国家；无论与发达国家（如美国），还是与发展中国家（如哥斯达黎加）相比，我国生态补偿计划的起步时间均较晚。因此，从国外成功经验中探析生态补偿机制对我国自然保护区实施生态补偿有借鉴意义。

1. 案例基本信息分析

无论是国内还是国外，自然保护区的生态补偿计划的目的不外乎有两点，一是保护生态环境或是防止生态环境恶化；二是平衡生态环境与经济发展。究其深层次的原因，也就是为了通过补偿土地所有者，激励其积极参与和配合生态补偿项目，以达到保护生态环境的目的。在保护区周边的居民生产方式一般比较单一，收入来源基本上依靠对保护区内土地的利用。自然保护区的建立必然会损害土地所有者和周边居民的利益，对其生产和生活方式带来一定影响。要达到环境保护和经济发展的平衡，实施生态补偿措施是必然选择。接下来，本节将根据对生态补偿的文献综述中的相关问题结合实际案例对生态补偿机制进行探讨。

2. 补偿项目实施主体

本研究的 8 个案例中，除了 PSA 项目和帝王蝴蝶保护项目之外，其余 6 个案例的实施主体均为政府或政府相关部门。只有帝王蝴蝶保护项目的实施主体是世界自然基金会及其合作者——完全的非政府组织。哥斯达黎加的国家森林基金也是依据《森林法》成立，专门负责管理和实施森林生态补偿制度的一个公共部门，这个部门虽然不完全由政府人员组成，但是政府在这个基金的成立中也起到了重要的推动作用。可见自然保护区生态补偿计划的实施还是要依靠政府来牵头，无论是实施主体政府、政府相关部门，还是独立于政府的第三方。但是究竟是由第三方来实施和管理效益更高，还是由政府有关部门来进行管理更有成效，本书的相关数据还不能说明问题，有待以后的研究来考证。

3. 补偿主体

在本书的案例中，政府是自然保护区的补偿主体，只有帝王蝴蝶保护区例外，同时表明了 NGO 也开始对自然保护区建立和补偿越来越重视，国际上经常参与生态补偿的非政府组织包括世界银行、全球环境基金等，还有一些地方性的环保组织也会积极筹集资金来参与其中。生态补偿的实施部门也可以采取多种方式激励企业和个人，但目前为止个人参与补偿都是政府采取强制性措施，如征税。

自然保护区生态补偿项目中，政府作为主要的补偿主体，有以下两个方面的原因：①制度经济学可以用来解释这一现象。科斯认为，诸如灯塔制度、环境污染等现实问题，实质上反映的是产权的界定和变迁；而产权结构的选择或解决纠纷的制度安排，又取决于利益相关者之间相互协调和影响的边际交易成本。他认为，假定有法律诉讼和私下协商两种解决纠纷的制度安排，如果二者的边际交易成本不相等时，当事人自然倾向于选择成本低的制度安排，这就可以解释不同状态下当事人选择相应的纠纷解决机制的原因；如果二者边际交易成本相等，就会出现制度均衡，可以解释现实社会中存在多样化的制度安排的原因。自然保护区的补偿主体以政府为主，是因为自然保护区提供的生态系统服务通常都属于公共物品且价格不易确定，如减缓温室气体排放、保护生物多样性等，使得生态系统服务不适宜在市场中进行交易，否则会产生巨额的交易成本，在市场失灵的情形下，应强调政府干预。②当众多个体在面临一个外部性问题时，如果由众多个体组成的组织与外部性的产生者进行谈判，则成功的可能性大大增加。政府作为生态补偿的提供者和使用者之外的第三方介入生态补偿机制，不仅确保了补偿的顺利实施，也大大减少了交易费用。而每个国家和地区的实际情况有区别，则是由其制度因素、法律因素、社会因素等决定的。

4. 补偿对象

各生态补偿项目的补偿对象如表 1-6 所示。在本节的 8 个案例中，补偿对象基本上都是林地或土地所有者，但并不是所有的土地所有者都是补偿对象，只有参与该项目的才能得到补偿。在大部分案例中采取自愿原则，即有意向的土地所有者首先向有关部门提出申请，只有符合条件的土地所有者才能参与到该计划中。但是在巴西的案例中，州政府补偿的对象是建立了自然保护区的城市，直接对地方政府进行补偿，而不是给土地所有者，但是居民也从能保护区的建立中获益。生态补偿根据正、负外部性的区分可以分为增益性生态补偿和损益性生态补偿。自然保护区生态补偿属于典型的增益性生态补偿，其正外部性主要表现在自然保护区所发挥的功能上：提供珍稀物种栖息地、保持生物多样性、调节气候、净化水质、保持水土、固碳供氧、防风固沙、科研教育、娱乐休憩等。

表 1-6 补偿对象汇总

案例/补偿对象	地方政府	土地所有者
PSA，哥斯达黎加		√
土地休耕，美国		√
保安林制度，日本		√
帝王蝴蝶保护，墨西哥		√
ICMS-E，巴西	√	

续表

案例/补偿对象	地方政府	土地所有者
退耕还林，中国		√
广东省公益林项目，中国		√
海南省自然保护区生态补偿项目，中国		√

但是，自然保护区的建立需要通过对在自然保护区内开展经济活动的限制或禁止来实现，这种限制或禁止的对象包括保护区内及周边的企业和居民，其中对居民的限制在实践中最为常见。自然保护区的原住民生于斯、长于斯，长期以来以自然保护区提供的自然资源为生，并由此形成了自身传统的生活和生产方式，自然保护区的建立必将对他们的生活产生影响，且这种影响大多数是负面的，不仅减少居民的收入，也影响当地的经济发展。为了公平，必须给予他们补偿。

5. 补偿资金来源

根据相关资料归纳和整理了各生态补偿案例的补偿资金来源，如表 1-7 所示。

表 1-7　补偿资金来源

案例/资金来源	政府财政支出	NGO 贷款/捐赠	企业	个人
PSA，哥斯达黎加	√	√	√	√
土地休耕，美国	√		√	
保安林制度，日本	√	√		
帝王蝴蝶保护，墨西哥	√	√		
ICMS-E，巴西	√			
退耕还林，中国	√			
广东省公益林项目，中国	√	√	√	
海南省自然保护区生态补偿项目，中国	√			

绝大部分补偿项目的补偿资金的支付都离不开政府，并且政府补偿资金占整个补偿资金的绝大部分。值得注意的是，政府补偿资金的来源是有区别的。例如，在 PSA 项目和 ICMS-E 项目中，明确规定政府补偿资金来源于税收，并具体规定是哪一种税收。而其他的政府补偿资金只是说明来自财政预算，具体的来源并没有明确规定。从本节的 8 个案例研究中，可以看出关于生态补偿政府不是唯一的资金来源，有关部门可以利用多种手段和途径来开拓更多的资金来源，在哥斯达黎加的 PSA 项目中，森林管理资金运用了市场补偿的方式及金融工具来扩大资金量，

这样可以为生态补偿带来一个良好的资金链。同时，也不能忽视来自非政府组织的贷款和捐助，非政府组织不仅能带来资金，也能提供技术和管理上的援助。

6. 补偿标准

根据相关资料归纳和整理了各生态补偿项目的补偿标准，如表 1-8 所示。

表 1-8 补偿标准

案例/补偿标准	资金	实物	技术	政策支持
PSA，哥斯达黎加	64 美元/（hm^2·a）		√	√
土地休耕，美国	不等，27～103 美元/（hm^2·a）		√	
保安林制度，日本	未知			√
帝王蝴蝶保护，墨西哥	30 美元/（hm^2·a）			
ICMS-E，巴西	根据各州标准			
退耕还林，中国	20 元/（亩/a）①			√
广东省公益林项目，中国	18 元/（亩/a）	√	√	
海南省自然保护区生态补偿项目，中国	720 元/（人/a）		√	√

从补偿金额来看，我国案例中的补偿金额明显要低于国外。从补偿标准来说，每个生态补偿项目都有自己的方式和特点，有的注重差异化补偿，根据权威部门出示的指标和标准来测算补偿金额，以彰显补偿的公平性。而有的补偿标准则是“一刀切”，由上级政府出台相关的补偿方案，所有的林地所有者补偿标准相同。有些补偿项目会综合各方面的因素，对补偿标准做一定的调整，而有些则长期实行一个标准。作者认为，为激励更多的土地所有者参与生态补偿项目，补偿标准不能太低，否则他们没有动力去改变原有土地的耕作方式。为保证补偿的公平性，补偿标准也不能“一刀切”，因为每块土地的机会成本是不同的。所有的案例都有资金补偿，但是实物补偿很罕见，倒是技术补偿及政策补偿运用得相对广泛。这几种方式到底哪一种最受欢迎，哪一种补偿效果最明显，从所搜集的数据还不能得出结论。

7. 合约的签订与监管

本节的 8 个案例中，除了 ICMS-E 项目是由州政府统一实行补偿方案，其余个案例都会涉及土地所有者与生态补偿的实施者签订合同的问题。合同中对双方的责任和义务有明确界定，这是生态补偿能够顺利实施的保障措施之一，同样合

① 1 亩≈666.67 m^2。

同中也会涉及惩罚措施，这种惩罚可以是暂时的，也可以是永久的。若是没有相应的惩罚措施，土地所有者为了追求更高的收益，很可能会违反合同条款，这可能会导致补偿的目标不能实现。补偿对象必须要遵守合约条款（Pagiola et al., 2007），但是这往往需要一定的手段来监管提供者是否遵守合约。由于自然保护区的面积较大，要实时监控显然是不可能的，严厉的惩罚措施可以减少监管成本。但是在实施过程中对未能达标土地实施惩罚措施也很难执行，因为太严厉的惩罚措施会降低土地所有者的积极性，会影响生态补偿的实施效果。在本节的案例中，对合同监管的资料有限，只有 PSA 项目明确强调了合同的监管是生态补偿项目的一个重要部分，有些文件中提到了合同的监管问题，而没能找到具体的实施情况。

8. 补偿实施的效果

根据相关资料归纳和整理了各生态补偿项目实施效果情况，如表 1-9 所示。

表 1-9　生态补偿实施效果

效果	实施前	实施后
PSA，哥斯达黎加	森林过度砍伐，覆盖率低	参与 PSA 的森林面积占全国森林总面积 10%
土地休耕，美国	—	1 365 万 hm^2 土地加入
保安林制度，日本	—	保安林面积占全国森林总面积的 36.7%
帝王蝴蝶保护，墨西哥	保护区面积 16 110 hm^2	保护区面积增加到 56 258 hm^2，但是居民并不满意，且保护区生态旅游的过度开发和非法砍树问题屡禁不止
ICMS-E，巴西	保护区面积 637 563 hm^2	保护区面积 1 680 315 hm^2
退耕还林，中国	—	退耕还林农地达 1.08 多亿亩
广东省公益林项目，中国	—	公益林共 5 175 万亩
海南省自然保护区生态补偿项目，中国	生态环境大面积破坏	生态保护和经济发展双赢

在实施生态补偿后，保护区面积都增加了。生态补偿实施后的生态服务价值是否有变化？居民是否真的遵守了补偿合约？这些暂时无法知晓。根据案例统计分析的结果与之前综述的理论结果相比较，可以看出目前自然保护区生态补偿实施的效益评价都是依据静态的基准线，即通过实施生态补偿实施前后自然保护区的面积来进行效益评价；而在理论上，生态补偿的效益评价有静态基准线和动态基准线之分，动态基准线被认为更科学。作者认为，之所以出现理论与实践的不一致，可能是由于在实践动态基准线的设定太困难，也没有一定的依据。关于如何评价生态补偿效益，作者认为可以通过森林的覆盖面积来判断，这个数据比较直观且便于统计，但是这个评价标准太片面。自然保护区实施的目的是达到环境保护和经济发展的双赢，但是案例中，只有我国海南省和巴西的案例中有推进经济发

展。这也并不能说明地方不重视经济发展，可能是作者数据搜集不完整的问题。

9. 相关法律法规

从本节的案例中，不难发现自然保护区生态补偿的实施都少不了法律基础或国家相关政策的支撑。美国的《农业调整法案》《濒危物种法案》《农业法案》为土地休耕计划的实施提供了法律依据和保障措施；哥斯达黎加的《森林法》为与提供生态服务的土地所有者签订合同及国家森林基金的设立提供了法律基础；巴西为 ICMS-E 生态增值税的实施发布了法律法规；我国的退耕还林项目专门制定了退耕还林条例；我国地方性的生态补偿项目，如海南省、广东省等，地方政府也为自然保护区生态补偿的实施制定了相应的政策。

1.4.3 自然保护区生态补偿机制探讨

1. 自然保护区实施生态补偿的动因

无论是国外还是国内的补偿项目，都是出于保护环境的目的而建立自然保护区或实施其他保护措施。但是由于自然保护区的建立或其他保护措施的实施，必然会对当地土地所有者原有的生活和生产方式产生影响，由于土地被占用，他们将会失去原有的收入来源。自然保护区周边的土地所有者，无论他们是农民、伐木工人，还是保护区管理人员，通常只能从森林保护中得到很少的利益，而如果没有自然保护区的建立，他们会将土地转变为农田或牧场，也会比从森林保护中得到更多的利益，但是这样会造成森林的减少，导致生态环境的破坏，人类将会承受生态环境破坏带来的巨大损失。而生态补偿的实施，不仅能保护生态资源，土地所有者也会因为改变土地的使用方式得到一笔补偿。按照激励机制，当补偿金额超过了原来的收入水平，土地所有者才会有动机参与到生态补偿项目。通过这种激励机制，才能达到生态环境保护和经济增长的双赢。在本节的案例中，补偿可以是资金补贴或技术支持或政策支持。

2. 自然保护区生态补偿体系

无论是国家发达国家的生态补偿项目，或国际上被公认成功的生态补偿项目，还是我国刚刚起步的生态补偿项目，生态补偿计划实施的过程中都会涉及以上生态补偿利益相关者、补偿合同、补偿监管等问题。这些元素不是独立存在的，而是通过一定的联系构成了一个比较完整的生态补偿体系，作者对生态补偿体系进行了归纳和描述，详见图 1-10。图 1-10 中诠释了自然保护区生态补偿体系应该包含的元素及相互关系。

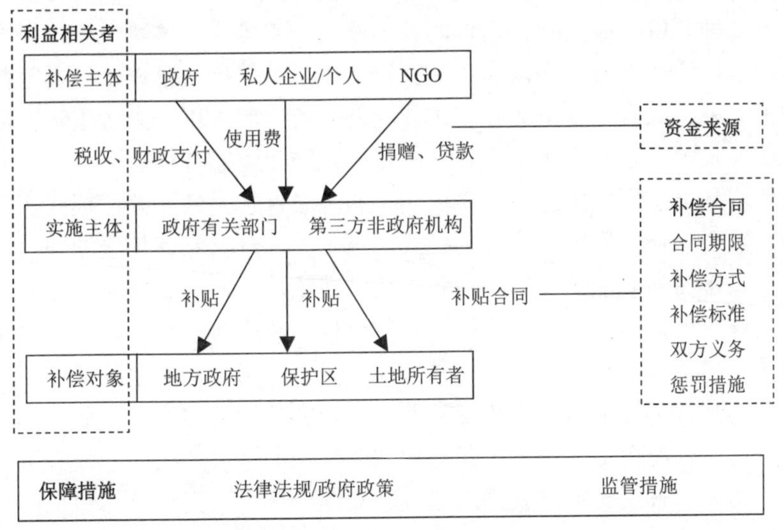

图 1-10　自然保护区生态补偿体系

3. 不同补偿模式之间的对比

本节对生态补偿机制的研究更多地引用和使用经济学的方法和观点，将生态补偿机制视为一种制度安排，而在这种制度安排之下的各主体行为对生态补偿机制实际发挥作用的程度和效果有着非常重要的影响。因此，生态补偿机制与其他制度安排一样，需要通过利益相关者的行为发挥作用。各个国家地区、政治体制、社会结构、经济体系的不同，与生态补偿有关的利益相关者不尽相同，而且利益相关者参与的程度、方式、动机也各不相同。生态补偿的利益相关者主要包括补偿主体（政府、企业/个人、NGO）、补偿对象（地方政府、土地所有者）、生态补偿实施主体（政府、第三方非政府机构等）。

从生态补偿体系中，我们可以发现，补偿主体决定了补偿资金的来源和补偿方式，也决定了对补偿对象的补偿金额，可见补偿主体在整个生态补偿系统中的重要性。因此，本节以补偿主体为标准，将案例进行分类，进而对每种分类的补偿动机、补偿方式，以及补偿结果进行分析。从案例中可以看出，在自然保护区，生态系统服务公共物品的性质决定了政府是生态补偿最重要的补偿主体。大多数情况下，生态资源可以列入公共品的范畴，因此其交易也大多有政府参与，或者政府是最主要购买者，或者政府以出资人的身份对生态资源的保护和恢复工作提供资助，或者政府代表人民进行这种生态服务购买。但政府并不是自然保护区生态补偿唯一的补偿主体。在 8 个案例中，按照补偿主体的不同，本节将案例分为：政府补偿、政府补偿兼市场补偿、NGO 补偿 3 种类型。接下来作者将对 3 种模式的补偿动因、补偿方式及补偿效果进行比较分析。

第一种是以政府为补偿主体的补偿模式。美国土地休耕、日本保安林制度、我国的退耕还林项目、海南省自然保护区生态补偿项目都属于这类补偿模式。在这种模式中，政府是补偿的唯一主体，补偿资金绝大部分来源于政府财政。在这种补偿模式中，政府实施生态补偿的目的是防止生态环境恶化，希望通过实施生态补偿达到生态环境保护。区域内的生态环境保护是政府补偿模式实施最直接的动力。以政府补偿为单一主体的模式，也是大部分自然保护区的补偿模式，这种模式可操作性强，便于实施。由政府统一拨款，政府的补偿对象包括地方政府也包括具体的土地所有者。补偿标准大部分也由政府统一制定，居民自愿参与或因政府措施强制性参与其中。在这种补偿模式中，资金并不是唯一的补偿方式，有两个案例进行了技术补偿和政策补偿，这两类补偿被称为“造血型”补偿，这种补偿方式可以使得土地所有者获得的利益是长期且可持续的；政府可以提供技术支持和相关的政策支持，鼓励当地发展其他经济；海南省自然保护区居民在政府支持下发展养蚕并种植橡胶树来发展当地经济，从根本上增加居民收入。

在这种补偿模式中，政府通常都是用保护区或森林的覆盖面积来考量生态补偿的实施效果。根据案例中的数据，自然保护区在实施生态补偿之后，森林覆盖面积确实增加了，生态环境也得到改善。这种补偿模式的优势在于政府补偿省去了生态系统服务的巨额交易成本，政府依靠相应的法律措施，使得补偿执行起来简单，可操作性强，适用于大面积的自然保护区。事实证明，这种模式也是目前运用最广的一种补偿模式。但这种方式有其弊端。①资金来源单一，单纯依靠政府财政，若财政资金短缺则很可能造成补偿无法实施。政府行为往往是多目标的，其中包括各种发展计划、工程项目、保护与开发活动等，而一旦政府的优先考虑领域（目标）发生转移，用于生态补偿的政府购买就会受影响。②补偿标准单一，大多数的此类案例都是由政府来制定补偿标准，往往这种补偿标准都偏低。过低的补偿标准对土地所有者的激励作用也有限，不利于调动土地所有者参与生态补偿项目的积极性。③生态补偿效益衡量不太科学，政府都是以森林覆盖面积判断生态补偿的实施效果，很少有政府会衡量实施生态补偿之后，生态服务价值是否增加了，增加了多少。正因为如此，很难衡量实施成本与收益的问题，即政府购买的经济效率问题。④体制本身的低效率、设租寻租等因素，都可能影响政府购买模式的实际效果。

鉴于政府补偿模式的诸多弊端，作者认为有必要充分发挥自然保护区当地居民的主观能动性，使其积极地参与到生态补偿运行中，居民的参与能有效降低自然保护区生态补偿权利协调中行政协调的主观随意性。以往自然保护区生态补偿中过分依靠片面的行政协调手段，忽略了参与式手段的全面协调作用，其结果是损害了自然保护区生态补偿中绝大多数利益相关者的利益。既损害了生态服务提供者的利益，也损害了生态服务购买者的利益。因此自然保护区生态补偿本身也需要制度创新，修正传统的行政协调方法。自然保护区当地居民的参与，将对有效开展自然保护区生态补偿实践产生深远的推动作用。

第二种是以政府补偿为主兼有市场补偿的模式。自然保护区的特性，决定了市场补偿模式不可能单独存在，但是可以与政府补偿并存。在本节的案例中，巴西的 ICMS-E 项目、哥斯达黎加 PSA 项目、广东省公益林保护项目都是属于政府补偿和市场补偿兼有的补偿模式。相对于单纯的政府补偿来说，二者有共性，也存在很多不同。该模式是在政府补偿的基础上，充分发挥市场补偿的作用，将环境的负外部性内在化，其实施的动力除了最终的环境保护之外，还在于扩大补偿资金的来源。

在这种补偿模式中，补偿资金不仅通过政府财政来获得，生态系统服务的使用者（包括企业和个人）也是补偿资金的重要来源之一。通常，市场补偿的途径有以下几种：①政府通过强制性的税收政策向生态系统服务的使用者（包括企业和个人）征税，如燃料税和水资源使用税等（巴西 ICMS-E 项目、哥斯达黎加 PSA 项目）；②企业投资与捐赠，这种情况通常是要与企业进行协商再签订合同，一般没有强制性要求（广东省公益林保护项目、哥斯达黎加 PSA 项目）；③在一些市场补偿方式实施比较完善的地区，可通过碳汇交易来获得资金（广东省公益林保护项目；哥斯达黎加 PSA 项目）；④自然保护区景区门票也是补偿资金来源之一，某些景区会将门票收入中的一定比例用于补偿（如我国的九寨沟自然保护区）。由于自然保护区实施市场补偿尚不完善，不能完全通过市场来进行自由交易，所以政府在其中起到很重要的作用，如税收等强制性措施的制定。在这种补偿模式中，补偿实施的主体有些是政府，也有些是独立于政府的第三方（哥斯达黎加 PSA 项目的森林保护基金），实施主体的职责是对生态补偿制度的实施过程进行管理，包括与支付方进行谈判，筹集资金，与生态服务提供方签订生态补偿合同。在本节的相关案例中，这种补偿模式的补偿方式基本上是资金补偿，由于本节的案例尚不能涵盖所有补偿类型，不排除包括其他形式的补偿方式。综合补偿模式中的利益相关者及各自的关系，作者描绘出此类补偿模式的实施过程如图 1-11 所示。

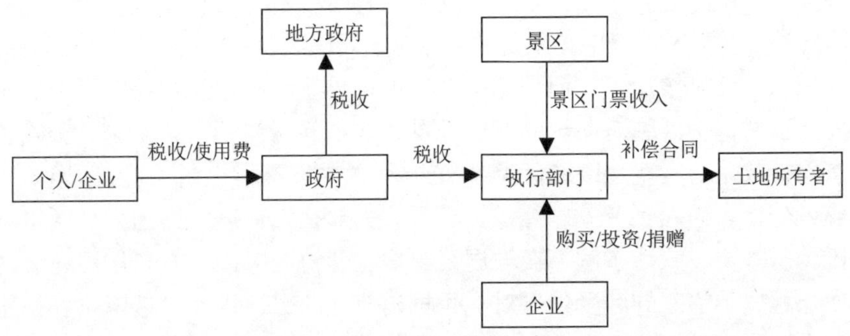

图 1-11 混合型补偿模式的实施过程

政府补偿和市场补偿兼有的补偿模式，相对于单纯的政府补偿有以下优点：①使用各种政策及市场交易方式，使得更多的生态系统服务使用者加入其中，扩大了资金的筹集渠道，有利于突破资金不足的困境；②更多的生态系统服务使用者加入其中，有利于增强公众和企业的环保意识；③在政府支持下，与生态系统服务有关的交易更加容易实施，政府的干预可以使得交易成本大大降低。当然，这种方式也有不足之处：①市场化补偿要分清楚生态系统服务的类型（例如，在哥斯达黎加 PSA 项目中将森林碳汇及水资源服务划分得很清楚，或者一些自然保护区的景观服务），但是现在很多自然保护区还未意识到这一点；②市场补偿形式主要建立在协商、博弈和交易等行为之上，但是交易价格的确定目前还没统一定论，具体实施过程中还需依靠政府的协调；③参与市场补偿的企业不宜太多，否则会导致交易成本的增加，反而会造成市场补偿失效；④市场化的补偿模式可能导致市场交易更多追求资源的最优配置和市场效率，而忽视生态环境的可持续发展。

这种补偿模式实施之后的效果往往比单纯的政府补偿好。在本节的 3 个此类型的案例中，生态补偿实施之后，当地的生态环境好转、保护区面积增加。不仅如此，还增加了当地居民对自然保护区生态价值的认识，居民生活得到改善，也不再认为自然保护区是当地经济发展的绊脚石。无论是从社会影响、经济影响还是环境影响来判断实施效果，这种补偿方式的影响基本都是正面的（广东省公益林保护项目的经济影响还尚待考证）。

第三种是 NGO 参与的生态补偿模式。在本节的案例中，有些有 NGO 的参与（日本保安林制度、广东省公益林项目、哥斯达黎加 PSA 项目），在这几个案例中，NGO 都不是主要的补偿主体，而在墨西哥帝王蝴蝶保护项目中，世界自然基金会是主要的补偿主体。案例显示，目前 NGO 都积极参与到环境保护区，也致力于研究生态环境服务的价值实现。这些非政府机构参与到生态补偿项目中，是因为他们觉得生态补偿可以减少对环境有害的行为（Tacconi，2012），达到保护生态环境或保护稀有野生动植物的作用，也可以改善发展中国家自然保护区人民的生计。NGO 不仅会捐赠补偿资金，也会提供技术帮助。一般情况下，NGO 不会单独参与和实施生态补偿项目，在启动生态补偿项目之后会积极寻求当地政府的参与。从墨西哥帝王蝴蝶保护项目的效果来看，在 NGO 的积极参与下，自然保护区的面积虽然逐年增加了，但是生态补偿项目仍然不断遭到批评，不但居民不满意，而且自然保护区生态旅游的过度开发和非法砍树问题屡禁不止，影响了保护区生态保护效益的实现。由此可见，NGO 介入生态补偿也是一把双刃剑。

作者分析，墨西哥帝王蝴蝶保护项目的失败很大程度上是因为外国机构对当地社区的基本情况缺乏了解，在与居民签署补偿协议时，没有与居民充分沟通，居民参与程度不够，导致受偿方对支付机构信任缺失，进而直接影响补偿协议的实施。当然我们不能根据这一个案例就否定 NGO 参与生态补偿项目的优点：①带来了新的补偿资金筹集渠道；②NGO 的介入可以增强土地所有者的环保意识，为补偿项目的开展带来积极影响；③NGO 一般都比较关注发展中国家的生态环境保护情况，同时也注重改善当地的生计，而很多政府补偿并不能做到这一点。通过这一个案例，也能看清 NGO 参与生态补偿容易出现的问题：①NGO 等社会力量推动的社会手段虽然在生态补偿启动阶段能发挥关键的作用，但是 NGO 等社会组织资金筹措能力也受到诸多不确定性的限制；②NGO 一般对自然保护区当地的了解不够，会为补偿的实施带来不利影响；③居民对 NGO 的不信任也可能导致补偿项目不能顺利实施；④在实践中，NGO 往往是作为政府补偿模式中一个额外的补偿主体，其在生态补偿项目中发挥的作用如何无法确定。表 1-10 对 3 种补偿模式的优点、不足及实施效果进行了比较。

表 1-10 3 种补偿模式的优劣势分析

补偿模式	优点	不足	实施效果
政府补偿模式	便于实施，可操作性强	补偿资金来源单一，补偿标准单一，且金额较低	更加注重对生态环境的影响
政府+市场补偿模式	资金来源多元化，有利于增加企业和公民的环保意识；政府干预使得市场补偿交易成本降低	还未得到重视；市场补偿交易价格难以确定；可能会造成过分重视市场效率而忽视环境的可持续	不仅注重对生态环境的影响，居民的收益也增加了，也提高了社会的环保意识
NGO 补偿模式	提供了新的资金来源；NGO 介入有利于生态补偿的开展	对自然保护区情况了解不够；补偿资金有限；作用如何难以判断	更加注重生态环境影响，也注重对经济的影响

从对 3 种模式的比较可以看出，若是一个自然保护区能实施以政府补偿为主，兼以实施市场补偿，同时邀请 NGO 的加入是最理想的状态，但是每个地区由于经济因素、政治环境、社会因素的影响，也决定了大多数自然保护区补偿项目不可能这么理想。每个自然保护区都应该根据自身的特点和所处的环境，以及通过生态补偿想要达到的目的，来选择生态补偿模式。在实施过程中，要先确定利益相关者，然后根据利益相关者的不同来制定补偿方案。作者认为，在一个自然保护区实施生态补偿的初期，政府应该积极参与，并通过各种途径征求国际 NGO 的帮助，以保证补偿能够顺利开展，当整个补偿项目实施到比较稳定时，政府可以开拓市场补偿的方式，以保障整个项目良好可持续的运行。通过对本节中案例的分析，作者认为生态补偿机制从根本上来讲是一种激励和协调机制。所谓生态补偿机制，就是生态补偿各组成要素之间相互影响、相互作用的规律，以及他们之间的协调关系，通过一定的运行方式和途径，把各组成要素有机地联系在一起，以达到生态补偿顺利实施的目的。

4. 我国自然保护区生态补偿实践中的不足

从本节的研究案例来看，我国自然保护区和国外的案例相比有以下不足。

①补偿主体单一，基本上是以政府为唯一补偿主体（广东省公益林项目有少许私人企业和 NGO 的参与），生态补偿机制的市场化程度很低，这为各级政府带来较为沉重的财政负担；②我国生态补偿标准的确立也缺乏相关的指标，且和其他国家相比，我国的补偿标准不仅单一而且补偿金额也偏低，生态补偿实施的动机本来是要平衡生态环境保护和地区经济发展的双赢，但是我国执行的低标准显然不能达到增加土地所有者经济收入的目的；③我国土地所有者并不是像其他国家的土地所有者根据自身意愿选择是否加入，政府更多的是使用行政手段，大多数的土地所有者被强制性加入，这样往往不能发挥土地所有者的积极性，也不利于环保意识的提升；④政府对生态补偿实施效果的衡量往往也只是通过保护区或是森林的覆盖面积来表述，而忽视了自然保护区当地经济的发展；⑤缺乏制度性支撑，我国已经陆续制定出台了一系列与保护自然资源和生态环境相关的法律法规，但就生态补偿实践而言，其基础性制度支撑仍有许多不足。

5. 完善我国自然保护区生态补偿机制的对策和建议

首先，完善政府主导的生态补偿模式，积极发展基于市场的补偿模式。建立完善的生态补偿机制需要解决很多问题，其中最关键的问题就是资金问题。没有充足的补偿资金作后盾，生态补偿机制的建设将会是纸上谈兵。生态补偿是一个复杂的系统工程，仅仅依靠政府的财政投入资金是远远不够的，建立多元化的融资体制对中国生态补偿机制的完善具有重要意义。截至目前，国际社会在市场补偿方面已经有了较多的成功案例，这些成功的案例都值得我国学习。在生态补偿机制的构建中，要积极探索建立生态环境税收制度，整合与生态环境保护相关的税种，通过财政贴息、税收优惠等政策措施来促进生态补偿资金的市场化。同时，积极引进国际性 NGO 参与到补偿项目中。

其次，完善补偿标准体系。可以在对自然保护区进行调查之后，按照国际上较多采用的机会成本法作为其标准计算方法来作为补偿标准制定的依据。这种方法根据各种措施所导致的损益（机会成本）作为计算生态补偿标准的依据。同时，作者认为补偿标准设定也以自然保护区当地居民的受偿意愿为参考依据，根据机会成本法和受偿意愿来设定，对土地所有者更具激励作用。

再次，在资金补偿的基础上，积极开展其他类型的补偿，最好是能通过技术支持和政策支持来为保护区带来“造血型”的补偿措施，一般自然保护区可以开展生态旅游，通过旅游业带动当地经济的可持续发展。

最后，加强建设生态补偿的基本保障体系，逐步健全生态补偿立法，进一步完善生态补偿的管理机制。

本节由于数据来源及研究方法的问题，也存在一些局限性。首先，本节在案例研究设计中，使用的是二手数据，数据来源于国内外相关文献及网络资料，数据来源单一，不能通过不同数据源、证据链进行三角测量，以验证数据的真实性和可靠性。并且相关资料难以搜集，导致有些案例的相关资料不全面，可能会对研究结果产生影响。其次，由于案例相关资料搜集的限制，只选取了相关的 8 个案例，样本量有限，所选取的样本也不可能涵盖所有自然保护区的生态补偿模式，样本代表性上会存在一定的不足，这对研究结果的可靠性和可信度会产生影响。再次，由于案例资料难以查找，本节选取的案例并非完全是自然保护区实施生态补偿的案例，这样难免会降低研究结果的说服力。最后，本节只是做了案例分析，缺乏实证研究对研究结果的支持。

参 考 文 献

陈尉，刘玉龙，杨丽，2010. 我国生态补偿分类及实施案例分析[J]. 中国水利水电科学研究院学报，8(1)：52-58.

崔永和，2008. 生态价值：深化价值论研究的前沿视域[J]. 河南师范大学学报（哲学社会科学版），35(4)：1-6.

戴星翼，俞厚未，董梅，2005. 生态服务的价值实现[M]. 北京：科学出版社.

冯晓东，徐超，2012. 扎龙国家级自然保护区核心利益相关者及治理机制分析[J]. 北京林业大学学报（社会科学版），11(3)：89-93.

郭淳凡，2010. 景区经营权转让下旅游资源开发激励约束契约设计[J]. 旅游学刊，6(30)：1052-1055.

何怀宏，2000. 儒家生态伦理思想述略[J]. 中国人民大学学报，14(3)：32-39.

胡晓鹏，2008. 产业共生：理论界定及其内在机理[J]. 中国工业经济，(9)：118-128.

金卓，王晶，孔卫英，2011. 生态价值研究综述[J]. 理论月刊，(9)：68-71.

黎洁，2006. 环境管理研究[M]. 天津：南开大学出版社.

李爱平，张绪海，2011. 旅游资源经营权转让模式研究[J]. 中国管理信息化，(16)：59-60.

李法云，等，2005. 环境市场与环境经营[M]. 北京：化学工业出版社.

李海涛，许学工，肖笃宁，2005. 基于能值理论的生态资本价值——以阜康市天山北坡中段森林区生态系统为例[J]. 生态学报，25(6)：1383-1390.

刘敏，陈田，石学勇，2007. 我国景区经营权价值评估途径的选择[J]. 旅游学刊，9(22)：45-49.

卢彪，2013. 生态学视域中的生态价值及其实践思考[J]. 社会科学家，(9)：20-23.

吕光辉，杨建军，于恩涛，等，2003. 新疆生态服务价值功能估算与分析[J]. 生态经济，8：58-62.

欧阳志云，徐卫华，苗鸿，2009. 中国自然保护区管理有效性的现状评价与对策[J]. 应用生态学报，20(7)：1739-1746 07 期.

钱俊生，彭定友，2002. 生态价值观的哲学意蕴[J]. 自然辩证法研究，(10)：13-15.

权佳，欧阳志云，徐卫华，等，2009. 中国自然保护区管理有效性的现状评价与对策[J]. 应用生态学报，20(7)：1739-1746.

史培军，张淑英，潘耀忠，等，2005. 生态资产与区域可持续发展[J]. 北京师范大学学报（社会科学版），2：131-137.

宋瑞，2003. 生态旅游：多目标多主体的共生[D]. 北京：中国社会科学院研究生院.

苏东水，2000. 产业经济学[M]. 北京：高等教育出版社.

王凯，谭华云，2005. 景区经营权转让对边远旅游地影响的实证研究：湖南凤凰八大景区（点）的案例分析[J]. 旅游科学，19(4)：38-43.

王丽娅，2003. 关于民间资本投资基础设施领域的研究[D]. 厦门：厦门大学.

武真真，章锦河，2012. 近 15 年来国外旅游小企业研究进展[J]. 旅游学刊，27(8)：27-35.

谢高地，鲁春霞，肖玉，等，2003. 青藏高原高寒草地生态系统服务价值评估[J]. 山地学报，2：50-55.

谢高地，肖玉，卢春霞，2006. 生态系统服务研究：进展、局限和基本范式[J]. 植物生态学报，2：191-199.

辛琨，谭凤仪，黄玉山，等，2006. 香港米埔湿地生态功能价值估算[J]. 生态学报，6：2020-2026.

阎友兵，陈喆芝，2010. 基于实物期权理论的景区经营权转让年限制度安排[J]. 旅游学刊，25(12)：18-22.

杨玲丽，2010. 共生理论在社会科学领域的应用[J]. 社会科学论坛，(16)：149-157.

杨天荣，2010. 西部地区民间资本投资环境评价研究[D]. 杨凌：西北农林科技大学.

依绍华，2003. 民营企业进行旅游景区开发的现状分析及对策[J]. 旅游学刊，4(18)：47-51.

余新晓，鲁绍伟，靳芳，等，2005. 中国森林生态系统服务功能价值评估[J]. 生态学报，25(8)：2096-2102.

袁纯清，1998. 共生理论及其对小型经济的应用研究(上)[J]. 改革，2：100-104.

张进福，2004. 经营权出让中的景区类型与经营主体分析[J]. 旅游学刊，1(19)：11-15.

张志强，徐中民，程国栋，2001. 生态系统服务与自然资本价值评估[J]. 生态学报，21(11)：1918-1926.

赵军，杨凯，2004. 上海城市内河生态系统服务的条件价值评估[J]. 环境科学研究，2：49-53.

郑向敏，2005. 旅游景区（点）经营权转让亟须科学合理的制度安排[J]. 旅游学刊，3(20)：11-12.

中华人民共和国环境保护部，2017. 中国环境状况公报[EB].

钟勉，2002. 试论旅游资源所有权与经营权相分离[J]. 旅游学刊，4：23-26.

Boyd J，Banzhaf S，2007. What are ecosystem services? The need for standardized environmental accounting units[J]. Ecological Economics，63 (2-3)：616-226.

Bryan B A，Raymond C M，Crossman N D，et al，2010. Targeting the management of ecosystem services based on social values：Where，what，and how?[J]. Landscape and Urban Planning，97：111-122.

Chen N，Li H，Wang L，2009. A GIS-based approach for mapping direct use value of ecosystem services at a county scale：Management implications[J]. Ecological Economics，68 (11) ：2768-2776.

Costanza R，D'Arge R，de Groot R，et al，1997. The value of the world's ecosystem services and nature[J]. Nature，387：253-260.

Costanza R，Wilson M，Troy A，et al，2006. The value of New Jersey's ecosystem services and natural capital. Gund Institute for Ecological Economics. University of Vermont and New Jersey Department of Environmental Protection，Trenton，New Jersey，13.

Cuperus R，Bakemans M M G J，De Haes H A U，et al，2001. Ecological compensation in Dutch highway planning[J]. Environmental Management，27(1)：75-89.

Curtis I A，2004. Valuing ecosystem goods and services：a new approach using a surrogate market and the combination of a multiple criteria analysis and a Delphi panel to assign weights to the attributes[J]. Ecological Economics，50：163-194.

Daily G C，1997. Nature's services social dependence on natural ecosystems. Washington D. C. ：Island Press.

Daly H E，Cobb J B，1989. For the Common Good：Redirecting the Economy Toward Community，the Environment and a Sustainable Future[M]. Boston：Beacon Press.

De Groot R S，Wilson M A，Boumans R M J，2002. A typology for the classification，description and valuation of ecosystem functions，goods and services[J]. Ecological Economics，41：393-408.

Engela S，Pagiolab S，Wunder S，2008. Designing payments for environmental services in theory and practice：An overview of the issues. Ecological Economics 65(4)：663-674.

Erkuş-Öztürk H，Eraydın A，2010. Environmental governance for sustainable tourism development：Collaborative networks and organisation building in the Antalya tourism region[J]. Tourism Management，31(1)：113-124.

Faber S C，Costanza R，Wilson M A，2002. Economic and ecological concepts for valuing ecosystem services[J]. Ecological Economics，41：375-392.

Farber S，Costanza R，Childers D L，et al，2006. Linking Ecology and Economics for Ecosystem Management[J]. BioScience，56(2)：121-133.

Fisher B，Turner R K，Morling P，2009. Defining and classifying ecosystem services for decision making[J]. Ecological Economics，68(3)：643-653.

Forsström B，2005. Value co-creation in industrial buyer-seller partnerships-creating and exploiting interdependencies：an empirical case study. Turku：Åbo Akademi University Press

Gereffi G，Humphrey J，Sturgeon T，2005. The governance of global value chains[J]. Review of International Political Economy，12(1)：78-104.

Gummesson E，2008. Extending the service-dominant logic：from customer centricity to balanced centricity[J]. Journal of the Academy of Marketing Science，36(1)，15-17.

Hein L，Van Koppen K，De Groot R S，et al，2006. Spatial Scales，Stakeholders and the Valuation of Ecosystem Services[J]. Ecological Economics，57(2)，209-228.

Herendeen R A，1998. Monetary-costing environmental services：Nothing is lost，something is gained[J]. Ecological Economics，25：29-30.

Humphrey J，Schmitz H，2001. Governance in global value chains[J]. IDS Bulletin，32(3)：19-29.

Kaplinsky R，Memedovic O，Morris M et al，2003. The Global Wood Furniture Value Chain：What Prospects for Upgrading by Developing Countries?[M]. Vienna：UNIDO.

Kaplinsky R，Morris M，2001. A Handbook for Value Chain Research[M]. London：IDRC.

Leverington F，Hockings M，Coata K L，2008. Management effectiveness evaluation in protected areas：a global study[M]. Gatton：The University of Queensland，IUCN WCPA，TNC，WWF.

Liu J，Qu H，Huang D，et al，2004. The Role of Social Capital in Encouraging Residents' Pro-Environmental Behaviors in Community-Based Ecotourism[J]. Tourism Management，41：190-201.

Martín-López B，García-Llorente M，Palomo I，et al，2011. The conservation against development paradigm in protected areas：Valuation of ecosystem services in the Donana social-ecological system (southwestern Spain)[J]. Ecological Economics，70 (8)：1481-1491.

MEA，2003. Ecosystems and Human Well-being：A Framework for Assessment[M]. Washington D. C. ：Island Press.

Muradian R，Corbera E，Pascual U，et al，2010. Reconciling theory and practice：an alternative conceptual framework for understanding payments for environmental services[J]. Ecological Economics，69：1202-1208.

Nenonen S，Storbacka，K，2010. Business model design：conceptualizing networked value co-creation[J]. International Journal of Quality and Service Sciences，2(1)：43-59.

Normann R，Ramirez R，1998. Designing interactive strategy：From value chain to value constellation[M]. New York：Wiley.

Pagiola S，Arcenas A，Platais G，2005. Can payments for environmental services help reduce poverty? An exploration of the issues and the evidence to date from Latin America[J]. World Development，(33)：237-253.

Pagiola S，Ramírez E，Gobbi J，et al，2007. Paying for the environmental services of silvopastoral practices in Nicaragua[J]. Ecological Economics，64 (2)：374-385.

PagiolaS S，Platais G，2007. Payments for Environmental Services：From Theory to Practice[M]. Washington D. C.：World Bank.

Parris T M，Kates R W，2003. Characterizing and measuring sustainable development[J]. Annual Review of Environment and Resources，28(13)：1-28.

Payne A F，Storbacka K，Frow P，2008. Managing the co-creation of value[J]. Journal of the academy of marketing science，2008，36(1)：83-96.

Porter M E，1985. The Competitive Advantage[M]. New York：Free Press.

Rees W E，1992. Ecological footprints and appropriated carrying capacity：What urban economics leaves out[J]. Environment and Urbanization，(4)2：121-130.

Ross S，Wall G，1999. Ecotourism：Towards Congruence Between Theory and Practice[J]. Tourism Management，20(1)：123-132.

Scheffer M，Brock W，Westley F，2003. Socioeconomic mechanisms preventing optimum use of ecosystem services：An interdisciplinary theoretical analysis[J]. Ecosystem，3：451-471.

Storbacka K，Frow P，Nenonen S，2012. Designing business models for value co-creation[J]. Review of Marketing Research，9：51-78.

Tacconi L，2012. Redefining payments for environmental services[J]. Ecological Economics，73：29-36.

Vargo S L，Lusch R F，2008. Service-dominant logic：continuing the evolution[J]. Journal of the Academy of marketing Science，36(1)：1-10.

Vargo S L，Maglio P P，Akaka M A，2008. On value and value co-creation：a service systems and service logic perspective[J]. European Management Journal，26(3)，145-152.

Venkatachalam L，2007. Environmental economics and ecological economics：where they can converge?[J]. Ecological

Economics，61(2-3)：550-558.

Weiss T G，2001. Governance，good governance and global governance：conceptual and actual challenges[J]. Third World Quarterly，21(5)：795-814.

Wunder S，2005. Payments for environmental services：Some nuts and bolts[J]. CIFOR，Occasional Paper，No. 42.

Wunder S，2008. Payments for environmental services and poor：concepts and preliminary evidence[J]. Environment and Development Economics，13(3)：279-297.

第2章 旅游企业管理

旅游企业是自然保护区的关键利益相关者之一，是联结自然保护区与游客之间的桥梁，在自然保护区生态价值的创造及实现中发挥着举足轻重的作用。本章着重探讨旅游企业的管理问题。首先，针对影响自然保护区生态价值及旅游企业可持续发展的两个重要问题，即环境管理和社会责任问题展开讨论。其次，作为旅游企业的代表者和“领头羊”，旅游上市公司的管理实践能够对其他旅游企业带来示范效应，因此，本章利用沪、深两市旅游上市公司的非平衡面板数据，对我国旅游上市公司内部治理结构的安排进行了实证研究，指出建立科学的权力制衡机制对我国旅游上市公司的意义。

2.1 旅游企业环境管理——研究评析与前瞻*

随着我国经济的高速发展，环境问题日益严重，一些旅游地环境污染、生态破坏凸显的事实，让人们重新开始考量曾经作为“无烟产业”的旅游业，旅游企业在环境问题中扮演着什么样的角色？令人惊讶的是，在全球业界和学术界给予企业环境责任议题更多关注的背景下，对于资源和环境依赖性极大的旅游企业，其旅游经营造成的环境影响未受到应有的关注（Frey and George，2010）。旅游企业环境管理的实践还十分有限，不仅是业界，在研究领域中环境议题也并未得到相关学者的足够关注（Wijk and Persoon，2006）。当前我国旅游企业急需考虑的问题是如何处理环境资源和企业发展的关系，从而实现企业的可持续成长。

随着我国经济进入新常态，在环境承载力已达到或接近上限的背景下，低碳环保的循环经济已成为未来经济发展的方向，修订后的《中华人民共和国环境保护法》的正式实施，预示着企业经营所面临的资源环境约束条件强化。旅游企业常依赖环境资源经营并从中获益，更应考虑和承担企业的环境责任。实施积极的环境管理、促进整个行业的可持续发展，这是旅游企业社会责任感的一种体现。通过梳理旅游企业环境管理的研究，有助于旅游企业环境管理理论的不断深化，对于指导旅游业低碳化发展和指导促进旅游的可持续发展具有重要意义。

---

* 本节选自：李玲，2016.旅游企业环境管理：研究评析与前瞻[J]. 生态经济，32(8).

2.1.1 旅游企业环境管理研究现状

为充分了解现有研究的进展，作者分别以关键词“环境”或“环境管理”在中国知网（CNKI）以“environment”或“environmental management”关键词在ScienceDirect、Tayor & Francis Online、SAGE Journal、JSTOR、EBSCOhost、Springerlink 6 个外文数据库进行检索，得到了初步的文献列表之后，采用滚雪球技术进一步通过每篇文献的参考文献添加新的引文，此程序重复进行直至不再有新的文章发现。最终，共得到 2000～2014 年符合主题的文献 116 篇，其中 100 篇英文文献，16 篇中文文献。文献相关内容对比见图 2-1。

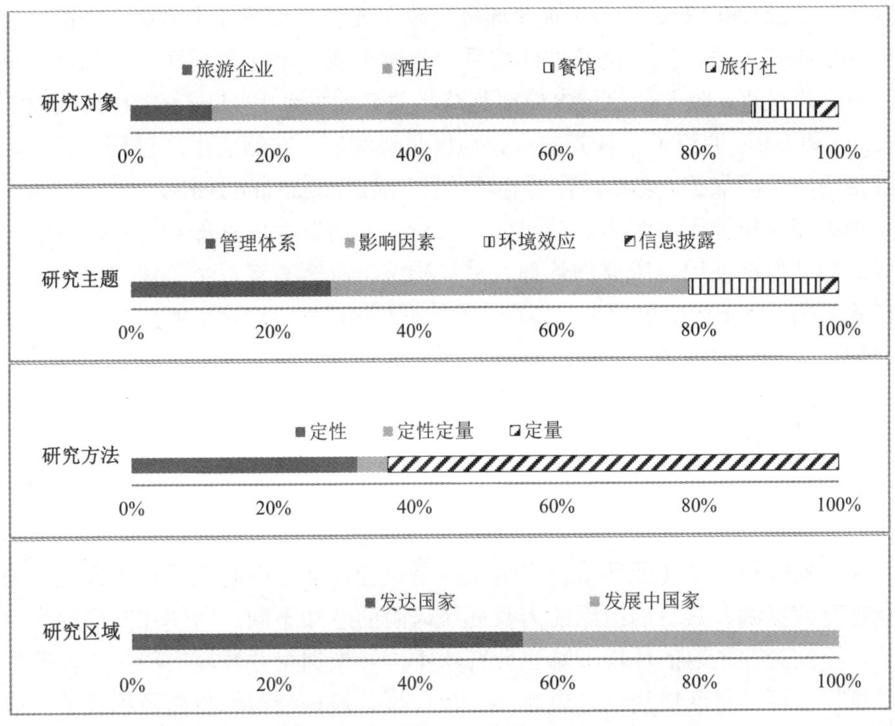

图 2-1　2000～2014 年旅游企业环境管理文献内容对比

进一步地，通过对现有文献的梳理发现，旅游企业环境管理的相关研究由构成维度、影响因素及效应 3 个方面组成，下面将分别对这 3 个方面的研究现状展开阐述。

2.1.2 旅游企业环境管理的构成维度

环境管理是为了减少、消除，甚至是防止企业经营对环境造成消极影响所实施的各种实践和程序，环境管理由环境政策和环境实践两个方面组成。20 世纪 80 年代，环境管理作为新的管理领域出现，90 年代以后被越来越多的企业在经营管理中运用（Worcester，1994）。

1. 环境政策与实践

环境政策设定了企业环境管理目标，为企业的环境行动提供了整体框架，是其对环境行动意向的声明。通过一系列自愿性政策工具，企业可以加强对环境问题的自我规制，行为准则、最佳环境实践和生态标签是酒店行业目前应用最广的环境政策工具。

环境政策只是表明企业对环境问题的态度，而能否有效执行环境政策还需要实践行动。Lee 和 Rhee 认为，企业环境实践主要包括以下 5 个方面：产品、生产过程、组织和体系、供应链及外部关系。旅游企业环境实践同样可以贯穿至整个供应—生产过程，融入企业与内外部利益相关者的关系中（Lee and Rhee，2007）。Erdogan 和 Baris 调查了土耳其安卡拉地区星级酒店，在酒店生产过程中，采取了能源使用与资源保护、废弃物管理等环境行为（Erdogan and Baris，2007）；Mensah 关于加纳阿克拉地区星级酒店的研究，分析了酒店针对内外部利益相关者的环境实践，如环保纸使用、废弃物管理、节能措施、顾客教育、员工培训、本地社区支持等方面（Mensah，2006）。Hsieh 整合前人的研究，构建了酒店环境实践的分类框架，包括节约能源、回收废弃物、保护水资源、减少噪声污染、绿色食品设计、绿色建筑建造、绿色采购、环境教育（员工和顾客）、客房空气质量、环境合作等内容（Hsieh，2012）。

2. 环境战略

环境实践反映了企业环境管理战略，是企业在环境问题上的行为表现。由于企业拥有的资源、具备的组织能力及环境风险的感知不同，即使在同样的竞争环境下，不同企业采取的环境战略也会有所不同。根据企业环境实践的“宽度”和“深度”，可以将环境战略分成 4 类：反应型、投机型、聚焦型及积极型。“宽度”指企业考虑在哪些决策领域（产品、生产、组织、供应链、外部关系等）环境问题，而“深度”指企业在环境管理方面投入多少资源。Claver-Cortés 等结合酒店业的具体情况，使用聚类分析将西班牙阿利坎特省三星级以上酒店的环境战略分成 3 类：积极型、中间型和反应型（Claver-Cortés et al.，2007）。从现有文献分析发现，企业环境战略一般分为消极反应和积极反应两类。

3. 环境信息披露

企业采取的环境政策和环境实践的实施信息，一般采取两种方式可以获得。

一是通过各种环境信息披露渠道收集二手数据，如上市企业的年度报告、公布的社会责任报告、企业网站和大众媒介等；二是使用访谈方法或通过问卷调查获得一手数据。企业本着自愿的原则披露环境信息，企业的环境管理水平在信息披露中得以展现（龚金红等，2014）。通过环境信息披露可以调动企业进行环境保护的积极性，也帮助相关各方对企业为社会所做的贡献进行公正评价与决策（王媛，2012）。

本节综合旅游企业环境管理实践、采用的环境政策工具及环境战略选择的 3 个维度，划分旅游企业环境管理的分类体系（图 2-2）。

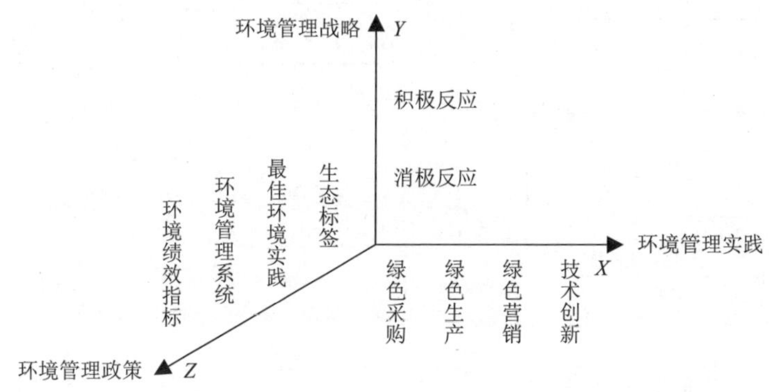

图 2-2　旅游企业环境管理的分类体系

在图 2-2 中，旅游企业环境管理分类体系的 *X* 轴，是旅游企业环境管理实践，主要由 4 方面内容构成；*Y* 轴按照旅游企业契入环境管理的意愿与程度，将旅游企业环境管理战略分为消极反应和积极反应；在旅游企业环境管理分类体系的 *Z* 轴，根据旅游企业采用的环境政策工具分类。在研究旅游企业环境管理时，维度的划分便于更加准确地分析旅游企业环境管理的动机和环境管理的影响因素，为决策者有针对性地制定环境政策提供启示。

2.1.3　旅游企业环境管理的关键问题

在对旅游企业环境政策和实践应用的研究基础上，学者们对于旅游企业环境管理的研究基本上围绕着两个关键问题展开：

①旅游企业积极实施环境管理的动机或企业实施环境管理的影响因素是什么？②旅游企业环境管理实践与环境绩效、环境管理实践与经济绩效之间的关系如何？

1. 旅游企业环境管理的影响因素

旅游企业环境管理研究的焦点之一是影响因素的探讨，学者们基于不同的理论视角，利用“刺激—响应”模式（图 2-3），研究的侧重点各有不同，而且由于研究区域、样本选择的问题，研究结论不一致（魏卫等，2014）。

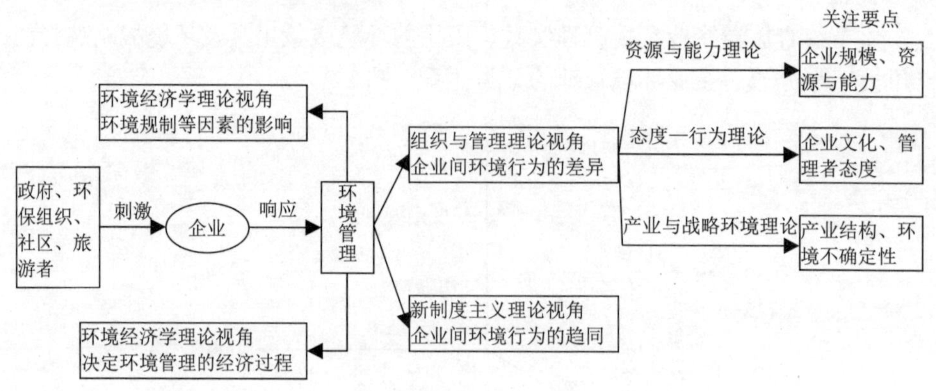

图 2-3 基于不同理论视角的旅游企业环境管理影响因素研究

1）环境经济学的理论视角

该理论视角的研究将企业假设为理性的“经济人”，不仅关注决定企业环境管理的经济过程，认为环境管理是企业在比较了经济成本和收益以后所进行的理性选择；同时该理论视角的研究也未忽视环境政策等因素对企业环境管理带来的影响。Huyber 和 Bennett 认为，旅游企业的环境管理行为会令部分游客愿意支付溢价购买产品或服务（Huybers and Bennett，2003）；Blanco 等的研究表明，如果游客能支付绿色产品或服务溢价时，会鼓励具有环境投资成本优势的旅游企业实施积极的环境管理（Blanco et al.，2009）；Blanco 等从市场需求影响角度构建了一个动态博弈模型，解释了生态景区的旅游企业积极实施环境管理的动机和条件，包括满足相应的市场需求，要求景区公共资源的使用者不多，节能减排带来的成本不高，等等（Blanco et al.，2009）；类似地，Rivera 对哥斯达黎加酒店的问卷调研得出的研究结论，也表明游客愿意为绿色产品或服务支付较高价格是鼓励酒店自愿参与环境管理的重要因素之一（Rivera，2002）；在中长期内能够带来成本降低，是西班牙酒店积极进行环境管理的主要原因；魏卫等以广东省星级酒店为例，发现酒店是否引进节能产品，关键是比较节能产品和非节能产品的成本利润率，如果前者不能远大于后者，即使酒店在资金充裕的情况下，也不会购买与使用绿色产品（魏卫等，2010）；王凯等以张家界市旅游饭店等住宿设施为调查对象，探析饭店企业环境管理的驱动机制，发现追求利润和环境制度压力是饭店环境管理的主要驱动因素，其中，利润动机主要是考虑节约成本，而环境制度压力是促成企业主动进行环境管理的关键（王凯等，2012）。

沿袭新古典经济学对企业的抽象理解，环境经济学理论视角的企业环境管理影响因素研究，仍将企业视作“黑箱”，并未考虑企业资源、能力等内部因素的差异对企业环境管理的影响，并且没有建立系统的理论框架分析社区压力、政府规制等制度因素影响企业环境管理的机制，这促使学者们运用新制度主义理论和组织与管理理论作为切入点进行研究。

2）新制度主义理论视角

组织社会学中的新制度主义理论认为企业的经营决策不一定是出于理性的经济分析，而更多地会考虑外界压力和社会规范等非经济的视角。这种观点侧重于环境规制、市场需求和社会期望等制度因素对组织管理的影响，认为为了维护企业在某一特定制度、规范、文化环境中的合法性，企业实施环境管理以便得到各利益相关者的认可。制度压力如何影响旅游企业环境管理行为，不少学者对此进行了研究。Rivera 研究表明，政府环境规制和贸易协会的会员身份会形成一定的制度压力，从而促使企业自愿参与环境项目（Rivera，2006）；李进兵构建基于游客类型的演化博弈模型，通过对模型的分析发现，当景区生态游客占较高比例时，便会有更多的旅游企业自愿地实施环境管理行动（李进兵，2012）。

审视新制度主义理论视角的环境管理影响因素的研究，运用利益相关者和组织合法性等新制度主义理论，学者们探讨了企业环境管理的动机、不同企业环境管理行为的趋同及制度压力（来自政府、市场、社区和公众等）影响环境管理行为的机理，并比较了面对各种制度压力旅游企业的敏感性（Chan and Wong，2006；Revilla et al.，2001）。但是，基于新制度主义理论的相关研究依然没有打开企业的黑箱，所以很难对旅游企业间环境管理行为相异的原因做出解释。

3）基于组织与管理理论视角

研究视角转向企业内部因素，探寻企业特征如何影响旅游企业环境管理，具体从企业规模、管理者的感知和理解，以及组织文化等方面进行考察。

组织与管理理论视角下以 3 条主线展开研究（图 2-3）。一是基于资源与能力理论的研究。Leonidou 等基于资源观构建了环境管理战略的驱动因素模型，通过对德国的酒店研究表明，拥有足够的物质和经济资源有助于实施有效的环境管理战略（Leonidou et al.，2013）；Fraj 等以西班牙的酒店为研究对象，发现创新和学习导向的组织更可能采取积极的环境管理战略（Fraj et al.，2015）；Mensah 运用方差分析验证企业规模对环境管理行为的影响，发现大型酒店（3～5 星）处于实施环境管理的前沿（Mensah，2006）。二是基于态度—行为理论考察旅游企业环境管理的影响因素。El-Dief 认为利他主义是组织积极参与环境管理重要的前因变量（El-Dief，2012）；Chou 等以中国台湾餐馆为研究对象，发现态度正向影响行为（Chou et al.，2011）。三是基于战略环境理论，分析企业的战略环境差异对旅游企业环境管理的影响。Wei 以厦门住宿业为样本，研究表明环境不确定性的感知负向影响企业环境管理行为（Wei，2011）。

基于以上研究视角，分别对旅游企业环境管理的影响因素进行探讨，可以更加系统地了解旅游企业环境管理的影响因素及其内在机制，一些研究结果也可以相互印证。然而，鉴于研究视角单一的限制，很多研究无法有效揭示环境管理行为的产生机制，对环境管理影响因素的研究开始呈现不同理论相互综合的趋势。

2. 旅游企业环境管理效应

环境管理效应即环境管理的产出，已有研究主要从旅游企业环境管理对环境绩效、财务绩效和竞争优势的影响分别进行了实证分析。

Goodman、Chan、Teng 基于环境管理实践视角分析了酒店企业的节能减排、绿色采购等一系列环境管理实践与酒店财务绩效的关系（Goodman，2000；Chan，2005；Teng et al.，2012）；Sasidharan 等基于环境规制视角分析了外界相关环境政策、制度给酒店企业带来的绩效（Sasidharan et al.，2002）；Rodríguez 和 Cruz、Tarí 等则基于企业管理视角，从企业社会责任、全面质量管理、目标环境计分卡等方面，探析酒店环境管理行为对经营效益的影响（Rodríguez and Cruz，2007；Tarí et al.，2010）。3 种研究视角下的研究结果基本一致，即积极的环境管理正向影响酒店的经营绩效。而 Gil 等探讨了西班牙酒店企业环境管理与经营业绩的关系，研究结果也证实酒店实施环境管理减少了床位空置率，从而显著增加了酒店的利润（Gil et al.，2001）。值得注意的是，也有其他学者的研究结论与上面的结果相反，如 Molina-Azorin 等认为，酒店企业实施环境行为干扰了酒店的核心业务，酒店企业的盈利能力因此受到影响（Molina-Azorin et al.，2009）。

在环境管理绩效与财务绩效之间关系还不清晰的情况下，企业管理层最在意的问题是企业高的环境投入能否为之换来满意的利润回报。要澄清这一问题，应该对环境管理绩效的测评加大关注力度，重视环境管理的消费者视角的研究。

2.1.4 旅游企业环境管理的分析框架

可持续发展理念受全球旅游业界广泛认可，旅游企业应该适应趋势，实施积极的环境管理。旅游企业环境管理研究虽然形成了一定的研究脉络和理论体系，不过比较其他行业的研究成果，目前还是处于起步阶段。

图 2-4 对现有研究进行了汇总，已经过较多考察的变量和因果关系分别用实线方框和实线箭头标示；而当前研究不足或需要在后续研究加强探讨的变量和因

果关系则分别用虚线方框和虚线箭头标示。

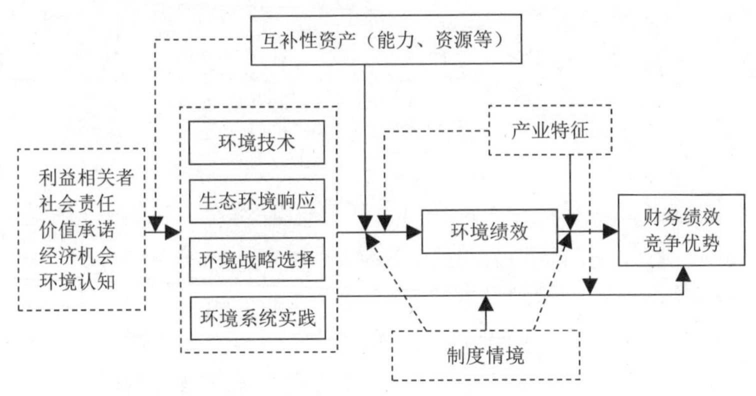

图 2-4　环境管理研究分析框架

总之，现有研究还存在一些不足之处。具体来说，从不同的单一理论视角进行研究，结果造成了研究结论的不一致；对于旅游企业环境管理过程、内部影响机制和情境因素等问题的探讨不够全面，这为后续的相关研究留下了发挥的空间。

首先，需要进一步研究环境管理对企业绩效发生影响的约束条件。旅游企业积极的环境管理能正向影响环境绩效和竞争优势的观点，已在不少的实证研究中得到检验。但企业实施环境管理能否为其带来较高的财务绩效，已有的实证研究并没有形成统一的结论，不能提高、结果不确定、能够提高等都有可能。在实践中，只有数量不多的旅游企业实施了积极的环境管理，与旅游企业不能保证经济效益得到提高和改善的原因有关。

因此情境因素成为需重点研究的课题之一，即环境管理与企业绩效之间调节变量的研究。例如，环境政策可能对二者的关系起调节作用，制定合理的环境政策并严格执行，让忽视环境问题的企业得到相应处罚，从而使积极实施环境管理的企业获得竞争优势。另外，企业规模、资产的互补性等变量也可能是重要的调节变量。这些变量能否调节环境管理和企业经济效益的关系，也成为未来研究的课题。

其次，不同制度情境下的对比分析。以往研究更多针对发达国家的旅游企业，近年来基于发展中国家的探讨也受到关注。与发达国家较为严格的环境规制相比，发展中国家环境规制较为缺乏，通过不同制度情境的横向对比分析，可以了解不同的市场、制度环境对旅游企业环境管理的影响。

最后，以星级酒店为对象的环境管理研究较多，其他对象如景区、旅行社、餐馆等的环境管理研究屈指可数，这会造成研究结论的行业特殊性和局限性。探讨旅游产业的不同部门，以及企业间环境管理行为的相互影响也作为今后研究的一个方向。随着市场竞争逐渐加剧、资源与环境的保护日益受到社会关注，旅游企业的环境管理可提高企业的竞争能力，对旅游企业积极参与环境管理的引导和激励，也有利于旅游业低碳、可持续发展的实现。

2.2 旅游企业社会责任与财务绩效的典型相关分析——基于利益相关者视角*

随着环境恶化、自然资源不断消耗，以资源消耗为发展基础的企业成长模式已日渐呈现出种种弊端，如何处理企业成长和社会发展的关系，实现企业的长效经营，是管理者急需考虑的问题。企业社会责任的议题已经受到全球业界和学术界越来越多的关注，但令人惊讶的是，作为对自然和社会环境依赖性极大的旅游企业，对于自身给社会和环境带来的积极或消极的影响往往表现得较为冷漠（Frey，2010），虽然在很多行业，企业社会投资和伦理管理实践都得到了充分重视和蓬勃发展，但是旅游业在这些方面的实践却十分有限，不仅在业界，在学术领域社会责任议题也尚未引起旅游学者的足够关注（Wijk and Person，2006）。

尽管在社会舆论和公众的压力下，不少旅游企业开始关注自身的社会责任，然而也有一些根本疑问困扰着企业，即企业社会责任的履行是否会影响其财务业绩？如果有影响，又是以何种方式影响的？从现有的研究来看，关于企业承担社会责任对于财务绩效的影响，主要是以制造业为研究对象，针对旅游业的实证研究较为缺乏；而为数不多的旅游企业的研究中，过于强调企业股东、员工及游客等利益相关者，忽视了环境责任的重要性（李武武和王晶，2013）。本节基于和讯网（www.hexun.com）发布的上市公司社会责任评测体系，采用因子分析、典型相关分析方法对旅游企业社会责任和财务绩效的关系进行探讨。

2.2.1 旅游企业社会责任的概念、内涵

1924 年，Olive 在《管理的哲学》一书中首次提出企业社会责任的概念，他认为企业的社会责任将道德因素包含在内，联系了企业内外部各种人的需要。企业社会责任作为一项衡量尺度，远在企业的盈利之上。这种思想为企业社会责任内涵的界定提供了基础。从 20 世纪 50 年代开始，学者们开始构建企业社会责任理论框架，其中 Carroll 对企业社会责任进行了比较全面的阐述（Carroll，1979）。他认为企业社会责任必须包含对社会的所有责任，包括经济责任、法律责任、伦理责任和慈善责任。Carroll 结构涵盖了社会责任各利益相关者的概念和分类成分，随后大多数学者都沿着这一概念框架进行不断的深入和修正。

按照 Carroll 的社会责任研究框架，现实中各类社会责任不是依据分类清晰地

---

* 本节选自：李玲，2015. 旅游企业社会责任与财务绩效的典型相关分析[J]. 企业经济，8.

区别开的，而是在企业发展的同一时期交织在一起；同时这一理论框架也不具有操作性，对企业来说，法律责任、经济责任等往往包括较多内容，而且内容交叉。

美国经济学家 Freeman 认为，利益相关者是能够影响一个组织目标的实现，或者受到一个组织实现其目标过程影响的所有个体和群体（Freeman，1984）。将利益相关者理论引入能够解决上述问题，在实践中管理者识别出利益相关者，然后针对利益相关者的诉求提供相应的社会责任则比较容易操作。利益相关者理论为企业社会责任提供了一个有效的分析工具。

近年来，随着社会责任理论引入旅游领域，学术界开始对旅游企业社会责任的内涵和构成进行分析。旅游企业的利益相关者主要包括：企业的股东、员工、旅游者、供应商等交易伙伴；政府部门、社区等压力集团；甚至还包括受到企业经营活动影响的客体——自然环境。旅游企业对其主要利益相关者负有责任，由于旅游业对环境的严重依赖性，针对旅游企业社会责任问题，谷慧敏等强调了环境责任的重要性（谷慧敏等，2011）。因此旅游企业社会责任要求旅游企业在经营决策过程中既要满足经济、法律责任，也要积极履行伦理、慈善、环境保护等社会责任（苏志平和顾平，2010）。

2.2.2　旅游企业社会责任与财务绩效的典型相关分析

在企业社会责任理论研究中，关于企业社会责任与财务绩效之间关系的争论一直占据着十分核心的位置。从正相关到负相关，再到非线性相关甚至不相关，各种可能的关系都有一定的经验证据的支持。但进入 20 世纪 80 年代中后期，企业社会责任能够提升企业竞争力的观点，已经为越来越多的学者所接受。Porter 提出了企业社会责任行为与竞争优势之间的联系（Porter，2006），Aupperle 等证明企业社会责任能够提高企业的利润（Aupperle et al.，1985），Manuel 和 Lucia 提出了企业进行社会责任活动可以从企业的内部（如开发无形资产和形成企业文化）和外部（企业声誉）两方面提高竞争优势（Manuel and Lucia，2006）。

本节以旅游上市公司作为研究主体，并参照我国证监会 2001 年 4 月颁布的《上市公司行业分类指引》，选取深交所和上交所上市的 24 家 A 股旅游企业为研究样本（现已上市的旅游企业有 35 家，但在公司年报中对社会责任进行具体披露的只有 24 家），研究旅游企业社会责任与财务绩效之间的关系。为了扩大样本量，使研究更具有说服力，收集 2010～2013 年连续 4 年的截面数据，数据来源于 WIND 资讯和 CSMAR 行业数据库。

1. 企业社会责任和财务绩效指标

在企业社会责任指标衡量方面，国外文献中大部分的研究使用了社会责任评价体系，如KLD指数法、财富公司声誉评级法、商业道德等。而国内学者的研究中，主要采用企业年报中的财务数据或者问卷数据，很少使用社会责任评价体系，并且关于利益相关者的数量和衡量指标的选择也各有不同，导致评价结果的可比性较差。

本节基于和讯网2013年9月发布的上市公司社会责任评测报告，这是国内首个以客观公开数据构建的社会责任评测体系，从股东责任、员工责任、供应商及游客责任、环境责任和社区责任5项考察，各项分别设立二级和三级指标（其中涉及二级指标13个，三级指标37个）对社会责任进行全面的评价。社会责任5个维度的一级指标见表2-1。

表2-1　企业社会责任指标因子分析结果

因子名称	指标
股东责任	X_1=盈利，X_2=偿债，X_3=回报，X_4=信批，X_5=创新
员工责任	X_6=绩效，X_7=安全，X_8=关爱与员工
供应商及游客责任	X_9=产品质量，X_{10}=售后服务，X_{11}=诚信互惠
环境责任	X_{12}=环保意识，X_{13}=环境管理体系证书，X_{14}=环保投入金额，X_{15}=排污种类数，X_{16}=节约能源种类数
社区责任	X_{17}=所得税占利润总额比，X_{18}=公益捐赠金额

以往的研究测量企业财务绩效常用的3种方法是：基于股票市场价值的绩效，基于会计财务数据的绩效，以及基于问卷的主观感知测量。常用的基于股票市场价值绩效的指标是托宾Q值、市盈率；资产收益率（ROA）和净资产收益率（ROE）是基于会计财务数据测量企业绩效的指标；基于问卷的主观感知测量，常见的方法是让调查者比较与同行竞争者在市场份额、利润、规模等参数的差距。

本节将财务绩效分为会计绩效与市场绩效两部分，在总结相关文献的基础上，选取了ROA和ROE作为衡量企业会计绩效的指标，选取托宾Q值和市盈率作为市场绩效的衡量指标。具体如表2-2所示。

表2-2　企业财务绩效指标因子分析结果

因子名称	指标
会计绩效	Y_1=ROA，Y_2=ROE
市场绩效	Y_3=托宾Q值，Y_4=市盈率

2. 旅游企业社会责任与财务绩效的典型相关分析

典型相关分析主要是解释两组多变量数据之间的关系，分析之后，会产生成对的典型变量，这些典型变量最能解释两组变量的关系。因此，可以运用典型相关分析法来探讨旅游企业社会责任与财务绩效这两组变量之间的相关关系。按照因子分析结果，财务绩效由 2 个变量组成（会计绩效与市场绩效）；企业社会责任由 5 个变量组成（股东责任、员工责任、供应商及游客责任、环境责任、社区责任），这 2 组变量分别用 A_1、A_2 及 B_1、B_2、B_3、B_4、B_5 来表示，各变量值均是通过对企业社会责任与财务绩效的因子分析后获得。数据处理结果见表 2-3。

表 2-3　企业社会责任与财务绩效的典型相关分析结果

因子名称	股东责任	员工责任	供应商及游客责任	环境责任	社区责任
会计绩效	0.544	0.015	0.037	−0.004	0.209
市场绩效	−0.345	−0.165	−0.232	−0.228	−0.436

由表 2-3 中的数据分析得知：股东责任、社区责任与会计绩效之间的相关性较强，相关系数分别为 0.544 和 0.209，而其他的指标与会计绩效的直接关联性相对较小；企业社会责任各项指标与市场绩效均为负相关，其中社区责任、股东责任与市场绩效的相关系数分别为−0.436、−0.345。

典型相关系数及其检验见表 2-4，由表 2-4 可知，第一典型相关系数为 0.742，第二典型相关系数为 0.317，且显著性概率都小于 0.05，说明两个典型相关系数均显著正相关。由此可见，虽然社会责任各项指标与财务绩效的相关性有正有负，但综合影响体现为正相关。

表 2-4　典型相关系数及其检验

序号	典型相关系数	Wilks 检验	卡方值	自由度	显著性概率
1	0.742	0.404	82.45	10	0.000
2	0.317	0.9	9.636	4	0.047

表 2-5 中旅游企业社会责任和财务绩效的典型变量系数，可以将旅游企业社会责任和财务绩效的典型相关分析的结果表示为图 2-5。通过图 2-5 可以分析看出，企业财务绩效 2 个变量与企业社会责任的 5 个变量的相关系数除了环境指标外，其他的系数较大且比较均匀，说明二者之间具有较强的相关关系。

表 2-5　两组典型相关变量的系数

因子名称	U_1	U_2
会计绩效	−0.828	0.572
市场绩效	0.662	0.758
因子名称	V_1	V_2
股东责任	−0.904	0.635
员工责任	0.787	0.408
供应商及游客责任	−0.669	0.492
环境责任	0.112	−0.036
社区责任	−0.253	−0.804

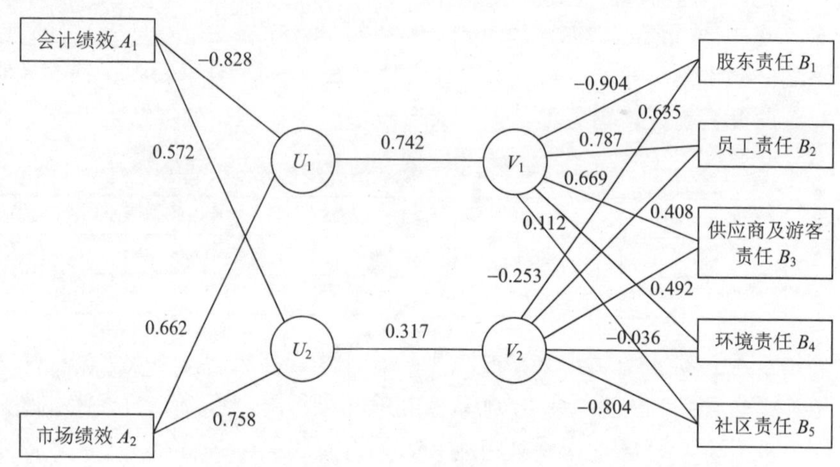

图 2-5 旅游企业社会责任与财务绩效典型相关图

3. 旅游企业社会责任与财务绩效之间的关系

旅游企业社会责任与会计绩效之间成正相关，这与多数研究的结果一致。企业的环境责任与会计绩效的相关系数虽然是–0.004，但这种负向作用很微弱。这说明企业履行社会责任可以提升企业会计绩效水平，而不是如企业所担忧的，履行社会责任会造成公司盈利的降低。企业社会责任行为的确会增加企业的营运成本，但是企业因为履行社会责任可以使企业建立起新的差异化竞争优势，从而在生产经营中会带来收入的增加和费用的减少。因此，从盈利指标上看企业履行社会责任依然可以对会计绩效带来积极影响。

旅游企业社会责任与市场绩效之间成负相关，这与其他行业的研究结果略有出入。说明国内旅游企业社会责任的发展还处于起步阶段，不仅企业履行程度不够，有关企业社会责任的信息披露严重不足。而且投资者在进行投资决策时，对于社会责任的因素关注度也不高，更多考虑企业所处的政治背景、行业背景及企业实力等因素；而且旅游行业的盈利能力和发展空间相比其他行业略低，投资者也不能及时获得企业社会责任的相关信息，多方面原因造成企业履行社会责任对其在证券市场上的负向作用。

从综合的影响来说，旅游企业社会责任与财务绩效具有正相关性。企业社会责任履行得越好，财务绩效越好，反之亦然。财务绩效主要指的是会计绩效，也就是说，企业履行社会责任对会计绩效的影响要大于对市场绩效的影响。旅游企业承担社会责任的 5 个变量中，尤其以股东责任和员工责任对财务绩效的直接影响比较大，其他维度也都对企业绩效产生着积极的综合影响。

由上述分析可知，旅游企业社会责任与财务绩效之间具有正相关性，因此旅游企业只有积极履行社会责任，才能在激烈的市场竞争中获得优势地位。具体来看，旅游企业通过持续增加经营收入和提高管理效率以满足投资者的预期，同时作为服务型企业，员工的诉求和需要对于企业协调发展至关重要，因此应通过各类机制和规划增加员工向心力和凝聚力。游客是企业最终的客户，应在诚信经营的基础上，为游客提供贴心、满意、人性化的旅游产品。旅游企业涉及多个领域和行业，利益相关者较多，意味着所承担的社会责任较一般企业多。从社区角度看，旅游企业应通过教育和培训提高当地居民技能，利用旅行工具和社会关系的便利积极参加各类赈灾和慈善活动。环境质量是旅游业发展的最重要的外部支撑，所以旅游企业更有必要和义务承担环境责任。

2.3 政府控制、权力制衡与旅游上市公司经营绩效的关系*

随着我国旅游经济的发展，一大批旅行社、旅游电子商务企业、旅游交通企业、旅游住宿餐饮企业、旅游开发公司、景区经营企业在市场的推动下迅速成长起来，成为旅游价值链上重要的组成部分。作为旅游企业的代表者和“领头羊”，旅游上市公司在旅游行业中发挥着举足轻重的作用。在旅游上市公司建立有效的治理机制，不仅有助于提高旅游上市公司的经营绩效，而且能够对旅游行业其他企业的发展带来示范效应，促进整个旅游行业的可持续发展。正因为如此，近年来国内学术界和业界对于旅游上市公司的治理研究投入了大量的关注和热情，形成了一些非常有价值的研究成果（王彩萍和徐红罡，2008；许春晓和叶莉，2008；戴学锋，2000）。

在我国，由于特殊的社会发展历史和政治经济体制，政府通过相应的行政管理部门直接控制或利用代理人间接控制着较多数量的企业，在企业的经营管理中起着举足轻重的作用，同时，由于旅游业涉及自然生态、历史文物、民俗文化等珍贵的保护性资源，政府在其中的控制性地位就更加显著。通过追溯 2010 年沪、深两市旅游上市公司的终极控制人性质，发现在总共 26 家旅游上市公司中，仅有新都酒店、ST 东海、大连圣亚、世纪游轮 4 家公司的实际控制人为自然人或民营企业法人，政府直接或间接控制的上市公司数量占比例高达 85%。即使在暂未上市的旅游企业，也存在政府直接或间接控制的情形，尤其是对于负责旅游景区开发、经营的企业，出于旅游资源可持续性发展的考虑，政府通常采取直接设立企业的形式对景区的开发与保护进行控制，如九寨沟国家级自然保护区等。

---

* 本节选自：刘静艳，陈阁芝. 2012. 政府控制、权力制衡与旅游上市公司经营绩效的关系研究[J]. 旅游科学，26(1).

根据终极产权理论和现有的大量经验证据，不同性质的终极控制人对企业经营绩效产生的影响和作用不尽相同（刘星和安灵，2010；夏立军和方铁强，2005）。那么，在当前的市场环境下，政府控制对旅游上市公司的经营绩效会带来怎样的影响？政府控制下又该如何建立有效的公司治理机制？这些都是理论和实践亟待解决的问题。而综观目前旅游领域内的研究，主要还是局限于对旅游上市公司经营绩效的评价，很少有学者对旅游上市公司的治理机制进行更加深入的考察（程露悬和黄福才，2010；许春晓和叶莉，2008；刘立秋等，2007）。鉴于此，本节尝试根据沪、深两市旅游上市公司2003～2010年的半年度非平衡面板数据构建计量经济学模型，探索政府控制、权力制衡与旅游上市公司经营绩效之间的关系。在理论层面，本节能够进一步丰富旅游企业治理机制的概念和内涵；在实践层面，也能对旅游企业建立有效的治理机制提供一点启示。

2.3.1 理论背景与研究假设

1. 终极控制人性质与旅游上市公司经营绩效

自1932年Berle和Means在其经典著作《现代公司与私有产权》中提出公司“所有权和控制权分离”的假设以来，学者们从不同的视角对所有权和控制权分离产生的公司治理问题与经营绩效之间的关系进行了研究。但在之前的研究中，绝大部分是基于上市公司的直接持股结构，很少考虑到终极控制人的性质。有学者发现，公司的控股股东通常利用金字塔结构或其他层级型的组织结构建立控制链，维持与扩大他们对上市公司的实际控制权，成为上市公司背后的终极控制人（La Porta et al.，1999）。正是由于上市公司的多个股东可能同属于一个终极控制人，相互之间存在一致性行动的可能，在此基础上讨论直接持股结构与经营绩效的关系并没有太大的意义（毛世平，2009）。1999年，La Porta等最早提出终极产权理论，指出沿着控制权链条对公司终极控制人的追溯，有助于更好地理解现代公司治理结构与经营绩效之间的关系（刘芍佳等，2003）。

按照终极控制人的性质，我国旅游上市公司可以分为中央政府控制、地方政府（省级、市县级）控制、非政府控制3种类型（夏立军和方铁强，2005）。现有的理论和经验证据表明，不同性质的终极控制人会对旅游上市公司的经营绩效产生不同的影响（刘星和安灵，2010；徐莉萍等，2006）。根据传统产权理论的观点，与政府控制下产权关系模糊的国有企业不同，产权关系清晰的私营企业能够最大限度地激发劳动者的积极性，获得更好的经营绩效（杨治等，2009）。Djankov和Murrell（2002）、Megginson和Netter（2001）也在研究中指出，不同性质的控股股东在代理问题的产生和解决方式，以及所有权的行使上有着明显差别，这些差别会进一步体现在公司的经营绩效方面，给公司的经营绩效带来不同的影响。

2. 政府控制与旅游上市公司经营绩效

政府控制是指公司的终极控制人为中央政府或地方政府。刘芍佳等（2003）在我国企业改革的背景下，运用La Porta等（1999）提出的终极产权理论对我国上市公司的终极控制人进行了分类，发现我国84%的上市公司仍然由政府最终控制，非政府控制的比例仅为16%。就旅游行业而言，2010年政府直接或间接控制的上市公司数量占比高达85%，可见政府控制在我国旅游上市公司中仍然是普遍存在的现象。一直以来，政府控制对公司经营绩效带来的负面影响已经得到了不少学者的关注。有学者认为，对于政府控制的企业而言，公有产权会带来预算软约束、缺乏竞争、追求政府目标导致行为扭曲、监管失效等问题，与私有企业相比，政府控制的企业往往具有与生俱来的低效率特征（徐莉萍等，2006）。根据政治庇护理论，Boycko等（1996）提出，与非政府控制的公司相比，政府控制尤其是地方政府控制倾向于采取行动追求自身利益最大化，而不顾公司的绩效。此外，政府控制会导致机构膨胀，增加额外的管理成本。夏立军和方轶强（2005）承袭刘芍佳等（2003）的研究，强调探寻上市公司的公司治理问题，离不开对上市公司背后政府行为的考察，发现政府控制，尤其是市县级地方政府控制对公司价值产生了负面影响。而相对于地方政府控制的上市公司，中央政府控制的上市公司一般规模较大，监管较强，代理成本相对较小。综上所述，虽然各项研究的侧重点和研究结论略有不同，但学者们大致都认为，相对于非政府和中央政府控制的上市公司，地方政府控制的上市公司经营绩效较差。

假设一，相对于非政府和中央政府控制的旅游上市公司，地方政府控制的旅游上市公司经营绩效较差。

3. 地方政府控制权比例与旅游上市公司经营绩效

在地方政府控制的旅游上市公司，随着控制权比例的进一步提高，地方政府的控制权高度集中。在这种情况下，由于缺乏有效的权力制衡力量和监督机制，地方政府更容易将自身的政治目标和社会目标融入上市公司的经营活动之中，制定有利于增进其控制权私有收益的决策，使旅游上市公司偏离价值最大化的目标，对旅游上市公司的经营绩效带来负面影响（Dyck and Zingales，2004）。这一点在刘星和安灵（2010）的实证研究中也有所体现，他们研究了政府控制层级在我国上市公司价值创造过程中的作用与效率，研究结果表明，不同的股权结构在公司价值创造中的作用和效率与终极控制人的性质密不可分。在非政府控制的上市公司，控制权比例与公司价值之间并无显著规律，但在市县级地方政府控制的上市公司，控制权比例与公司价值呈现负相关关系。因此，本节在此基础上提出：

假设二，在地方政府控制的旅游上市公司，地方政府的控制权比例与旅游上市公司的经营绩效负相关。

4. 权力制衡与旅游上市公司经营绩效

权力制衡，即股权制衡，指利用多个大股东互相制衡的机制，在减少控制权私有收益的同时，保护中小股东利益的一种股权安排模式（佟岩和陈莎莎，2010）。股权制衡是加强公司内部治理的重要机制。有学者认为，股权制衡能够约束大股东的机会主义行为，在制衡的股权结构之下，任何一个大股东都无法单独做出决策，因此，公司决策是多个大股东利益协调的结果，这在一定程度上可以抑制单个大股东对控制权私有收益的追求（Charles and Andrew，1998）。刘星和刘伟（2007）及孙永祥和黄祖辉（1999）的研究表明，较高的股权制衡度有利于公司经营绩效的提高。白重恩等（2005）也得出了相似的结论，发现股权制衡对公司价值有正向影响。Laeven 和 Levine（2008）、Maury 和 Pajuste（2005）及 Bennedsen 和 Wolfenzon（2000）的实证研究结果也都表明，股权制衡存在正面的治理效应，能够对公司经营绩效产生积极的影响作用。在旅游领域，虽然唐霞（2006）通过实证分析发现旅游上市公司股权结构与经营绩效并不存在显著相关关系，但由于作者在研究中只运用了 33 家旅游上市公司 2004 年的横截面数据，研究结果的可靠性可能存在一定局限。本节认为，在地方政府控制的旅游上市公司，多个大股东的存在能够在一定程度上限制地方政府的机会主义行为，提高上市公司的经营绩效，因此提出如下假设：

假设三，在地方政府控制的旅游上市公司，权力制衡度与旅游上市公司的经营绩效正相关。

2.3.2 研究设计

1. 样本选择及数据来源

本节以我国沪深股票市场酒店旅游板块的所有 A 股上市公司为初始样本，以 2003~2010 年为样本期间，剔除样本期间内主营业务发生过重大变化的公司，包括华侨城 A、北京旅游、西藏旅游，剔除样本期间内进行过重大资产重组的公司——锦江投资。此外，由于我国上市公司在上市之初通常会进行盈余管理（刘星和安灵，2010），考虑到数据的稳定性，本节剔除 2009 年底和 2010 年上市的两家公司——世纪游轮、中国国旅。最后一共获得 20 个旅游上市公司的半年度非平衡面板数据。本节使用的其他财务数据均来自国泰安研究服务中心数据库。

2. 模型设定及变量定义

旅游上市公司终极控制人的性质根据国泰安研究服务中心数据库提供的资料整理而得，终极控制人的控制权比例数据来自国泰安研究服务中心数据库。La Porta 等发现，拥有足够股份的第二大股东能够在一定程度上约束控股股东的行为，因此，本节以第二大股东持股比例衡量权力制衡度。在经营绩效评价指标方面，由于我国证券市场的有效性程度与美国等西方国家存在着很大的差距，还不具备采用托宾 Q 值来衡量公司经营效率的前提条件，相对来说会计类指标对我国企业来说可能是比较好的绩效衡量方法（徐莉萍等，2006）。目前学术界普遍采用的指标为 ROE，但有学者提出，这个指标容易被企业操控（陈小悦和徐晓东，2001），因此，本节使用 ROA 与 ROE 相结合来衡量旅游上市公司的经营绩效。其中，

$$\text{ROA} = \text{第}\ t\ \text{年营业利润/第}\ t\ \text{年总资产均值}$$

$$\text{ROE} = \text{第}\ t\ \text{年净利润/第}\ t\ \text{年账面净资产}$$

在此基础上，本节构建如下两个计量经济学模型对地方政府的控制权比例、权力制衡度与旅游上市公司经营绩效之间的关系进行考察。

模型 1：$\text{ROA} = \beta_0 + \beta_1 \times top_1 + \beta_2 \times top_2 + \beta_3 \times \text{size} + \beta_4 \times \text{lev} + \varepsilon$

模型 2：$\text{ROE} = \beta_0 + \beta_1 \times top_1 + \beta_2 \times top_2 + \beta_3 \times \text{size} + \beta_4 \times \text{lev} + \varepsilon$

其中，top_1、top_2 分别表示终极控制人的控制权比例和第二大股东的持股比例；模型的控制变量包括企业规模（size）和用资产负债率（lev）表示的资本结构因素，其中企业规模表示为企业总资产的自然对数；B_0 为截距，β_1、β_2、β_3、β_4 为回归系数；ε 为模型残差。

2.3.3 数据分析及结果

1. 描述性统计分析

表 2-6 对计量经济学模型中的各主要变量进行了描述性统计，从中发现：①总地来说，我国旅游上市公司终极控制人的控制权比例较高，均值和中位数分别达到 38.62%、39.16%，缺乏有效的股权制衡机制，第二大股东持股比例的均值和中位数只有 7.31%、6.69%；②相对非政府控制和中央政府控制，地方政府对企业有绝对控制地位。非政府、中央政府控制权比例的均值和中位数分别为：24.85%、20.08%和 23.42%、20.56%，而地方政府控制权比例的均值和中位数达 45.20%、48.59%，并且第二大股东持股比例非常小，均值和中位数分别只有 6.11%、4.94%。

表 2-6 变量的描述性统计分析结果

终极控制人类型		top_1/%	top_2/%	ROA	ROE
总体	均值	38.62	7.31	0.041	0.031
	中位数	39.16	6.69	0.030	0.032
中央政府	均值	23.42	10.37	0.020	0.019
	中位数	20.56	10.37	0.022	0.024
地方政府	均值	45.20	6.11	0.051	0.056
	中位数	48.59	4.94	0.049	0.049
非政府	均值	24.85	9.51	0.013	–0.076
	中位数	20.08	9.98	0.005	0.002

2. 方差分析

表 2-7 根据终极控制人的性质分组，并按照不同的组别对旅游上市公司的经营绩效进行了方差分析。分析结果发现，无论是从 ROA 还是 ROE 来看，政府控制的旅游上市公司的经营绩效均高于非政府控制的旅游上市公司的经营绩效。而且，地方政府控制的旅游上市公司的经营绩效均显著高于非政府和中央政府控制的旅游上市公司的经营绩效，本节的假设一并没有得到数据上的支持。

表 2-7 旅游上市公司经营绩效的方差分析结果

指标	非政府控制/地方政府控制	非政府控制/中央政府控制	地方政府控制/中央政府控制
ROA	–2.48**	–0.28	3.87***
ROE	–6.02***	–2.33**	3.92***
观测值	45/187	45/44	187/44

、*分别代表在 0.05 和 0.01 的水平上显著。

3. 回归分析

本节运用 stata9.2 对地方政府控制下旅游上市公司的半年度非平衡面板数据进行了回归分析，回归分析结果如表 2-8 所示。

表 2-8 模型的回归分析结果

变量名	ROA		ROE	
	（1）	（2）	（3）	（4）
top_1		–0.001		–0.001
top_2		0.004*		0.004*
size	0.027	0.001	0.100***	0.06
debt	–0.076	–0.035	–0.071	–0.181

续表

变量名	ROA		ROE	
	（1）	（2）	（3）	（4）
R^2	0.01	0.04	0.05	0.08
F	4.87***	4.36***	4.16***	3.76***

*、**、***分别代表在 0.1、0.05 和 0.01 的水平上显著。

数据分析结果表明，在控制了企业的规模和资本结构因素之后，地方政府控制的旅游上市公司经营绩效与地方政府控制权比例负相关。两个计量经济学模型中，top_1 与 ROA、ROE 的相关系数均为–0.001（$t = -0.89, -1.07$），虽然结果并不显著，但仍能在一定程度上反映负相关的趋势。而且，地方政府控制的旅游上市公司经营绩效与第二大股东持股比例显著正相关，top_2 与 ROA、ROE 的相关系数均为 0.004（$t = 1.67$，1.80，$p < 0.1$）。可见，在地方政府控制的旅游上市公司中，控制权比例与旅游上市公司的经营绩效负相关，权力制衡度与旅游上市公司的经营绩效正相关，本节的假设二与假设三得到了支持。

2.3.4　总结与讨论

本节以沪深股市旅游板块 2003～2010 年的上市公司为样本，在前人研究的基础上，结合终极控制人性质对旅游上市公司有效治理机制的构建进行了有益的探索。实证分析结果表明，相对于非政府和中央政府控制的旅游上市公司，地方政府控制的旅游上市公司经营绩效较好。在地方政府控制的旅游上市公司中，如果能采取适当措施减少地方政府的控制权比例，提高其他控制人的控制权，引入有效的权力制衡力量约束地方政府的行为，对旅游上市公司的经营绩效能起到促进作用。本节在理论层面丰富了旅游企业治理机制的概念和内涵，更为重要的是，本节在实践层面对我国旅游行业的发展提出了一些思考和启示。

1. 全面认识地方政府控制在旅游企业发展中的作用

本节的方差分析结果表明，相对于非政府和中央政府控制的旅游上市公司，地方政府控制的旅游上市公司经营绩效较好。有学者发现，当市场体系尚未成熟，产权保护机制尚未建立之时，企业中的政府控制往往能够有效地防止其他企业更大规模的政府寻租行为，为企业带来收益（杨治等，2009；Qian，2001）。对旅游企业而言，由于旅游产品的综合性极强，包括行、游、住、食、购、娱六大要素，这些要素相互衔接，紧密依赖，共同组成一个完整的旅游价值链。地方政府控制的旅游企业往往具备其他企业无法获得的信息优势和资源优势，对宏观信息和市场需求把握更为准确，有能力实现旅游价值链的有效整合，根据市场迅速做出反应，提高企业的经营绩效。

但同时应该注意的是，政府控制对旅游业可持续发展带来的负面效应也是显而易见的。一方面，如前所述，企业内的政府控制容易演化成大规模的寻租行为，从单个企业的角度来讲，这或许是可以提高企业短期内的经营绩效，然而，从整个社会、整个旅游行业的角度来讲，这种政府寻租行为无疑会造成公共资源的浪费，降低社会及行业内资源配置的效率；另一方面，企业内的政府控制会在一定程度上提高行业的进入壁垒，不利于营造行业内公平竞争的氛围，这对中小旅游企业的发展将是一个很大的障碍。

2. 在地方政府控制的旅游企业内部，重视建立科学的制衡机制

本节计量经济学模型的分析结果表明，在地方政府控制的旅游上市公司，采取适当措施调整地方政府对旅游上市公司的实际控制权，建立科学的制衡机制约束和监督地方政府的机会主义行为，能对旅游上市公司的经营绩效起到一定的促进作用。如前所述，权力制衡是加强公司内部治理的重要机制。在上市公司建立科学的制衡机制，调整终极控制人的控制权比例，由多个大股东分享控制权，有利于在公司内部形成控制权竞争的市场，使得任何一个控制人都无法单独主导公司的业务经营和决策，从而达到相互监督的目的，抑制潜在的机会主义和谋取控制权私有收益的行为。旅游上市公司的描述性分析结果显示，地方政府在我国旅游上市公司的控制权比例很高，平均值达到 45.2%，而第二大股东的持股比例很低，只有 6.11%。这意味着现阶段我国地方政府在旅游上市公司内部有绝对的控制地位，并没有其他的控制人能与之竞争，对地方政府潜在的机会主义和谋取控制权私有收益的行为进行约束和监督。因此，本节认为在地方政府控制的旅游企业内部，应重视采取适当的措施降低地方政府的控制权比例，并创造条件引入其他持股比例相当的控制人，在旅游企业内部建立科学的制衡机制。

3. 探索制定全面的旅游企业经营绩效评估体系

如何才能全面衡量旅游企业的经营绩效？这是本节在研究中一直思考的问题。目前有关公司治理的研究，大部分都是采用财务指标来衡量公司的经营绩效（徐莉萍等，2006）。当然，由于这些研究面对的基本上是制造型企业，财务指标是合适的，也是可行的。但对于旅游企业尤其是旅游资源类企业，如黄山旅游发展股份有限公司、丽江玉龙旅游股份有限公司、张家界旅游集团股份有限公司，单纯使用财务指标衡量经营绩效却存在很大的片面性。这是由于，旅游资源本身具有稀缺性和不可再生性，以财务指标来衡量旅游资源类企业的绩效，势必会使旅游资源类企业过分关注经济利益，忽视对旅游资源的保护性投入，不利于旅游业的可持续发展。因此，无论是旅游上市公司，还是暂未上市的旅游企业，如何

制定更加全面的经营绩效评估指标，都是需要认真思考的问题。

需要指出的是，本节的研究还存在着一些局限。首先，由于在沪深股票市场上市的旅游上市公司数量较少，而且其中90%以上的公司都由政府控制，样本分布的不均匀可能在一定程度上影响到研究结果；其次，本节没有对旅游企业做进一步的细分，事实上，旅行社、酒店、景区、餐饮企业虽然同属于旅游行业，但是其在经营目标上还是存在着很大的区别，未来可以结合细分行业的特点，进行更加深入的研究。

参考文献

白重恩，刘俏，陆洲，等，2005. 中国上市公司治理结构的实证研究[J]. 经济研究，(2)：81-91.

程露悬，黄福才，2010. 中国旅游类上市公司规模报酬研究[J]. 旅游学刊，2(25)：23-28.

戴学锋，2000. 旅游上市公司经营状况分析[J]. 旅游学刊，(1)：15-21.

龚金红，杨珍珍，谢礼珊，2014. 国内旅游集团环境政策、实践及策略研究——基于企业环境信息披露的内容分析[J]. 中国人口·资源与环境，(8)：168-176.

谷慧敏，李彬，牟晓婷，2011. 中国饭店企业社会责任实现机制研究[J]. 旅游学刊，(04)：56-65.

李进兵，2012. 基于游客类型的旅游企业自愿环境行动演化模型[J]. 系统管理学报，(4)：510-516.

李武武，王晶，2013. 旅游企业社会责任与经营效益的相关性研究[J]. 旅游学刊，(3)：47-51.

刘立秋，赵黎明，段二丽，2007. 我国旅游上市公司经济效益评价[J]. 旅游学刊，4(22)：79-83.

刘芍佳，孙霈，刘乃全，2003. 终极产权论、股权结构及上市公司绩效[J]. 经济研究，(3)：51-62.

刘星，安灵，2010. 大股东控制、政府控制层级与公司价值创造[J]. 会计研究，(1)：69-78.

刘星，刘伟，2007. 监督，抑或共谋？——我国上市公司股权结构与公司价值的关系研究[J]. 会计研究，6：68-75.

毛世平，2009. 金字塔控制结构与股权制衡效应——基于中国上市公司的实证研究[J]. 管理世界(1)：140-152.

苏志平，顾平，2010. 基于供应链的旅游企业社会责任研究[J]. 江苏科技大学学报（社会科学版），10(3)：41-46.

孙永祥，黄祖辉，1999. 上市公司的股权结构与绩效[J]. 经济研究，(12)：23-30.

唐霞，2006. 我国旅游上市公司股权结构与经营绩效的实证分析[J]. 旅游科学，2(20)：47-53.

佟岩，陈莎莎，2010. 生命周期视角下的股权制衡与企业价值[J]. 南开管理评论，1(13)：108-115.

王彩萍，徐红罡，2008. 旅游企业多元化经营的经济后果分析[J]. 旅游学刊，7(23)：18-22.

王凯，黎梦娜，葛全胜，2012. 遗产旅游地酒店企业环境行为研究[J]. 中国人口·资源与环境，(6)：33-39.

王媛，2012. 中国旅游上市公司环境信息披露研究[J]. 旅游论坛，(6)：67-72.

魏卫，张海，王淑佳，2014. 境外酒店环境行为研究述评[J]. 旅游学刊，(6)：117-126.

魏卫，赵思香，杨新凤，等，2010. 酒店业推广节能减排影响因素的实证研究——以广东省星级酒店为例[J]. 旅游学刊，(3)：35-40.

夏立军，方轶强，2005. 政府控制、治理环境与公司价值——来自中国证券市场的经验证据[J]. 经济研究(5)：40-51.

徐莉萍，辛宇，陈工孟，2006. 股权集中度和股权制衡及其对经营绩效的影响[J]. 经济研究，(1)：90-99.
徐莉萍，辛宇，陈工孟，2006. 控股股东的性质与公司经营绩效[J]. 世界经济，(10)：78-83.
许春晓，叶莉，2008. 我国旅游上市公司动态竞争力比较的实证分析[J]. 旅游学刊，5(23)：28-32.
杨治，路江涌，陶志刚，2009. 企业中政府控制的作用：来自集体企业改制的实证研究[J]. 管理世界，(9)：116-123.
Aupperle K E，Carroll A B，Hatfield J D，1985. An empirical examination of the relationship between corporate social responsibility and profitability[J]. Academy of Management Journal，28(2)：446-463.
Bennedsen M，Wolfenzon D，2000. The balance of power in closed held corporations[J]. Journal of Financial Economics，(58)：113-119.
Berle A，Means，G，1932. The Modern Corporation and Private Property[M]. New York：Macmillan.
Blanco E，Lozano J，Rey-Maquieira J，2009. A dynamic approach to voluntary environmental contributions in tourism[J]. Ecological Economics，69(1)：104-114.
Blanco E，Lozano J，Rey-Maquieira J，2009. Economic incentives for tourism firms to undertake voluntary environmental management[J]. Tourism Management，30(1)：112-122.
Boycko M，Shleifer A，Vishny R，1996. A theory of privatisation[J]. Economic Journal，(106)：309-319.
Carroll A B，1979. A three-dimensional conceptual model of corporate performance[J]. The Academy of Management Review，4(4)：497-505.
Chan E S W，Wong S C K，2006. Motivations for ISO14001 in the hotel industry[J]. Tourism Management，27(3)：481-492.
Chan W W，2005. Partial analysis of the environmental costs generated by hotels in Hong Kong[J]. International Journal of Hospitality Management，24(4)：517-531.
Charles K，Andrew W，1998. Ownership structure，speculation and shareholder intervention[J]. Journal of Finance，53(1)：99-130.
Chou C J，Chen K S，Wang Y Y，2011. Green practices in the restaurant industry from an innovation adoption perspective：Evidence from Taiwan[J]. International Journal of Hospitality Management，31(3)：703-711.
Claver-Cortés E，Molina-Azorín J F，Pereira-Moliner J，et al，2007. Environmental strategies and their impact on hotel performance[J]. Journal of Sustainable Tourism，15(6)：663-679.
Djankov S，Murrell P，2002. Enterprise restructuring in transition：a quantitative survey[J]. Journal of Economic Literature，40 (3)：739-792.
Dyck A，Zingales L，2004. Private benefits of control：An international comparison[J]. Journal of Finance，59(2)：537-600.
El-Dief M，Font X，2012. Determinants of environmental management in the Red Sea hotels：Personal and organizational values and contextual variables[J]. Journal of Hospitality & Tourism Research，36(1)：115-137.
Erdogan N，Baris E，2007. Environmental protection programs and conservation practices of hotels in Ankara，Turkey[J]. Tourism Management，28(2)：604-614.
Fraj E，Matute J，Melero I，2015. Environmental strategies and organizational competitiveness in the hotel industry：The

role of learning and innovation as determinants of environmental success[J]. Tourism Management，46(6)：30-42.

Freeman R E，1984. Strategic Management：A Stakeholder Approach[M]．Boston：Pitman Press：56-59.

Frey N，George R，2010. Responsible tourism management：The missing link between business owners' attitudes and behaviour in the Cape Town tourism industry[J]. Tourism Management，31(5)：621-628.

Gil M J Á，Jiménez J B，Lorente J J C，2001. An analysis of environmental management：Organizational context and performance of Spanish hotels[J]. Omega，29(6)：457-471.

Goodman A，2000. Implementing sustainability in service operations at Scandic hotels[J]. Sustainable Business，30(3)：202-214.

Hsieh Y C，2012. Hotel companies' environmental policies and practices：A content analysis of their web pages[J]. International Journal of Contemporary Hospitality Management，24(1)：97-121.

Huybers T，Bennett J，2003. Environmental management and the competitiveness of nature-based tourism destinations[J]. Environmental & Resource Economics，24(3)：213-233.

Laeven L，Levine R，2008. Complex ownership structures and corporate valuations[J]. Review of Financial Studies，21 (2)：579-604.

Lee S Y，Rhee S K，2007. The change in corporate environmental strategies：A longitudinal empirical study[J]. Management Decision，45(2)：196-216.

Leonidou L C，Leonidou C N，Fotiadis T A，et al，2013. Resources and capabilities as drivers of hotel environmental marketing strategy：Implications for competitive advantage and performance[J]. Tourism Management，35(4)：94-110.

Manuel C B，Lucia L R，2006. Corporate social responsibility and resource-based perspectives[J]. Journal of Business Ethics，69(2)：111-132.

Maury B，Pajuste A，2005. Multiple Large Shareholders and Firm Value[J]. Journal of Banking and Finance，29(7)：1813-1834.

Megginson W，Netter J，2001. From state to market：a survey of empirical studies on privatization[J]. Journal of Economic Literature，(39)：321-389.

Mensah I，2006. Environmental management practices among hotels in the greater Accra region[J]. International Journal of Hospitality Management，25(3)：414-431.

Molína-Azorin J F，Claver-Cortés E，Lopez-Gamero M D，et al，2009. Green management and financial performance：A literature review[J]. Management Decision，47(7)：1080-1100.

Porta R L，Lopz-De-Silanes F，Shleifer A，1999. Corporate Ownership around the World[J]. The Journal of Finance，54(2)：471-517.

Porter J，2006. How should corporations deal with environmental skepticism?[J]. Corporate Social Responsibility and Environmental Management，13(1)：25-36.

Qian Y，2000. The Process of China's Market Transition (197~1998)：The Evolutionary，Historical，and Comparative Perspectives[J]. Journal of Institutional and Theoretical Economics，(156)：151-171.

Qian Y，2001. "Government Control in Corporate Governance as a Transitional Institution：Lessons from China"[J]//Stiglitz

J E ，Shahid Y. Rethinking the East Asian Miracle[M]. London and New York：Oxford University Press and the World Bank：295-321.

Revilla G，Dodd T H，Hoover L C，2001. Environmental tactics used by hotel companies in Mexico[J]. International Journal of Hospitality & Tourism Administration，1(3)：111-127.

Rivera J，2002. Assessing a voluntary environmental initiative in the developing world：The Costa Rican certification for sustainable tourism[J]. Policy Sciences，35(4)：333-360.

Rivera J，2006. Institutional pressures and voluntary environmental behavior in developing countries：Evidence from the Costa Rican hotel industry[J]. Society & Natural Resources，17(9)：779-797.

Rodríguez F J G，Cruz A，2007. Relation between social-environmental responsibility and performance in hotel firms[J]. International Journal of Hospitality Management，26(4)：824-839.

Sasidharan V，Sirakaya E，Kerstetter D，et al，2002. Developing countries and tourism ecolabels[J]. Tourism Management，23(2)：161-174.

Tarí J J，Claver-Cortés E，Pereira-Moliner J，et al，2010. Levels of quality and environmental management in the hotel industry：Their joint influence on firm performance[J]. International Journal of Hospitality Management，29(3)：500-510.

Teng C C，Horng J S，Hu M L，et al，2012. Developing energy conservation and carbon reduction indicators for the hotel industry in Taiwan[J]. International Journal of Hospitality Management，31(1)：199-208.

Wei M，2011. An analysis on environmental awareness and behavior in Chinese hospitality industry：A case of Xiamen City[J]. Energy Procedia，(5)：1126-1137.

Wijk J，Persoon W，2006. A long-haul destination：Sustainability reporting among tour operators[J]. European Management Journal，24(6)：381-395.

Worcester R，1994. Public opinion on environmental issues[A]// Taylor B. Environmental management handbook[C]. London：Longman Group Ltd：8-10.

第3章　景区管理

从自然保护区到景区的转变，不仅意味着自然保护区功能的拓展，更凸显了自然保护区生态价值创造的多元化途径。作为景区的自然保护区，需要通过恰当的经营方式和管理策略，向游客提供旅游服务，满足游客参观游览、休闲度假、康乐健身等旅游需求。本章首先对自然保护区经营主体的选择进行探讨，以公共经济学和福利经济学为基础，构建自然保护区经营主体选择的经济学分析框架。淡旺季游客数量波动是困扰景区健康平稳发展的难题，在不同时间段对门票价格进行调整是旅游需求管理的常见手段。但景区门票价格上涨是否能有效控制旅游需求？本章对这个问题进行了回答，指出旅游景区的资源属性是影响价格调控效果的重要因素。接着提出基于多阶段博弈的景区门票分时定价策略，为了达到平稳客流的目的，在设计景区效用函数的时候加入游客数量波动带来的损失，可以在不降低景区总利润的前提下，保持游客数量平稳，游客总量增加。

3.1　我国自然保护区经营主体选择的经济学分析框架*

就地保护通常被认为是减少生物多样性丧失最有效的方式之一（Eken et al.，2004），建立自然保护区则是实施就地保护的首选途径（Rodrigues et al.，2004）。1872 年，美国成立了世界上第一个自然保护区——黄石国家公园，随后其他国家也逐渐建立起各国的自然保护区体系，自然保护区的数量与日俱增。根据世界自然保护联盟（IUCN）1992～2003 年的统计数字，全世界拥有的国家自然保护区总数达 63 478 处，占陆地总面积的 11.3%（高兆辉等，2013）。然而，建立自然保护区只是第一步，如何对已建立的自然保护区进行有效的经营以实现其可持续发展，则成为摆在世界各国面前亟待解决的一个重要课题。

发达国家自然保护区大多由企业或私人经营。美国 1965 年颁布了《特许经营政策法案》，规定国家公园实行全面特许经营制度，引入私人资金向游客提供服务，将公园的餐饮、住宿等旅游服务设施向社会公开招标（李巍，2005）。英国

---

* 本节选自：陈阁芝，2011. 我国自然保护区经营主体选择的经济学分析框架[J]. 旅游论坛，4(3).

是土地私有制国家，大部分土地属私人所有，因此自然保护区推行“管理契约”制度，自然保护区经营权仍属于土地所有者，但必须以符合自然保护要求的方式经营和管理土地。日本的《自然公园法》也规定，个人在取得国家环境厅国家公园的经营执照后，可以经营酒店、旅馆、滑雪场和其他食宿设施（张晓，2006）。然而，其中也不乏一些由政府经营的例子，如加拿大 Algonquin 公园从 1985 年开始将一些公共服务和设施承包给私人经营者，但直到 2004 年，公园东、西门的门票出售点，以及两个普通宿营地和两个内部旅游许可证出售点都没有承包出去，一直由公园自己经营（李巍，2005）。日本的许多国家公园也向市政府发放经营执照（张晓，1999）。

在我国，继 1997 年四川万贯集团协议开发碧峰峡国家级风景名胜区取得成功之后，国内自然保护区的经营掀起了“企业化”的热潮。例如，2000 年，宋城集团和万向集团以协议方式分别开发浙江百山祖国家级自然保护区内的龙泉山和千岛湖国家级森林公园；2001 年，四川省旅游局宣布出让九寨沟国家级自然保护区、三星堆遗址等十大景区的经营权（张进福，2004）；2004 年，香港中恒集团一举夺得南岭国家森林公园 50 年的经营权等。据初步统计，截至 2006 年，全国至少已有 25 个省（自治区、直辖市）的 400 多个大小不一的旅游景区（点）租赁、转让或出卖其经营权，部分资料可参看表 1-1。

国外自然保护区政府和企业两个经营主体并存，国内自然保护区经营主体由政府向企业的转变，使得我们不得不去思考这样一个问题：自然保护区的经营主体究竟应该如何选择？或者说，究竟应该以什么作为自然保护区经营主体选择的标准？本节尝试运用公共经济学和福利经济学的基础理论和思想，建立自然保护区经营主体选择的分析框架，以期能为我国现阶段自然保护区的经营管理工作提供一些思路，并对自然保护区政策的制定有所启示。

3.1.1 自然保护区及其经营主体

1. 自然保护区的定义及其分类体系

按照 IUCN 的定义，自然保护区是“为了保护和维持生物多样性、自然及相关文化资源而特别划定的，通过立法或其他有效手段进行管理的陆地和/或海洋区域”（IUCN，1994）。可见，自然保护区实际上是一个非常宽泛的概念，不仅包括我国《自然保护区管理条例》中所指的自然保护区，而且包括各级风景名胜区、森林公园、地质公园、湿地公园等。这些区域共同构成了我国庞大的自然保护区体系。

由于世界各国设立自然保护区的背景、目的等各不相同，形成了多种称谓。据初步统计，全世界与自然保护区有关的称谓达 44 种之多（www. wildlife-plant. gov. cn），并且同一称谓在不同的国家表示不同的含义，或者不同称谓在不同国家表示同一自然保护区的现象不可避免。针对这种情况，IUCN于1994年发布了《自然保护地管理类型指南》，根据管理目标将自然保护区分为严格的自然保护区、自然荒野区、国家公园、自然遗迹保护地、栖息地/物种管理区、陆地/海洋景观保护地、资源管理保护地6种类型，各类型自然保护区的管理目的如表3-1所示。这个分类标准一直沿用至今，为在全世界范围内开展自然保护区的研究工作提供了统一的基准。

表3-1 管理目的及IUCN自然保护区管理类型矩阵

管理目的	自然保护区类别						
	严格的自然保护区	自然荒野区	国家公园	自然遗迹保护地	栖息地/物种管理区	陆地/海洋景观保护地	资源管理保护地
科学研究	1	3	2	2	2	2	3
荒地保护	2	1	2	3	3	—	2
物种和遗传多样性保护	1	2	1	1	1	2	1
环境设施的维护	2	1	1	—	1	2	1
独特的自然和人文景观的保护	—	—	2	1	3	1	3
旅游和重建	—	2	1	1	3	1	3
教育	—	—	2	2	2	2	3
自然生态系统中资源的可持续利用	—	3	3	—	2	2	1
文化和传统习俗的保护	—	—	—	—	—	1	2

注：1＝主要目标；2＝次要目标；3＝潜在的目标但还没明确；—＝没有这方面的目标。
资料来源：《中国自然保护区立法研究》，中国林业出版社。

2. 我国自然保护区的经营主体

1956年，为了适应建国初期国民经济从恢复走向发展时期对森林资源保护、野生动植物保护和狩猎管理的迫切需要，我国开始规划和建设自然保护区，至今已有60多年的历史。自然保护区发展之初，其管理权、经营权集中于政府部门。由相关的行政主管部门在自然保护区内设立专门的管理机构，负责自然保护区的规划、建设、经营、管理工作，所需经费由政府拨款（《自然保护区管理条例》，1994；《风景名胜区管理暂行条例》，1985；《森林公园管理办法》，1994）。随着自然保护区事业的不断发展，一方面，自然保护区数量日益增长，仅靠政府财政拨款已无法负担庞大的成本支出，很多自然保护区的保护工作因缺乏资金无法正常开展；另一方面，由于我国市场经济体制日益完善和成熟，整体经济水平得到大幅度的提高，国民的消费水平和消费观念有了很大的改变，对自然保护区旅游活动的需求日益强烈，所以社会上大量闲置的资金关注经营旅游这一市场。在这种形势下，1994年，湖南省以租赁经营方式将张家界宝峰湖景区的经营权出让给马来西亚华侨田国来，又在1997年以委托经营方式将张家界黄龙洞景区出让给中国大通实业有限公司，特别是1998年四川万贯集团协议开发碧峰峡风景名胜区取得突破性的成效之后，碧峰峡模式在全国得到推广，自然保护区的经营主体由政府向企业转换。

3. 相关研究综述

自然保护区体系的经营权实施转让以来，学术领域就对其是否可以转让的问题进行了激烈的争论：徐嵩龄（2000）针对1996年以来风景名胜区股票上市的现象所引起的争议提出了一些自己的见解，认为“景区股票上市”会弱化与取消社会公益性，就其具体内容来看，并不是一个既利于旅游业发展又利于风景资源保护的好的市场化措施；邬爱其和徐进（2001）通过对比国家风景名胜区规制改革的国际经验和我国的规制改革现状，认为分离经营性项目是国家风景名胜区事业发展的必然选择，提出明确景区管委会的性质和职责、在经营性项目中引入竞争机制及推进新的制度性补充是我国国家风景名胜区经营性项目规制改革的重要内容；钟勉（2002）也在研究中指出，所有权、经营权“不可分离”的理论已大大落后于改革发展与实践，对“分离”的必要性、可行性在理论和实践结合的基础上进行了分析论证；彭德成等（2003）在《我国旅游资源和景区研究的十个前沿问题》中，也重点提到了旅游景区的产权、体制和机制创新的问题；张进福（2004）则持中立的态度，认为判断景区经营权是否可以出让及出让的程度应该以景区的目的和宗旨、景区的唯一性与级别为标准。

总体来看，虽然国内学术界对自然保护区经营权的问题进行了一些相关的研究，但普遍存在着以下两个方面的问题。①基本都是以风景名胜区或旅游景区为研究对象，用旅游景区这一概念囊括自然保护区、风景名胜区、森林公园等区域，显然忽略了一个重要问题，那就是自然保护体系内不同的类型对应着不同的管理目的，并不都是以开展旅游为最主要的目标。张进福（2004）提到景区经营权转让应根据景区的目的、宗旨、资源性质进行区分，但这种说法过于笼统，没有深入到经营主体选择的实质。②缺乏系统的理论基础作为支撑，研究中多是进行定性的描述，没有定量的分析，因此研究结果的说服力不够强。

本节以公共经济学和福利经济学的理论和思想为指导建立分析框架，期望能对目前相关研究中的不足之处有所改进。

3.1.2 自然保护区经营主体选择分析框架的建立

前文所述，根据管理目标可将自然保护区分为6种类型，其中，严格的自然保护区主要用于科研和保护，不允许开展旅游活动；自然荒野区、栖息地/物种管理区、资源管理保护地虽然允许开展旅游活动，但不以此为主要目标；而国家公园、自然遗迹保护地、陆地/海洋景观保护地则可将旅游作为其主要目标之一（表3-1）。虽然我国自然保护区并没有严格按照IUCN的标准进行分类，但这个标准仍可作为自然保护区经营管理的依据：第一，对于严格的自然保护区来说，由于禁止开展经营性旅游活动，所以不存在经营之说，保护工作作为纯公共职能只能由政府或其他公共服务机构承担；第二，对于能够开展经营性项目的自然保护区，并没有限定只能由政府或只能由企业作为经营主体，问题的关键在于选择最有效率的制度安排，即如果政府经营自然保护区更有效率，自然应该由政府作为经营主体，反之亦然。

1. 建立的依据

根据福利经济学有关思想，任何一种制度安排的调整或演进都以实现帕累托最优为目标，即在既定经济条件下实现社会福利最大化（袁义才，2007）。自然保护区经营主体的制度安排，也应该从增进社会福利的角度进行考察。对于一个社会可能具有的任何社会福利函数，社会福利的变化都可用马歇尔总剩余的变化来度量（Mas-Coless et al.，1995）。当不考虑征税机构的情况下，马歇尔总剩余的组成部分可直接划归消费者和产商（Mas-Coless et al.，1995），即包括消费者剩余和生产者剩余。其中，消费者剩余是消费者愿意为某一商品支付的数量与消费者在购买该商品时实际支付的数量之间的差额，就消费者总体而言，消费者剩余等于需求曲线与市场价格之间的面积，生产者剩余是所有生产单位边际生产成本和商品市场价格之间差额的总和，从市场整体来看，生产者剩余是位于供给曲线上方直至市场价格的区域。在完全竞争市场，需求曲线 D 与供给曲线 S 的交点 E 对应于均衡市场的价格 P，消费者剩余为 $\triangle aPE$ 的面积，生产者剩余为 $\triangle cPE$ 的面积（图3-1）。

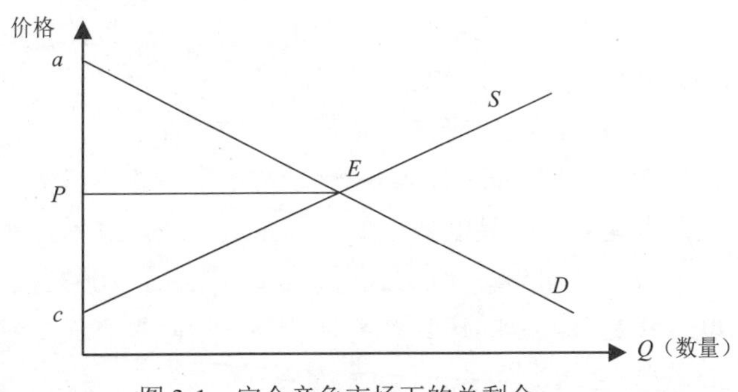

图3-1 完全竞争市场下的总剩余

2. 相关假设

为了建立本节的分析框架，首先需要作出如下假设。

假设一，经营自然保护区所提供的产品面对一条向右下方倾斜的需求曲线 D:

$P(Q)$和向左上方倾斜的供给曲线 S：$S(Q)$。

从短期来看，消费者对自然保护区产品的需求还受到多种因素的影响，如广告宣传、突发性事件等，在这种情形下会出现向左上方倾斜的需求曲线或向右下方倾斜的供给曲线。但从长期来看，作出这种假设是合理的，考虑币值稳定的市场，自然保护区产品价格越高，生产者愿意提供的产品数量越多，消费者对这种产品的需求量越小。本节中将采用最简单的需求曲线 $P(Q)=a-b\times Q$ 和供给曲线 $S(Q)=c+d\times Q$ 以简化研究。

假设二，自然保护区的旅游产品，无论是由企业还是由政府经营，生产成本是相同的。

无论自然保护区是由政府还是企业经营，生产同样的产品需要在开发、规划、建设、保护等过程中投入相同的资金、人力等成本。虽然社会上普遍的观点认为企业的运作比政府更有效率，但这种现象并不是必然的，也就是说，如果确实存在企业与政府效率的差异，这种差异归根到底也是由缺乏相应的外部约束机制而导致的，而不是制度安排本身的问题，因此这种差异可以通过完善相应的配套机制予以改善。

假设三，企业经营自然保护区的市场交易成本全部由消费者负担。

由于一种产品作为私人产品由企业提供，要通过购买或付费的方式来取得消费权，实现排他性消费。例如，企业经营自然保护区需要耗费一定的人力、资金成本在自然保护区内设置收费点，这中间需要有一个市场交易过程，需要支出排他性消费成本，因而存在相应的市场交易成本。一种产品作为公共产品由政府提供，特定范围内的任何成员都可以无偿地获得特定产品的消费权，没有市场交易过程，也没有市场交易成本。因此，企业的供给曲线 S_1 总是位于政府供给曲线 S_0 的上方，两者之间的距离体现为交易成本的大小。

假设四，自然保护区产品由政府提供相对于企业提供的供给增加量全部属于超额供给。

这里应该注意的是，在政府作为经营主体的情况下，由于任何人无法被排除在消费之外，也就是说，政府的供给应满足市场上所有愿意消费该产品的社会成员的需要。包括有些对该产品的效用低于固定边际生产成本，甚至趋近于零的成员，由此导致供给量增加，即存在超额供给（袁义才，2007）。这种超额供给，从全社会角度看就是该产品的边际效用不能补偿边际生产成本，从而构成了一种相对的经济效率损失。

3. 分析框架

基于以上假设，以 $f(w)$表示自然保护区体系经营主体的制度选择，W_1 表示企业供给时的马歇尔总剩余，W_0 表示政府供给时马歇尔总剩余，W_i 为社会福利变量，则本节的分析框架可建立为 $W_i=W_1-W_0$。

在图 3-2 中，横轴 Q 表示自然保护区经营性项目的需求量（供给量），纵轴 P 表示价格，D 为需求曲线，A、B 分别为需求曲线 D 与纵轴、横轴的交点，S_1 为该产品由企业供给时的供给曲线，E_1 为供求均衡点，P_1 为均衡价格，Q_1 为均衡供给量，P_1' 为企业的最低边际成本；S_0 为该产品由政府供给时的供给曲线，E_0 为供求均衡点，P_0为均衡价格（成本），P_0' 为政府的最低边际成本，Q_0 为供给量，且 $Q_0>Q_1$。

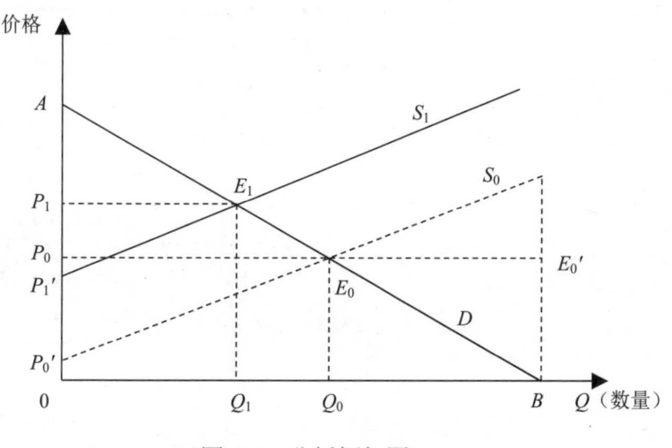

图 3-2 分析框架图

由图 3-2 可知，当旅游产品由企业提供时，消费者剩余为ΔP_1E_1 的面积，生产者剩余为$\triangle P_1P_1'E_1$ 的面积，马歇尔总剩余 W_1 为$\triangle AP_1'E_1$ 的面积；当旅游产品由政府提供时，消费者剩余为$\triangle AP_0E_0-\triangle E_0BE_0'$ 的面积，其中$\triangle E_0BE_0'$ 的面积表示政府作为经营主体时超额供给所带来的效率损失，生产者剩余为$\triangle P_0P_0'E_0-\triangle E_0E_0'S_0$ 的面积，其中，$\triangle E_0E_0'S_0$ 的面积表示政府作为经营主体时超额供给所带来的成本增加，马歇尔总剩余 W_0 为$\triangle AP_0'E_0-\triangle E_0BS_0$ 的面积，则

$$
\begin{aligned}
W_i &= W_1 - W_0 = S_{\triangle AP_1'E_1} - (S_{\triangle AP_0'E_0} - S_{\triangle E_0BS_0}) = S_{\triangle E_0BS_0} - S_{四边形P_1'P_0'E_0E_1} \\
&= \left[\int_{Q_0}^{B} S_0(Q)\mathrm{d}Q - \int_{Q_0}^{B} P(Q)\mathrm{d}Q\right] - \left\{\left[\int_{0}^{Q_1} S_1(Q)\mathrm{d}Q - \int_{0}^{Q_1} S_0(Q)\mathrm{d}Q\right]\right. \\
&\quad \left. + \left[\int_{Q_1}^{Q_0} P(Q)\mathrm{d}Q - \int_{Q_1}^{Q_0} S_0(Q)\mathrm{d}Q\right]\right\} \\
&= \int_{Q_1}^{B} S_0(Q)\mathrm{d}Q - \int_{Q_1}^{B} P(Q)\mathrm{d}Q - \int_{0}^{Q_1}\left[S_1(Q) - S_0(Q)\right]\mathrm{d}Q \\
&= \int_{Q_1}^{B}\left[S_0(Q) - P(Q)\right]\mathrm{d}Q - \int_{0}^{Q_1}\left[S_1(Q) - S_0(Q)\right]\mathrm{d}Q
\end{aligned}
$$

如果 $W_i>0$，应选择企业作为经营主体；如果 $W_i<0$，则应该选择政府作为经营主体。

从变量的测算来看，可根据一段时期内自然保护区价格与需求量的数量关系建立需求曲线，根据企业或政府的边际生产成本建立企业或政府的供给曲线，具有实践操作意义。

3.1.3 结论及讨论

选择自然保护区的经营主体，其实质在于作出最优的制度安排。本节基于公共经济学和福利经济学建立的分析框架，以自然保护区经营主体转换带来的社会福利的变化作为度量效率是否优化的标准，为自然保护区经营主体的选择提供了量化的依据。但本节在福利经济学的理论基础之上建立的分析框架，还停留在比较粗略的阶段，数据的支持或许能使框架的建立更加可靠和可信。因此，后续的研究还需进一步努力，以建立一个操作性更强的模型，真正有助于实现自然保护区的可持续发展。

3.2 景区门票价格变动对旅游需求的影响研究——以 5A 级旅游景区为例*

20 世纪末至今，高水平的旅游需求、景区自主权的扩大等因素为景区门票提供了涨价空间（陶卓民和卢亮，2005）。在被称为国内景区“涨价年”的 2005 年，故宫、长城和张家界等著名景点相继涨价，并形成了国内景区门票占农村居民月平均可支配收入比例最高达 89%，以及占城镇居民平均可支配收入最高达到 25%的局面。而同比法国、俄罗斯等国家，这一比例仅为 0.1%～1.4%，详见表 3-2。

表 3-2 国外著名景点门票价格与国民月收入之比的统计表

景点	门票价格	国民中等月收入	门票与国民中等月收入之比/%
韩国景福宫/昌德宫	3000 韩元	230.4 万韩元	0.1
印度泰姬陵	20 卢比	4543.9 卢比	0.44
英国白金汉宫	15 英镑	1083～1330 英镑	1.1～1.4
法国凡尔赛宫	15 欧元	1200～1820 欧元	0.8～1.3
美国黄石公园	10 美元	5113 美元	0.2
俄罗斯克里姆林宫	100 卢布	31599 卢布	0.3

资料来源：广东省社会科学院旅游研究所 2014 年研究报告（庄伟光等，2014）。

鉴于此，国家和地方均出台了相应的价格管控措施，例如，国家发展和改革委员会 2005 年出台的《国家发改委关于进一步规范游览参观点门票价格管理工作

* 本节选自：黎娇，2017. 景区门票价格变动对旅游需求的影响研究——以 5A 级旅游景区为例[D]. 广州：中山大学.

的通知》（发改价格〔2005〕712 号）等，但收效不佳——国内 5A 级旅游景区仍以抑制旅游需求、提高旅游体验为由持续提价，景区“门票经济”现象突出（王晓敏，2012）。这一方面体现了景区在门票价格管理方面存在的缺失，另一方面也阻碍了景区和旅游业的长远发展。

中国 5A 级旅游景区作为国内重要的旅游目的地，环境和服务质量的改善提升了其接待能力和水平，但仍然无法有效满足当前的旅游需求。针对这一矛盾，景区基于“提价抑制需求”等经济学观点不断涨价，而价格能否在具有异质性的旅游市场中发挥其杠杆作用呢？答案不明。对景区而言，旅游需求与旅游者行为的相关研究有利于提高评价与预测旅游者行为的能力（Uysal，1998），从而加强景区管理其需求的有效性。然而目前学术界却鲜有学者在考虑景区可操作性的前提下，进行旅游需求管理工具的研究。在缺乏研究支持的情况下，经济学理论中的“价格与需求负相关”等观点推动旅游景区将门票价格作为主要的需求管理工具。但在实践中，景区门票价格上涨究竟对旅游需求造成了何种影响，对不同类别景区的影响是否有别等问题，至今仍未得以研究和证实。

针对上述问题，本章以国内首批 5A 级旅游景区为研究对象，从实证角度检验“景区门票价格上涨能否有效抑制其旅游需求”，研究门票价格能否作为一种有效的需求管理工具。在此基础上，本章还尝试探索对不同景区而言，这一有效性是否存在显著差异及这种差异的表征要素，以期为景区的管理实践提供针对性的指导，同时补充相关领域的研究内容。

3.2.1 相关理论基础

本章涉及的相关理论基础主要有旅游可持续发展与旅游容量理论、旅游需求基本理论与旅游需求弹性理论。

1. 旅游可持续发展与旅游容量理论

“持续”一词源于拉丁文，针对资源和环境，这一表达意味着保持资源基础的完整性和延长资源的使用性，同时不因资源耗竭而影响后代人的生产生活（袁明鹏，2003）。

可持续发展理论最早于 1972 年在英国被提出，它是一个具有综合性和动态性的命题（邬建国等，2014），意指经济、社会和环境三方面可持续发展的能力与趋势。可持续发展的提出源于人们对环境和发展的反思（彼得·罗杰斯等，2012），传统发展只注重经济效益，大众后来才认知到改善人类生存环境和生存质量这一发展的真正目的，同时人类发展会受经济、社会和生态环境等因素制约的理念也陆续被提出（袁明鹏，2003）。在关于生态可持续的讨论中，经济发展与自然资源承载力相协调是其主要内涵，这要求经济在发展过程中，一方面要预防环境问题、保护自然资环境，另一方面要提高和改善资源生产和环境的自净能力。旅游作为一项综合性的经济活动，依托各类自然、人文等资源而存在并逐步发展，与自然资源承载力相协调的发展要求催生了“旅游可持续发展”这一概念。

旅游业的发展依托各类旅游资源，其可持续发展要求景区不能仅以经济效益为目标，而应兼顾资源承载力，也就是说景区对资源的耗用要保持在合理范围内。在现实情况中，景区资源（包括自然、人文等旅游资源和各类设施设备、劳务服务等）的直接使用者是旅游者，因此对资源的耗用限定转变为了对旅游容量的限定。基于此，旅游容量的相关理论逐步被提出和研究。

旅游容量理论是为实现旅游可持续发展而产生的，是指景区在保障可持续发展的前提下，在特定时空范围内，其自然环境、人工设施等条件所能承受的旅游活动在规模和强度上的最大值（谢彦君，2011）。该值于景区而言可控、可变：在不同的技术和管理水平下，旅游容量会发生变化，增强硬件设施和管理水平能扩大其环境容量。

可持续发展以兼顾经济、社会和环境效益为目标，旅游可持续发展即是这一理念在旅游业的应用。旅游发展需要依托各类旅游资源，生态可持续是其关键，这就要求景区经营管理要与自然资源承载力相协调，故旅游资源的直接使用者（即游客）需要被限定在合理范围内，也就是说景区需要管理其旅游容量，这是景区提高门票价格的初衷之一，因此本章以此二者为理论基础。

2. 旅游需求基本理论与旅游需求弹性理论

旅游需求基本理论包括了概念、形成条件及影响因素、分类、特点和规律（价格弹性、收入弹性和替代效应等）等。

在经济学中，“需求”是指消费者在一定时期内，依照一定价格购买特定商品和服务的欲望。旅游需求则是指在特定时空条件下，有旅游欲望和闲暇时间的消费者在一定价格水平下愿意且能够购买的旅游产品或劳务的种类和数量。旅游需求不同于经济学中普通商品需求的原因有两点：一是普通商品需求的满足以转移所有权为基础，而旅游需求的满足不一定会转移所有权，例如，购买景区门票只意味着游客拥有了对景区的使用权；二是旅游需求和旅游供给会同时受到旅游可达性、旅游基础设施等条件的影响（黄蓉，2015）。

由旅游需求的定义可知，旅游需求的产生需具备 3 个基本条件：动机、可支配收入和闲暇时间（谢彦君，2011），任何一个条件的缺失则无法推动旅游需求转变为现实的旅游行为，同时旅游需求还受到经济、环境等外在因素（非游客因素）的影响。相比旅游动机等游客自身因素，景区和国家层面的影响因素得到了更广泛的研究，例如，宋海岩（2010）从客源地、目的地和关联因素出发研究了影响旅游需求的各因素，以经济因素为例，如表 3-3 所示。

表 3-3 影响旅游需求的经济因素

客源地因素	目的地因素	关联因素
居民收入	旅游业总体水平与形象	消费品相对价格
贫富差距	旅游价格水平	促销
休闲制度	旅游供给数量、结构与质量	汇率
货币购买力	目的地居民态度	出入境政策协调
政府居民对待出游的态度	政府的促销政策与措施	社会经济文化异质性

资料来源：宋海岩，2010。

旅游需求弹性理论源于对“弹性”的认识和应用，进而在经济领域衍生出“需求弹性”的概念，并立足于旅游业形成了“旅游需求弹性”。“弹性”解释为“系统在面对各种动态竞争环境的持续适应的能力”，是指事物围绕固有的基准，是一种在保持其本质特征前提下的可变化性。也就是说，“弹性”表征的是某种目标变量的变化性，这种变化性是由与目标变量相关的其他因素所造成。

景区本质上是一个弹性系统。在该系统中，旅游需求的敏感性使其会受到多种因素的复杂影响，旅游需求弹性理论则致力于研究这些影响因素所能引起的旅游需求量的变化幅度，本章实则研究的是旅游需求价格弹性中的一类。因此本章以旅游需求及其弹性的相关理论为基础。

3.2.2 研究假设

针对本章的研究内容——一是判别 5A 级旅游景区的门票价格上涨在抑制旅游需求方面的有效性，二是挖掘致使不同景区在这一措施有效性水平上存在差异的原因，作者依据理论推导和文献支持分别提出相应假设。

在国外的相关研究中，Rosenthal（1984）等通过研究发现，市场机制对具有稀缺性的景区资源也能发挥有效的配置作用；Stephen 等（1992）和 More 和 Stevens（2000）的研究验证了低收入群体在面临景区门票的价格上涨时会采取“立刻退出”的反应；Garrod 和 Fyall（2000）等也通过实证研究指出景区门票价格会通过影响旅游者的消费决策过程而影响景区游客总量。在国内的相关研究中，吴人韦和杨继梅（2005）等针对特定类型旅游目的地的研究证实了景区门票价格上涨对旅游需求的抑制作用；王纯阳和黄福才（2010）等在此基础之上研究了包含景区门票价格在内的旅游产品价格、竞争性旅游目的地的替代价格、旅游者收入水平等因素对旅游需求量的影响作用。

同时从经济学的价格弹性理论来看，特定商品（非垄断市场）价格的提高会使得顾客选择替代性商品以满足需求，进而在市场上表现为对该商品需求量的减少（Rosenthal，1984）。在这一视角下，旅游资源与普通商品在一定程度上具有相似性，景区门票价格可以看作是旅游资源价值的表征方式，愿为此价值付出相应价格的游客数量在现实中表现为实际的旅游需求。加之旅游需求是一种非必要性的需求，因此当某一景区的价格上涨时，游客会选择游览其他景区或其他休闲方式作为替代，这种替代性选择在宏观上即表现为该景区游客数量的减少。

基于以上分析，本节提出如下假设。

假设一，旅游景区门票价格的上涨会导致旅游需求量的显著减少。

提高自然风光类景区的门票价格能够在一定程度上减少旅游需求；杨美霞（2006）以自然类景区张家界武陵源为例所进行的研究表明“提高景区门票价格未对旅游需求产生抑制作用”；吴人韦和杨继梅（2005）以遗产旅游为例进行经济学分析后认为“景区门票价格能够有效抑制其旅游需求”。以上国内外学者基于差异化的情境，对不同资源类型的景区进行了“门票价格能否有效抑制旅游需求”的研究，虽然得出了差异较大的结论，但都指出了景区的资源类型会影响“景区门票价格上涨在抑制旅游需求方面的有效性”。

作者将本章选取的景区样本分为自然类、人文类和自然与人文复合类三大类，并就这一分类从两个方面进行“价格调节需求”的讨论。一是在单一资源型景区中，人文类景区相比自然类景区而言被赋予了多一层的精神文化内涵，在旅游资源价值上具有更高的稀缺性和不可替代性。换言之，即人文类景区会因其稀缺性和不可替代性而导致门票价格变动不能有效的调控旅游需求，王衍用和樊欣（2005）以世界遗产旅游目的地为例进行的研究和吴人韦和杨继梅（2005）以遗产旅游为例进行的经济学分析都证实了这一点。二是自然与人文复合类景区较单一的自然或人文类景区而言，在资源的多样性方面更具价值和吸引力。黄英（2011）以安徽黄山（世界文化与自然双重遗产）为例的研究表明，潜在市场对该景区门票价格上涨在现实中表现为一种综合反应，以安徽黄山和四川峨眉山为例进行的对比研究和杨森（2008）的研究都证实了这一结论。同时旅游经济学的相关理论指出“旅游产品功能的提高可以提高其价值，而价值的提高在经济环境中即表现为可接受的更高的价格水平，因此复合资源型景区较单一资源型景区而言，涨价措施的可接受度会更高，门票价格上涨不能有效调节其旅游需求。由此作者提出如下假设。

假设二，对不同资源类型的旅游景区而言，景区门票价格上涨在抑制其旅游需求的有效性存在差异。

假设二（a），相比人文类景区而言，自然类景区门票价格上涨在抑制旅游需求方面具有更高的有效性。

假设二（b），单一资源类型的景区较复合资源类型的景区而言，景区门票价格上涨在抑制旅游需求方面具有更高的有效性。

基于以上研究假设，作者选取了研究对象，并整理了研究思路和研究设计等。

3.2.3　调研设计

1. 研究对象

本章以 2007 年国内的首批 5A 级旅游景区为原始样本框，作者认为选取这一样本框具有较高的代表性和合理性，具体体现在以下几个方面：第一，知名度、游客的认知度较高，以之为例具有代表性；第二，统计、管理更为完善，数据的可靠性和可获取程度较高；第三，景区的客流量较大，有利于拟合旅游需求模型。

2. 数据收集

依照前文的研究设计，作者需收集中国首批 5A 级旅游景区（共计 66 个景区，中国旅游统计年鉴）在 2000～2014 年（共计 15 年），以下 5 个变量的数据：景区的游客接待量、国内旅游人数、入境旅游人数、国内旅游人均花费、入境旅游人均花费。数据来源于以下几个渠道：一是全国及地方性的统计年鉴，包括旅游类、经济类和整体类；二是政府统计部门或旅游局的公开年报及工作报告；三是部分依申请可公开的统计数据或报告，则依流程进行网上申请，如苏州园林、上海野生动物园等景区；四是利用学校图书馆资源，进行纸质版年鉴或统计报告的检索与翻阅。

经上述渠道收集完整数据后，作者对年鉴、年报和统计报告等进行了第二次搜索查阅，完成了对数据的检查和确认工作，确保了数据的真实性。

数据收集中，景区调价的时间节点以 6 月为界限，当年 6 月前调价的景区，整年门票价格以未调价前的水平为准，次年记为涨价后的价格；当年 6 月后调价的景区，整年门票价格以调价后的水平为准，前一年记为涨价前的价格。此外，本节对“景区门票涨价能否有效抑制旅游需求”的分析存在如下条件性假设。

第一，外在环境的稳定与延续。预测性研究均存在此基本假设，即景区经营和游客出游的外部影响因素恒定，这样才能保障回归方程的有效性（自变量与因变量间的关系保持不变），并对所需数据加以预测。这一条件假设中涵盖了会随时间加强或减弱对旅游需求影响的各种因素，如市场饱和度、通货膨胀等。

第二，不考虑调价幅度对旅游需求造成的差异化影响，即不探究不同的调价幅度对旅游需求造成的不同影响。本章仅研究景区的调价措施会否抑制旅游需求，故不考虑调价幅度在其中的影响作用。

3. 样本筛选

综合前文所述选取中国首批 5A 级旅游景区作为初始样本框的 3 点原因，同时在现实情况中首批5A级旅游景区均不存在摘牌或降级情况（截至2014年的数据），因此作者认为选定国内首批5A级旅游景区为初始样本框具有其合理性和代表性。在此基础之上，作者依据以下标准进行初始样本框中有效样本的筛选。

第一，以2000～2014年的数据为分析对象，选择在15年间仅进行过一次或两次价格调整的景区作为有效样本。原因有二：一是可利用的有效数据较多，有利于提高回归方程的拟合程度；二是价格调整的次数少，规避了多次价格调整措施的复杂影响，例如，某景区进行了两次价格调整，第一次提价之后，游客数量的降低会因第二次提价消息的出现而保持不变甚至增加，故难以区分游客数量的增减情况。据此筛选后剩余有效样本54个，其中仅进行过一次价格调整的景区有22个，进行过两次价格调整的景区有32个。

第二，价格调整的最小周期大于3年。这一标准是基于线性回归方程的拟合所需要的最小数据量而定，经过对剩余54个有效样本的进一步筛选，剩余有效样本36个，其中仅涨价一次的景区19个，涨价两次的景区17个。

第三，对剩余有效样本中景区范围有所变动的景区予以排除（影响景区游客量的统计），共计排除景区10个，其中仅进行过一次价格调整的景区5个，如长春伪满皇宫博物院、哈尔滨太阳岛景区等；进行过两次价格调整的景区5个，如承德避暑山庄及其周围寺庙景区、西安华清池景区等。剩余有效样本26个，其中仅进行过一次价格调整的景区14个，进行过两次价格调整的景区12个。

第四，对景区范围界限不明的长度型景区予以排除，被排除的景区有巫山（小山峡－小小山峡）景区、桂林漓江景区和（八达岭－慕田峪）长城旅游区。

第五，排除特殊景区苏州周庄古镇，其收费时间为早上七点至晚上八点，景区接待的游客量统计不完全，故予以排除。

综上，剩余有效样本22个，其中仅经过一次价格调整的景区11个，进行过两次价格调整的景区11个。

4. 回归分析

作者对有效样本进行线性逐步回归分析——以景区调整价格前的数据为分析对象，自变量来源于国内旅游人数（x_1）、入境旅游人数（x_2）、国内旅游人均花费（x_3）和入境旅游人均花费（x_4），因变量是景区游客数量。

作者以自变量与因变量间的线性关系进行分析，主要依据有以下两点。一是从理论上，已有Schwartz和Lin L（2006）通过美国国家公园的研究验证过景区游客接待量与游客人数、旅游人均花费等变量间的线性关系，在国内有关旅游需求的预测研究中，马永立等（2000）也用以上变量作为线性预测的依据；二是在实践中，景区游客可分为国内和入境两类，二者均属国内和入境旅游人数的一部分，总量与分量之间呈线性关系；同时从旅游需求价格弹性系数的计算方式来看，该系数是旅游需求量变化幅度与旅游产品价格变化幅度的比值，各个变量之间也以线性关系相连接，即 4 个自变量与因变量之间均呈线性关系。

综上，本章以线性关系为回归分析的落脚点，全部景区均以以下方程为原始回归方程，不同景区间的差异以系数体现。

$$y = ax_1 + bx_2 + cx_3 + dx_4 + \varepsilon \tag{3-1}$$

作者将有效样本分为两类，第一类是在 2000～2014 年提价一次的景区，该类景区的回归分析以苏州园林为例，详细介绍其分析过程和结果数据后，以同样的方法对剩余额 10 个景区进行分析后形成结果表格；第二类是在 15 年间提价两次的景区，其中以广州长隆旅游度假区为例，分步介绍其数据处理过程和结果，并对该类别中剩余 10 个景区采取同样的处理方式并形成结果表格。

以苏州园林为例，作者采用 SPSS21.0 对其 2000～2003 年（2004 年门票提价为 70 元）的数据进行逐步回归，结果如表 3-4 所示。

表 3-4 苏州园林逐步回归的模型汇总[b]

模型	R	R^2	调整 R^2	标准估计的误差	更改统计量				
					R^2 更改	F 更改	df_1	df_2	Sig.F 更改
1	0.999[a]	0.999	0.997	0.610 70	0.999	526.581	2	1	0.031

a. 预测变量（常量）：国内旅游人数，入境旅游人均花费。
b. 因变量：景区游客人数。
注：*df* 表示自由度，Sig. 表示差异显著性，下同。

从表 3-4 可知，SPSS 拟合的回归模型 1 的显著性为 0.031，小于 0.05，满足了显著性要求。指标调整 R^2 表示回归方程对因变量的解释程度（一般研究中，以大于 0.8 为佳，最低要求为 0.65），本次针对苏州园林的分析中，回归方程对因变量的解释程度达到了 0.997，说明回归方程在预测景区游客人数方面的效果良好。

ANOVA[a] 分析表（表 3-5）即 F 检验的结果表，代表对进行回归的所有自变量的回归系数的总体检验，Sig.小于 0.05 说明至少有一个自变量能够有效地预测因变量——表 3-5 中 Sig.为 0.031，说明了回归分析中的自变量能有效预测因变量。

表 3-5 苏州园林回归模型的 ANOVA[a]

模型		平方和	df	均方	F	Sig.
1	回归	392.778	2	196.389	526.581	0.031[b]
	残差	0.373	1	0.373		
	总计	393.151	3			

a. 因变量：景区游客人数。
b. 预测变量（常量）：国内旅游人数，入境旅游人均花费。

表 3-6 苏州园林回归模型的系数[a]

模型		非标准化系数		t	Sig.	B 的 95%置信区间		共线性统计量	
		B	标准误差			下限	上限	容差	VIF
1	（常量）	−154.087	9.151	−16.838	0.038	−270.365	−37.809		
	国内旅游人数	0.082	0.006	14.799	0.043	0.012	0.153	0.937	1.068
	入境旅游人均花费	1.121	0.046	24.226	0.026	0.533	1.708	0.937	1.068

a. 因变量：景区游客人数。

表 3-6 中的 *B* 代表回归系数，Sig 代表 *t* 检验的显著性，在统计学上 Sig.小于 0.05 一般被认为是系数检验显著，结果中常数、国内旅游人数和入境旅游人均花费系数的 Sig.分别为 0.038、0.043 和 0.026，即说明了自变量在预测因变量过程中的有效性——本分析以 95%为置信水平，表示以上结论有 95%的把握是正确的。另经 SPSS 逐步回归后，该样本回归方程中剩下了两个自变量，共线性水平为 1.068，即共线问题在可接受范围内。由此可写出苏州园林关于景区游客人数的回归方程如下

$$y = 0.082x_1 + 1.121x_4 - 154.087 \tag{3-2}$$

由于本研究采取的回归方法为“逐步”，输入的自变量有 4 个：国内/入境旅游人数、国内/入境旅游人均花费，最终选取的自变量为国内旅游人数和入境旅游人均花费，排除的变量及分析结果如表 3-7 所示。

表 3-7 苏州园林逐步回归中已排除的变量[a]

模型		Beta In	t	Sig.	偏相关	共线性统计量		
						容差	VIF	最小容差
1	入境旅游人数	0.017[b]	4.371	0.143	−0.975	0.990	1.010	0.990
	国内旅游人均花费	0.178[b]	1.858	0.314	0.881	0.990	1.010	0.990

a. 因变量：景区游客人数。
b. 模型中的预测变量（常量）：国内旅游人数，入境旅游人均花费。

根据逐步回归法，笔者对有效样本中该类别剩余的 10 个景区进行同样分析，形成了如下的结果表格，其中包括了最终的回归方程、显著性、调整 R^2 等内容，详见表 3-8。

表 3-8 单次调整票价景区的回归统计

景区	回归方程	显著性	调整 R^2	共线性
张家界武陵源景区	y=1.002x_1−496.472	0.000	0.993	1.000
三亚南山文化旅游区	y=0.169x_1−47.981	0.002	0.918	1.000
阿坝藏族羌族自治州九寨沟景区	y=1.961x_4−275.005	0.005	0.928	1.000
石嘴山沙湖旅游景区	y=0.050x_1−13.964	0.000	0.952	1.000

续表

景区	回归方程	显著性	调整 R^2	共线性
舟山普陀山风景区	y=1.213x_4–58.013	0.000	0.968	1.000
保定安新白洋淀景区	y=0.017x_2–111.910	0.000	0.749	1.000
上海野生动物园	y=0.034x_1–22.348	0.000	0.984	1.000
曲阜明故城（三孔）旅游区	y=1.470x_4–136.823	0.000	0.968	1.000
延安黄帝陵景区	y=0.154x_1–66.886	0.000	0.969	1.000
西安秦始皇兵马俑博物馆	y=0.972x_4–15.021	0.000	0.888	1.000

注：国内旅游人数 x_1、入境旅游人数 x_2、国内旅游人均花费 x_3、入境旅游人均花费 x_4。

以广州长隆旅游度假区为例，作者同样采用 SPSS 21.0 对其进行逐步回归，此处有两次提价，一是 2006 年由原来的 120 元提价为 180 元，二是 2012 年由 180 元提价为 250 元。第一次调价的回归分析结果如表 3-9 所示。

表 3-9 广州长隆旅游度假区逐步回归的模型汇总[b]（第一次涨价）

模型	R	R^2	调整 R^2	标准估计的误差	更改统计量				
					R^2 更改	F 更改	df_1	df_2	Sig. F 更改
1	0.946[a]	0.895	0.868	45.463 09	0.895	33.953	1	4	0.004

a. 预测变量（常量）：国内旅游人数。
b. 因变量：景区游客数量。

表中回归模型 1 的 Sig.为 0.004，小于 0.05，即显著。指标调整 R^2 为 0.868，说明此次针对广州长隆旅游度假区的分析中，回归方程在预测景区游客人数方面的有效性达到 0.868。

ANOVA 分析表（表 3-10）即 F 检验的结果表，Sig.为 0.004，小于 0.05，说明回归分析中至少有一个自变量能够有效地预测因变量。

表 3-10 广州长隆旅游度假区回归模型的 ANOVA[a]（第一次涨价）

模型		平方和	df	均方	F	Sig.
1	回归	70 177.263	1	70 177.263	33.953	0.004[b]
	残差	8267.570	4	2 066.893		
	总计	78 444.833	5			

a. 因变量：景区游客数量。
b. 预测变量：（常量），国内旅游人数。

表 3-11 中的 B 代表回归系数，分析中常数和国内旅游人数系数的 Sig.分别为 0.034 和 0.004，均小于 0.05，结果显著说明了自变量在预测因变量过程中的有效性——以 95%为置信水平。回归方程中仅剩下一个自变量，不存在共线问题。由此可写出广州长隆旅游度假区第一次调价前关于景区游客人数的回归方程如下

$$y=0.640x_1-392.142 \tag{3-3}$$

表 3-11 广州长隆旅游度假区回归模型的系数[a]（第一次涨价）

模型		非标准化系数		t	Sig.	B 的 95.0%置信区间		共线性统计量	
		B	标准误差			下限	上限	容差	VIF
1	（常量）	−329.142	104.006	−3.165	0.034	−617.909	−40.374		
	国内旅游人数	0.640	0.110	5.827	0.004	0.335	0.945	1.000	1.000

a. 因变量：景区游客数量。

本次逐步回归选取的自变量为国内旅游人数，排除变量及分析结果如表 3-12 所示。

表 3-12 广州长隆旅游度假区逐步回归中已排除的变量[a]（第一次涨价）

模型		Beta In	t	Sig.	偏相关	共线性统计量		
						容差	VIF	最小容差
1	入境旅游人数	0.236[b]	0.207	0.849	0.119	0.027	37.475	0.027
	国内旅游人均花费	0.013[b]	0.072	0.947	0.042	0.999	1.001	0.999
	入境旅游人均花费	−0.171[b]	−0.314	0.774	−0.178	0.115	8.695	0.115

a. 因变量：景区游客数量。
b. 模型中的预测变量（常量）：国内旅游人数。

广州长隆旅游度假区第二次调价的回归分析形成了两个有效结果：如表 3-13 所示，回归模型 1 的 Sig.为 0.002、模型 2 的 Sig.为 0.007，均小于 0.05，满足了显著性要求；模型 1 的调整 R^2 为 0.915、模型 2 的调整 R^2 为 0.993，说明了回归方程对因变量的解释程度均表现良好。

表 3-13 广州长隆旅游度假区逐步回归的模型汇总[c]（第二次涨价）

模型	R	R^2	调整 R^2	标准估计的误差	更改统计量				
					R^2 更改	F 更改	df_1	df_2	Sig. F 更改
1	0.965[a]	0.932	0.915	67.951	0.932	54.926	1	4	0.002
2	0.998[b]	0.996	0.993	19.601	0.064	45.071	1	3	0.007

a. 预测变量（常量）：入境旅游人均花费。
b. 预测变量（常量）：入境旅游人均花费，入境旅游人数。
c. 因变量：景区游客数量。

ANOVA[a] 分析表（表 3-14）即 F 检验的结果表，模型 1 的 Sig.为 0.002、模型 2 的 Sig.为 0.00，均小于 0.05，说明回归分析中至少有一个自变量能够有效地预测因变量。

表 3-14 广州长隆旅游度假区回归模型的 ANOVA[a]（第二次涨价）

模型		平方和	df	均方	F	Sig.
1	回归	253 611.355	1	253 611.355	54.926	0.002[b]
	残差	18 469.479	4	4 617.370		
	总计	272 080.833	5			

续表

模型		平方和	df	均方	F	Sig.
2	回归	270 928.198	2	135 464.099	352.577	0.000[c]
	残差	1 152.636	3	384.212		
	总计	272 080.833	5			

a. 因变量：景区游客数量。
b. 预测变量（常量）：入境旅游人均花费。
c. 预测变量（常量）：入境旅游人均花费，入境旅游人数。

表 3-15 中的 B 即回归系数，模型 1 中常数和入境旅游人均花费系数的 Sig.分别为 0.013 和 0.002，模型 2 中的常数、入境旅游人均花费和入境旅游人数系数的 Sig.分别为 0.035、0.000 和 0.007，均小于 0.05，结果显著，说明了自变量在预测因变量过程中的有效性（置信水平为 95%）。另外，模型 1 中仅剩一个自变量，不存在共线问题；模型 2 中两个自变量的共线水平为 6.149，满足共线水平低于 10 的要求。

表 3-15　广州长隆旅游度假区回归模型的系数[a]（第二次涨价）

模型		非标准化系数		t	Sig.	B 的 95.0%置信区间		共线性统计量	
		B	标准误差			下限	上限	容差	VIF
1	（常量）	−1411.755	330.478	−4.272	0.013	−2 329.310	−494.200		
	入境旅游人均花费	7.636	1.030	7.411	0.002	4.775	10.496	1.000	1.000
2	（常量）	1783.597	485.412	3.674	0.035	238.799	3328.395		
	入境旅游人均花费	12.163	0.737	16.504	0.000	9.818	14.509	0.163	6.149
	入境旅游人数	−0.356	0.053	−6.713	0.007	−0.525	−0.187	0.163	6.149

a. 因变量：景区游客数量。

对比广州长隆旅游度假区第二次调价所建立的两个回归方程可知，模型 2 的拟合度（即调整 R^2）为 0.993，大于模型 1 的 0.915，因此作者选择模型 2 作为本次分析的预测模型，并写出关于景区游客人数的回归方程如下

$$y = -0.356x_2 + 12.163x_4 + 1783.60 \tag{3-4}$$

针对广州长隆旅游度假区第二次调价的回归分析中，模型 1 选取的自变量为入境旅游人均花费、模型 2 选取的自变量为入境旅游人均花费和入境旅游人数，各自排除变量及分析结果如表 3-16 所示。

表 3-16　广州长隆旅游度假区逐步回归中已排除的变量[a]（第二次涨价）

模型		Beta In	t	Sig.	偏相关	共线性统计量		
						容差	VIF	最小容差
1	国内旅游人数	0.188[b]	0.552	0.619	0.304	0.178	5.619	0.178
	入境旅游人数	−0.626[b]	−6.713	0.007	−0.968	0.163	6.149	0.163
	国内旅游人均花费	0.070[b]	0.215	0.844	0.123	0.208	4.811	0.208

续表

模型		Beta In	t	Sig.	偏相关	共线性统计量		
						容差	VIF	最小容差
2	国内旅游人数	–0.092[c]	–0.899	0.463	–0.537	0.144	6.953	0.054
	国内旅游人均花费	–0.072[c]	–0.795	0.510	–0.490	0.195	5.130	0.077

a. 因变量：景区游客数量。
b. 模型中的预测变量（常量）：入境旅游人均花费。
c. 模型中的预测变量（常量）：入境旅游人均花费，入境旅游人数。

作者对两次涨价中剩余的10个有效样本进行了同样分析，结果见表3-17。

表3-17 两次调整票价景区的回归统计

景区	调次	回归方程	显著性	调整 R^2	共线性
温州雁荡山风景区	1	y=0.096x_1+13.680	0.000	0.989	1.000
	2	y=0.102x_1+9.163	0.021	0.939	1.000
三亚南山大小洞天旅游区	1	y=0.042x_1–6.524	0.000	0.966	1.000
	2	y=0.765x_4–164.994	0.009	0.974	1.000
安顺龙宫景区	1	y=0.128x_4+16.897	0.004	0.990	1.068
	2	y=0.039x_1–11.046	0.000	0.987	1.000
武汉黄鹤楼公园	1	y=0.913x_3–290.620	0.048	0.861	1.000
	2	y=0.574x_3–154.936	0.001	0.937	1.000
中央电视台无锡影视基地	1	y=0.082x_1–40.291	0.001	0.952	1.000
	2	y=0.113x_1+31.258	0.001	0.944	1.000
焦作云台山风景区	1	y=0.327x_1–202.262	0.041	0.732	1.000
	2	y=0.226x_1–101.383	0.000	0.954	1.000
秦皇岛山海关景区	1	y=1.766x_4–183.794	0.003	0.827	1.000
	2	y=1.693x_4–245.263	0.036	0.735	1.000
吉安井冈山风景区	1	y=0.228x_1–84.830	0.015	0.862	1.000
	2	y=0.318x_1–187.478	0.000	0.982	1.000
黄山市黄山风景区	1	y=0.357x_3+0.980x_4–224.079	0.029	0.987	1.084
	2	y=0.695x_3–131.097	0.001	0.996	1.000
郑州登封嵩山少林景区	1	y=0.885x_4–128.054	0.002	0.900	1.000
	2	y=0.876x_3–256.859	0.003	0.951	1.000

注：国内旅游人数 x_1、入境旅游人数 x_2、国内旅游人均花费 x_3、入境旅游人均花费 x_4。

5. 异常数据的配适处理

本节旨在分析门票价格变动对旅游需求的影响作用，故需要尽可能剥离其他因素对景区游客量的影响。以残差水平为异常值的判断标准、并以最小二乘法的分析结果为配适值，代替原始数据中的异常值。以2000～2014年仅提价一次的苏州园林景区为例，对其进行残差分析，结果如表 3-18 所示。

表 3-18　苏州园林的残差统计量[a]

	极小值	极大值	均值	标准偏差	N
预测值	138.160 4	260.754 6	182.694 0	40.350 07	15
残差	−18.831 23	51.138 13	0.000 00	16.772 71	15
标准预测值	−1.104	1.935	0.000	1.000	15
标准残差	−1.082	2.938	0.000	0.964	15

a. 因变量：景区实际游客接待量。

在统计学中，异常值的判断常以 3 个标准偏差为限——超过均值加减三个标准差范围以外的数据即为异常值。如表 3-18 所示，苏州园林景区实际游客接待量的标准残差值均值为 0.000，其标准偏差为 0.964，即异常值的标准残差不在（−2.892，＋2.892）内。

继续采用 SPSS21.0 对苏州园林的数据进行两阶最小二乘分析（一种数学优化技术，它通过最小误差的平方和寻找数据的最佳匹配函数），结果如表 3-19 所示。

表 3-19　苏州园林两阶最小二乘分析的 ANOVA

		平方和	*df*	均方	*F*	Sig.
方程 1	回归	377.683	2	188.842	2 436.843	0.014
	残差	0.077	1	0.077		
	总计	377.761	3			

如表 3-19 所示，两阶最小二乘分析的显著性为 0.014，满足小于 0.05 的显著性要求，同时其调整 R^2 为 0.999，方程的解释程度高。在此基础上得出的残差值等数据如表 3-20 所示。表 3-20 中仅有 2010 年数据的标准化残差为 2.937 98，不在（−2.892，＋2.892）区间范围内，故将其判别为异常值，并用两节最小二乘的预测值将其替换，至此便已完成了对苏州园林数据中异常值的判别和配适处理。

表 3-20　苏州园林异常值的判别及其处理数据

年份	景区实际游客量/百万人	两阶最小二乘预测	标准化残差	配适处理后
2000	125.22	125.070 46	−0.743 45	125.22
2001	133.8	133.986 63	−0.348 78	133.8
2002	151.5	151.382 43	0.437 19	151.5
2003	130.11	130.190 48	−0.772 05	130.11
2004	144.2	169.189 81	−0.532 5	144.2
2005	161.33	192.590 98	0.181 42	161.33
2006	162.01	199.165 14	−0.226 63	162.01

续表

年份	景区实际游客量/百万人	两阶最小二乘预测	标准化残差	配适处理后
2007	183.57	211.552 05	0.481 39	183.57
2008	188.7	201.575 90	0.525 54	188.7
2009	189.78	187.254 07	0.120 82	189.78
2010	247.41	200.545 73	2.937 98	200.545 73
2011	215.75	199.505 53	−0.202 63	215.75
2012	217.3	186.542 49	−0.889 89	217.3
2013	227	172.791 39	−1.081 89	227
2014	262.73	166.041 88	0.113 49	262.73

在下一步的检验中，将采用经配适处理后的景区游客接待量数据与第一步回归分析中的预测值进行比较。经过对全部有效样本进行上述处理后，作者发现2003 年的“非典”事件与 2010 年的国际金融危机在大多数样本中并未被检验成为异常值，并通过残差分析证实了这一发现。可能的解释是 2003 年的“非典”事件和 2010 年的国际金融危机均为全国范围内的影响事件，对数据所造成的影响已在 4 个自变量中有所体现，即 4 个变量自身的变化已经体现了两个事件对各个景区游客数量的影响。此外，景区的游客接待量经配适处理的样本仅有苏州园林一个，其他样本的异常值检验数据详见附件。

6. 配对样本 *t* 检验

至此，作者已完成了对各个景区回归方程的建立，并预测了涨价后年份的旅游需求量，同时也对景区数据中的异常值进行了检验与配适处理。接下来将进行景区游客接待量的数据（经配适处理后）与预测数据的差异检验。以苏州园林为例，分析过程及结果如表 3-21 所示。

表 3-21　苏州园林景区游客量的预测值与实际值（配适后）

年份	游客接待量（配适后）/百万人	回归预测值/百万人
2000	125.220	124.883
2001	133.800	134.277
2002	151.500	151.323
2003	130.110	130.147
2004	144.200	200.926
2005	161.330	218.347
2006	162.010	264.868
2007	183.570	334.327
2008	188.700	338.486
2009	189.780	353.624

续表

年份	游客接待量（配适后）/百万人	回归预测值/百万人
2010	200.546	402.411
2011	215.750	463.811
2012	217.300	512.138
2013	227.000	562.302
2014	262.730	1061.419

对以上两组数据的配对样本 t 检验结果如表 3-22 和表 3-23 所示。

表 3-22　苏州园林的成对样本统计量

		均值	N	标准差	均值的标准误
对 1	游客接待量（配适后）	179.570	15	40.282	10.401
	回归预测值	350.219	15	242.810	62.693

表 3-23　苏州园林的成对样本检验

成对差分					t	df	Sig.（双侧）
均值	标准差	均值的标准误	差分的 95%置信区间				
			下限	上限			
−170.650	205.597	53.085	−284.506	−56.794	−3.215	14	0.006

可知，成对样本检验的 Sig.为 0.006，说明两组数据存在显著差异，同时景区游客接待量（配适后）平均值为 179.570、回归预测值的平均值为 350.219，即苏州园林的实际游客接待量显著低于回归预测值，证实涨价策略对旅游需求的显著抑制作用。以同样的方式对其余有效样本进行配对样本 t 检验，检验结果整理如表 3-24 所示（各景区以显著性水平的降序排列）。

表 3-24　一次调价有效样本配对 t 检验的结果整理表

	景区	游客接待量（配适后均值）	回归预测值均值	显著性
1	张家界武陵源景区	932.397	1291.812	0.005
2	苏州园林	179.570	350.219	0.006
3	三亚南山文化旅游区	232.641	252.989	0.007
4	阿坝藏族羌族自治州九寨沟景区	234.435	350.892	0.029
5	石嘴山沙湖旅游景区	70.354	75.286	0.032
6	舟山普陀山风景区	353.143	364.402	0.047
7	上海野生动物园	81.587	82.638	0.334
8	曲阜明故城（三孔）旅游区	292.516	332.313	0.393
9	延安黄帝陵景区	218.315	208.621	0.420
10	西安秦始皇兵马俑博物馆	285.987	295.263	0.714
11	保定安新白洋淀景区	89.467	90.590	0.811

由表 3-24 知，仅调价一次的景区中，除上海野生动物园、曲阜明故城（三孔）旅游区、延安黄帝陵景区、西安秦始皇兵马俑博物馆和保定安新白洋淀景区 5 个景区的实际游客接待量与回归预测值间的差异不显著（即景区门票涨价这一措施在抑制客流量方面无显著作用）外，其余六个景区的实际游客接待量与回归预测值均存在显著差异。通过对比可知，除上海野生动物园外，景区门票涨价不能有效抑制旅游需求的景区均为历史遗址类，历史遗址类景区属人文类景区的一种。

同时，对比以上 11 个样本中配对样本 t 检验结果为具有显著差异的景区可知，人文类景区（除历史遗址类）的显著性水平高于自然风光类景区。

表 3-25　两次调价有效样本配对 t 检验的结果整理表

景区		调次	景区游客接待量（配适后均值）	回归预测值均值	显著性
1	温州雁荡山风景区	1	152.313	149.414	0.163
		2	293.267	275.246	0.161
2	三亚南山大小洞天旅游区	1	59.975	62.661	0.241
		2	114.767	167.963	0.354
3	安顺龙宫景区	1	41.727	39.897	0.130
		2	82.545	72.092	0.167
4	武汉黄鹤楼公园	1	110.185	125.116	0.027
		2	152.807	188.391	0.044
5	中央电视台无锡影视基地	1	179.833	195.426	0.049
		2	299.333	296.412	0.500
6	广州长隆旅游度假区	1	648.000	675.028	0.049
		2	1 248.778	1 897.856	0.300
7	焦作云台山风景区	1	212.723	259.304	0.018
		2	396.090	405.216	0.242
8	秦皇岛山海关景区	1	261.030	300.818	0.016
		2	350.168	441.109	0.318
9	吉安井冈山风景区	1	271.258	287.150	0.027
		2	557.980	524.115	0.140
10	黄山市黄山风景区	1	159.041	172.051	0.110
		2	241.452	296.726	0.027
11	郑州登封嵩山少林景区	1	120.818	99.907	0.050
		2	253.444	286.262	0.040

由表 3-25 可知，温州雁荡山风景区、三亚南山大小洞天旅游区和安顺龙宫景区在两次调价中，价格上涨对旅游需求的抑制作用均不显著；而在武汉黄鹤楼公园这一景区中，两次涨价均显著抑制了旅游需求；剩下的景区中，除黄山市黄山风景区和郑州登封嵩山少林景区是在第一涨价中效应不显著，而第二次效应显著

外，其余5个景区则是在第一次涨价显著抑制了旅游需求，而第二次效应不显著。

从景区的资源类型来看，自然类、人文类景区第一次涨价在抑制旅游需求有效性方面的显著性水平高于第二次；而自然人文类景区（黄山市黄山风景区和郑州登封嵩山少林景区）这一有效性的显著性水平则是第二次涨价高于第一次。

针对以上在2000～2014年调价一次和两次景区的配对样本 t 检验的结果，作者就3.2.2节中提出的各假设检验结果如下。

假设一部分成立。数据分析结果表明，并非所有旅游景区门票价格上涨都会导致旅游需求量的显著减少，这一调节作用的有效性会受景区类型等因素的影响。

假设二成立。根据配对样本 t 检验的结果，将景区按照自然类、人文类、自然与人文复合类景区进行划分后，各类别景区的门票价格上涨会对旅游需求产生不同程度的抑制作用。

假设二（a）不成立。这一研究结果表明需将人文类景区进一步划分为历史遗址类景区和其他人文类景区，继而可将假设三不成立的验证结果分为以下两个方面：一是历史遗址类景区的旅游需求不易受景区门票价格调节的显著影响；二是人文类景区中的其他人文类景区相比自然类景区而言，其旅游需求更容易受到景区门票价格上涨的显著抑制。

假设二（b）成立，这是由于自然与人文复合类景区在资源属性上具有多样性，所以游客接受的涨价空间相对较高。

此外，作者通过进一步对比各景区的调价水平发现，在两次调价中显著性表现不一致的景区第二次与第一次提价水平的比率为0.2～0.9，而该比率在此范围之外的景区在两次调价中的显著性水平一致，详见表3-26。

表3-26 两次调价景区每次涨价百分比及其倍率

景区		第一次涨价百分比 a	第二次涨价百分比 b	b/a
1	温州雁荡山风景区	0.185	0.250	1.350
2	三亚南山大小洞天旅游区	1.826	0.038	0.021
3	安顺龙宫景区	1.143	0.200	0.175
4	武汉黄鹤楼公园	0.667	0.600	0.900
5	中央电视台无锡影视基地	0.333	0.250	0.750
6	广州长隆旅游度假区	0.500	0.389	0.778
7	焦作云台山风景区	0.438	0.261	0.596
8	秦皇岛山海关景区	0.167	0.143	0.857
9	吉安井冈山风景区	0.560	0.218	0.389
10	黄山市黄山风景区	0.527	0.150	0.285
11	郑州登封嵩山少林景区	1.500	0.800	0.533

上述结果表明，景区各次的涨价水平会影响涨价措施在抑制游客量方面的显著性水平，即针对有两次涨价措施的景区而言，各次涨价幅度相差较大会使得这一措施在抑制游客量方面保持相同的显著性水平，这一类的景区有温州雁荡山风景区、三亚南山大小洞天旅游区、安顺龙宫景区和武汉黄鹤楼景区共 4 个；而若各次涨价幅度的比率（第二次涨价百分比相对于第一次涨价百分比的比率）为 0.2～0.9，则两次涨价措施在抑制游客量方面的显著性会产生差异，表格中剩下的 7 个景区属于这一类。

针对在两次涨价中显著性表现一致的景区（共 4 个），作者通过分析发现景区的可复制性决定了涨价措施在抑制游客量方面的有效性：现武汉黄鹤楼并非原黄鹤楼旧址（武汉长江大桥的修建占用了黄鹤楼旧址），而是一项复制工程，因此该景区的两次涨价均显著抑制了旅游需求；其余 3 个景区分别为温州雁荡山（世界地质公园）、三亚南山大小洞天旅游区（800 年历史的道教文化风景区）和安顺龙宫景区（以溶洞和喀斯特景观著称），其可复制性水平低，故而景区门票涨价未能有效抑制旅游需求。

针对在两地涨价中显著性表现不一致的景区（共 7 个），作者进一步探究了两次涨价的时间间隔对抑制游客量有效性的影响：如果两次涨价措施的时间间隔大于等于 6 年，则该景区的第一次涨价措施能够有效抑制游客量，而第二次涨价则不能有效抑制游客量；如果景区两次涨价措施的时间间隔小于等于 5 年，其第一次涨价不能有效抑制游客量、而第二次能有效抑制游客量。

3.2.4 主要结论及讨论

本节主要的研究结论如下。

第一，对单次涨价的景区而言，历史遗址类景区的旅游需求不易受景区门票价格调节的显著影响。可预期的原因在于历史遗址类景区具有独特的文化底蕴和历史沉淀，此二者既需要时间上的厚度，也需要内容上的丰度，这也是自然类景区所不具备的，因此人文类景区比自然类景区具有更高的不可替代性。

第二，在单次涨价的景区中，景区门票价格能显著调节旅游需求的样本里，人文类景区抑制旅游需求的显著性水平高于自然类景区。可能的原因是自然类景区展现的是自然环境条件下形成的独具风貌的景观，游客以其游览时所观赏到的景观为感知对象，这一对象是完整而具体的；而人文类景区表现的是与人类生存发展相关联的建筑风貌及文化，它呈现的是一种过程性的历史变化及产物，存在不完整性和抽象性。因此游客在认知人文类景区时需要辅以相应的文化了解，相比之下，自然类景区更易被直观认知和感受。换言之，人文类景区的认知成本较较自然类景区更高，门票价格上涨会促使游客更易放弃付出高水平的认知成本。

第三，对两次涨价的景区而言，单一自然类或人文类资源型的景区第一次涨价在抑制旅游需求有效性方面的显著性水平高于第二次涨价；而自然与人文复合类景区在这一有效性上的显著性水平则是第二次涨价高于第一次。即景区实施涨价措施的过程中，单一资源型景区会比复合资源型景区更快速地表现出在抑制游客量方面的有效性。从游客的角度来看，即在游客接受且不改变其出游决策的最高门票价格水平上，单一资源型景区较复合资源型景区更低。也就是说，游客可接受的单一资源型景区的涨价空间比复合资源型景区更小。该结论说明的主要问题是单资源型景区较复合资源型景区而言，游客接受的涨价空间较小。

第四，景区相邻两次涨价幅度的相对水平影响各次调价在抑制游客量方面的有效性，差异较大会使两次涨价在抑制游客量方面的有效性相同，该类景区往往首次涨价幅度小或初始价格低；而差异较小则会使两次涨价在抑制游客量方面的有效性不同。具体而言，相邻两次涨价幅度差异较大的景区，其可复制性决定了涨价措施在抑制游客量方面的有效性：可复制性水平高的景区，门票涨价能显著抑制旅游需求，可复制性水平低的景区，门票涨价则不具备这一有效性（高水平的可复制性说明了景区的不可替代性不高，缺乏足够的市场吸引力，该类景区的门票价格上涨更易造成游客量的减少）；而对于相邻两次涨价幅度差异较小的景区，其两次涨价措施的时间间隔会影响该措施在调控旅游需求方面的有效性：若时间间隔较短，则后一次涨价相对于前一次在抑制旅游需求上的显著性水平更高。针对这一研究结果，可能的解释是短时间内的再次提价会使游客对价格水平的接受度降得更低，从而在第二次涨价中表现为更显著的游客量减少；若间隔时间较长，则前一次涨价相对于后一次在抑制旅游需求上的显著性水平更高。可能的解释是由于长时间未涨价，游客对第二次提价措施的接受度更高，从而表现为该措施在抑制游客量上相对较低的显著性。

从景区门票价格方面的研究来看，本节补充了现有文献中较为匮乏的部分——景区门票与旅游者行为间的关系研究，直接对历史数据进行分析，探索景区门票作为一种需求调节工具的有效性，以及这种有效性的差异。

基于本节的研究结论，笔者对国内旅游景区的实践管理提出如下建议。

第一，景区门票价格作为旅游需求的调节工具，并非对所有景区都有效适用，景区应结合自身的资源类型、资源特色等要素，形成对景区可替代性、可复制性水平的评估，进而判断景区门票价格作为旅游需求调节工具的可行性和有效性，而不能将景区资源一味等同于普通商品对待。

第二，景区各次涨价措施之间会有相互影响，包括相对调价幅度和时间间隔。

非首次提价的景区在考虑再次提价时，应当联系上一次的调价效果加以考量。

第三，对政府在景区管理方面提出以下两点建议。一是政府对景区自主权的下放不能过度，要防止景区的商品化带来对资源、环境等的破坏，以及对大众权益的剥夺；二是政府需要适当对景区施以财政补贴，加强景区的管理与建设。

综上，景区的涨价措施不能只基于经济理论的衍用，需要综合考虑多方面的因素，同时国家层面的管理工作和财政投入也需要在更大程度上发挥效用。

3.3 景区门票分时定价策略研究*

由于自然原因（季节和气候变化）和社会原因（法定节假日），国内大多数景区的客流呈明显波动态势，这已成为长期困扰景区平稳健康发展的一大难题（冯学钢等，2014；梁增贤和保继刚，2012）。在旅游旺季，游客数量常接近甚至远超景区最大承载量，给景区的管理和环境保护带来了极大压力（葛旭芳和黄山，2014）。如果疏导不利，极易造成拥堵和游客滞留事件（张宏敏等，2014）。过量的游客虽然可以增加门票收入，但是也会增加景区运营成本，损害生态环境，还会因为服务质量下降和体验缩水而导致游客满意度降低（董观志和杨凤影，2005；董观志等，2010）。在旅游淡季，由于游客稀少，景区的门票收入大幅减少，景区工作人员和占景区大量固定投资的旅游车、缆车等基础设施会出现闲置，从而导致景区亏本经营。此外，游客体验也依赖于一定数量的人群所产生的社交氛围（Kandampully，2000），如果游客太少，会缺少游客间的互动，游客会感到孤单，从而降低体验。从运营管理角度看，稳定的规模化客流是经营性旅游景区的生命线，比剧烈波动的客流更有利于景区的长期健康发展；从服务管理角度看，由需求波动造成的容量过剩或不足，不仅会损害企业利润，还会影响服务质量（Kandampully，2000）。因此，研究如何使景区的游客人数保持一定规模的平稳，对于景区管理方和游客方都有重要现实意义。

景区门票价格是一种简单有效的调节旅游需求的工具（张健华和余建辉，2007；Buckley，2003；Pullman and Rodgers，2010；Schwartz，2006）。通常情况下，提高门票价格会抑制旅游需求，减少旅游人数；降低门票价格会刺激旅游需求，增加旅游人数（Wu，2014）。合理制定门票价格，不仅可以调节旅游需求，保护生态环境，还能补充景区由于政府投入不足带来的运营困难，改善旅游条件，提高游客满意度（Chung et al.，2011；Crompton，2011；Steckenreuter and Wolf，2013；李飞等，2013）。杭州西湖景区是通过门票价格来双向调节客流的成功典范。西湖景区从 2002 年国庆假期开始逐步免收大部分景点门票，

---

* 本节选自：刘静艳，王雅君，2015. 景区门票分时定价策略研究[J]. 旅游学刊，30(7).

截至2013年，这个举措使杭州的年游客人次数增加了2.1倍，年旅游总收入增长了3.7倍。但是西湖周边的景点并没有完全免费，比如灵隐寺、岳飞庙、湖心亭等，这几处属于国家重点文物保护单位，游客太多会产生保护压力。由于需要购买门票，这几处受保护景点的年游客量比10年前甚至减少了10%～30%，起到了很好的限制客流的作用。相比之下，目前我国大部分景区的定价还比较简单粗暴，缺乏科学依据，管理方片面追求“门票经济”，伴随而来的是游客量暴涨、暴跌现象时有发生。虽然国家发展和改革委员会在2005年出台的通知将景区门票调整频率限制为3年，但是依然没能遏制公共资源景区门票价格不断上涨的局面（王珂，成慧，2013），社会舆论对门票价格不合理的质疑也越来越强烈。因此，国内景区门票如何合理定价，如何同时兼顾社会公平性和景区长远发展一直是学术界的研究热点（刘立云等，2012；郭强和董骏峰，2010）。

针对游客数量波动问题，本节提出一种景区门票的分时定价策略（time-of-use pricing）。将一个自然年度划分为多个时段，每个时段的门票价格不同，并且提前向社会公布，在未来一年保持不变。目的是通过高低不同的票价影响游客的旅游需求，引导游客合理规划出行时间，使得全年的游客数量保持平稳，减少波动。如果该策略能在不减少景区利润的前提下增加游客数量，则可以提高社会公平性，带动景区相关产业而提高景区的整体经济效益。

3.3.1　景区门票分时定价策略

国内关于景区门票定价的研究成果总体上可分为两大类——固定定价（flat pricing）和可变定价（variable pricing）策略。固定定价即景区门票实行统一价格，即使在特定时间段或对特定人群有一定的票价折扣，但在大多数时间和对大多数游客来说价格都是统一不变的，这也是目前我国大多数景区实行的定价策略。这方面的研究成果主要集中在如何寻找和确定影响门票定价的因素，建立票价和影响因素之间的关系模型。黄潇婷通过统计分析方法，确立了影响景区门票定价的7个因素，提出了多因素层次定价法（黄潇婷，2007）；卢润德等进一步分析了景区门票定价影响因素与门票价格的相关系数，确定了各因素决定门票价格的权重（卢润德等，2008）；刘立云等将门票定价置于整个景区运营系统中加以研究，使用系统动力学方法模拟分析了影响门票定价的主要因素及相互关系（刘立云等，2012）；郭强和董骏峰等从资源保护的角度出发，在定价模型中加入了对旅游资源再生能力的考虑，目的是兼顾资源保护和盈利性（郭强和董骏峰，2010）；雷宏振等分析了基于利润最优、基于生态承载力和基于社会福利最优这3种目标下的3种定价思路，为景区定价提供了参考（雷宏振等，2012）；魏翔和邓州在游客旅游总时间限定的条件下，研究了如何在两个竞争景区间定价从而影响游客的停留时间，达到游客效用和景区利润的最大化（魏翔和邓州，2007）。

固定定价策略虽然模型简单，执行成本较低，但是它对旅游需求没有双向调节作用，无法解决游客数量波动问题。相比而言，更灵活的可变定价策略为动态调节旅游需求提供了可能。可变定价即票价可以随行就市发生变化，针对不同购买时间、不同购买群体都可以不同。国内关于景区门票可变定价的研究成果还比较少，主要集中在将收益管理中的实时定价策略引入景区门票管理（尤阳等，2013）。张成杰和傅云新（2007），以及段志平等（2008）分别从理论上分析了将收益管理引入景区门票管理的优点和指导思想，认为景区采用多级价格策略比固定价格能带来更高的门票收入；尤阳等参考机票和酒店客房的定价策略，提出了基于预售期的景区门票实时定价策略，游客越早提前预订门票可以享受越高的优惠，目的是使景区收益最大化（尤阳等，2013）。以上研究多基于微观的市场营销角度，制定最大化景区实时收益策略，并没有考虑从更宏观的视角解决游客数量波动问题。

分时定价是指对同一产品/服务在不同时段制定不同的价格，目的是通过价格差影响消费者行为，是一种有效的需求侧管理方法（demand-side management），已被广泛应用于电力企业的定价（Yang et al.，2013；Gellings，1985）。通过在一天中的不同时段制定不同的电价，电力企业可以鼓励用户改变用电习惯，避免出现用电高峰、电荒现象。本节提出一种景区门票的分时定价策略，目的是通过不同时段的不同价格引导游客改变出游计划，使得旅游需求在一段时间内保持平稳。与机票和酒店客房的实时定价策略不同，分时定价的价格是预先公布的，并在相当长一段时间内保持不变。这样不仅更有利于实际操作，而且游客有充足的时间根据价格调整旅游计划。

3.3.2 基于多阶段博弈的景区门票分时定价策略

景区门票分时定价博弈模型制定过程如下。

将一个自然年度划分为 n 个时段，这里的 n 可以根据市场需要灵活选择，例如，采取按月定价时 n=12，按季度定价时 n=4。景区负责制定出每个时段的门票价格 $p_i(i=1,\cdots,n)$，并提前向社会公布，然后游客根据不同时段的价格决定每个时段的实际出游人数 $q_i(i=1,\cdots,n)$。

在决定门票价格 $\boldsymbol{p}=(p_1,\cdots,p_n)^{\mathrm{T}}$ 和出游人数 $\boldsymbol{q}=(q_1,\cdots,q_n)^{\mathrm{T}}$ 的过程中，景区追求收益最大化，而游客追求出游成本最小化，这就形成了相互博弈关系。我们通过建立一个景区和游客间的博弈求出最优分时门票价格。

为景区建立以下效用函数：

$$U_a = \sum_{i=1}^{n} p_i q_i - \sum_{i=1}^{n} c_i q_i - V(\boldsymbol{q}) \tag{3-5}$$

式中，c_i 表示第 i 个时段景区的单个游客接待成本，即边际成本（marginal cost）；$V(\boldsymbol{q})$表示全年中由于游客数量波动造成的成本（fluctuation cost），定义如下

$$V(\boldsymbol{q}) = \lambda \sum_{i=1}^{n} (q_i - \bar{\boldsymbol{q}}) \tag{3-6}$$

式中，$\bar{\boldsymbol{q}} = \frac{1}{n}\sum_{i=1}^{n} q_i$ 表示各时段的平均游客数量；$\lambda>0$ 是决定波动成本影响大小的系数。可见，各时段的游客数量波动越大，$V(\boldsymbol{q})$的值也越大。景区的效用函数 U_a 等于门票总收入减去接待成本和波动成本。相比传统的景区收益函数，加入波动成本 $V(\boldsymbol{q})$是本节的创新，后面会证明这样处理能起到平稳游客数量的作用。游客的目标是减少门票花费，所以为游客建立以下效用函数

$$U_t = -\sum_{i=1}^{n} p_i q_i \tag{3-7}$$

博弈的目标是同时最大化景区效用函数 U_a 和游客效用函数 U_t，等价于求解最优化问题

$$\begin{aligned} &\tilde{\boldsymbol{p}} = \arg\max_{\boldsymbol{p},\boldsymbol{q}} U_a = \sum_{i=1}^{n} p_i q_i - \sum_{i=1}^{n} c_i q_i - V(\boldsymbol{q}) \\ &\tilde{\boldsymbol{q}} = \arg\max_{\boldsymbol{q}} U_t = -\sum_{i=1}^{n} p_i q_i \\ &\text{s.t.} \quad c_i \leqslant p_i \\ &\qquad\quad q_{i,\min} \leqslant q_i \leqslant q_{i,\max} \end{aligned} \tag{3-8}$$

式中，$\tilde{\boldsymbol{p}} = (\tilde{p}_1,\ldots,\tilde{p}_n)^{\mathrm{T}}$ 表示最优分时门票价格；$\tilde{\boldsymbol{q}} = (\tilde{q}_1,\ldots,\tilde{q}_n)^{\mathrm{T}}$ 表示最优游客人数。

为了保证解的合理性，最优化问题（3-8）要满足两个限制条件：第一，为了保证景区不亏本运营，分时门票价格 p_i 不能低于景区的接待成本 c_i；第二，为了保护生态环境，游客人数 q_i 不能超过景区的最大承载量 $q_{i,\max}$，同时，为了保证社会公平性，q_i 不能低于游客的最低合理旅游需求 $q_{i,\min}$。

3.3.3 模型求解

1. 多阶段博弈和逆向递归法

在博弈问题（3-8）中，景区先制定分时门票价格 $\boldsymbol{p}$，然后游客根据门票价格

决定实际出游人数 $\boldsymbol{q}$。博弈双方并非同时采取行动，而是分阶段按次序行动，所以这是一个多阶段博弈（multi-stage game）问题（Fudenberg and Tirole，2010）。问题（3-8）中有两个阶段：在初始阶段，景区选择一个分时门票价格水平（这时游客并没有采取任何行动）；而在第二个阶段，游客知道景区的分时门票价格并选择了他们自己的出游人数（这时景区不采取任何行动）。博弈的目的是在景区和游客间达到纳什均衡（Nash Equilibrium），即任何一方都不能通过采取另一策略而增加其所得到的收益。

可以通过逆向递归法（backward induction）求出多阶段博弈的纳什均衡解。这一方法从确定最终阶段在每一历史情况下的最优选择开始，然后向后推算到倒数第二个阶段，并确定这一阶段中采取行动参与人的最优行为。用这一方法不断地向后推算下去，直到初始阶段。这样建立的一个策略组合可以证明是一个纳什均衡，即每一个参与人的行为在任何可能的历史情况下都是最优的。在求解问题（3-8）中，首先根据分时门票价格 $\boldsymbol{p}$ 来最大化 U_t 求出最优游客人数 $\tilde{\boldsymbol{q}}$，然后把 $\tilde{\boldsymbol{q}}$ 代入 U_a，最大化 U_a 求出最优分时门票价格 $\tilde{\boldsymbol{p}}$。

2. 根据门票价格求最优游客数量

从式（3-8）可知，在给定分时门票价格 $\boldsymbol{p}$ 的条件下，游客效用函数 U_t 是关于游客数量 $\boldsymbol{q}=(q_1,\cdots,q_n)^{\mathrm{T}}$ 的线性函数。因此，无论门票价格如何给定，q_i=0, $i=1,\cdots,n$ 时游客效用函数 U_t 最大。显然这不是合理的最优游客数量，因为这代表没有游客出游。为了保证解的合理性，我们规定 q_i 不能小于由旅游需求函数计算的游客数量 $q_{i,d}$。采用郭强和董骏峰（2010）所使用的旅游需求函数

$$q_{i,d}=a_i\mathrm{e}^{-b_ip_i} \tag{3-9}$$

式中，a_i 表示景区免费时的游客数量；b_i 表示价格弹性系数。

假设已知景区实行原来固定门票价格 p_f 时的各时段游客数量为 d_i，则有

$$d_i=a_i\mathrm{e}^{-b_ip_f} \tag{3-10}$$

可求出

$$a_i=d_i\mathrm{e}^{b_ip_f} \tag{3-11}$$

因此可以得到

$$q_{i,d}=d_i\mathrm{e}^{-b_i(p_i-p_f)} \tag{3-12}$$

因为规定 $\tilde{q}_i$ 不能小于 $q_{i,d}$，而 U_t 又是关于 $\boldsymbol{q}=(q_1,\cdots,q_n)^{\mathrm{T}}$ 的单调递减函数，所以根据给定分时门票价格 $\boldsymbol{p}=(p_1,\cdots,p_n)^{\mathrm{T}}$ 最大化 U_t 求出的最优游客数量为

$$\tilde{q}_i(p_i) = q_{i,d} = d_i \mathrm{e}^{-b_i(p_i - p_f)} \tag{3-13}$$

根据游客数量求最优门票价格，将式（3-13）代入 U_a，得到

$$U_a(\boldsymbol{p}) = \sum_{i=1}^{n} p_i \tilde{q}_i(p_i) - \sum_{i=1}^{n} c_i \tilde{q}_i(p_i) - V(\tilde{\boldsymbol{q}}(\boldsymbol{p})) \tag{3-14}$$

最大化 $U_a(\boldsymbol{p})$ 就可求出最优分时门票价格 $\tilde{\boldsymbol{p}}$ 。

根据价格需求函数（3-12）可以求出需求价格函数

$$p_i(q_{i,d}) = p_f - \frac{1}{b_i}\ln\left(\frac{q_i}{d_i}\right) \tag{3-15}$$

因为式（3-15）是关于需求 q_i 的单调递减函数，所以问题（3-8）中的限制条件可以改写为

$$p_{i,\min} \leqslant p_i \leqslant p_{i,\max} \tag{3-16}$$

式中，$p_{i,\min} = \max(c_i, p_i(q_{i,\max}))$，$p_{i,\max} = p_i(q_{i,\min})$。式（3-16）可以保证游客数量不少于最低合理旅游需求 $q_{i,\min}$ ，并且不超过景区最大接待量 $q_{i,\max}$ 。

求最优分时门票价格等价于求解优化问题，即

$$\begin{aligned} &\tilde{\boldsymbol{p}} = \arg\max_{\boldsymbol{p}} U_a(\boldsymbol{p}) = \sum_{i=1}^{n} p_i \tilde{q}_i(p_i) - \sum_{i=1}^{n} c_i \tilde{q}_i(p_i) - V(\tilde{\boldsymbol{q}}(\boldsymbol{p})) \\ &\text{s. t.} \qquad p_{i,\min} \leqslant p_i \leqslant p_{i,\max} \end{aligned} \tag{3-17}$$

该问题可以通过使用 Matlab 最优化工具箱中的 fmincon 函数求出。

3.3.4　模型应用与分析

本节通过数值模拟，基于黄山风景名胜区在 2013 年中的客流月度数据，验证分时门票定价模型的效果。客流月度数据来源于黄山统计信息网[①]，经作者整理而成（图 3-3）。2013 年黄山景区门票指导价格为 230 元，对特殊群体和大型团队有基于指导票价一定比例的折扣，并且在 12 月、1 月和 2 月实行淡季优惠价格 150 元[②]。由图 3-3 可知，虽然实行了淡旺季两种票价，黄山景区仍然出现了游客人数剧烈波动态势。4 月、7 月、8 月和 10 月为旅游旺季，游客数量均超过 30 万人，特别是 10 月游客数量更是超过 40 万人；12 月、1 月、2 月为旅游淡季，游客数量均低于 15 万人。这主要是因为在 3 月到 11 月长达 9 个月的时间里，黄山

① 黄山统计信息网，网址：www.hsstjj.gov.cn。
② 黄山风景名胜区官网，网址：www.chinahuangshan.gov.cn。

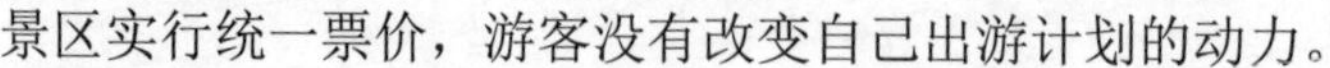

景区实行统一票价，游客没有改变自己出游计划的动力。

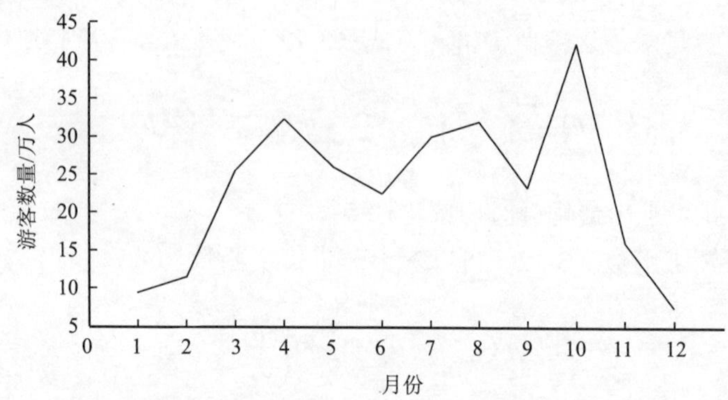

图 3-3　黄山景区 2013 年客流月度数据曲线

为黄山景区制定按月定价策略，即 $n=12$。根据式（3-13）和式（3-17），为了求出最优分时门票价格 $\tilde{\boldsymbol{p}}$ 和最优游客人数 $\tilde{\boldsymbol{q}}$，需要用到一些参数信息，包括原有固定门票价格 p_f，固定门票价格下各月游客数量 d_i，各月价格弹性 b_i，每月边际成本 c_i，每月最低合理旅游需求 $q_{i,\min}$ 和每月景区最大接待量 $q_{i,\max}$。因为本次模拟的重点是为了验证分时门票定价策略的有效性，因此，除了通过网络数据库得到 p_f 和 d_i 外，其他参数依经验设定，具体参数值见表 3-27。对于黄山景区来说，12 月、1 月、2 月属于传统淡季，10 月是旅游最旺的月份，因此这 4 个月的价格弹性系数会明显低于其他月份。之所以 b_{12}、b_1 和 b_2 看起来没有比其他月份的弹性系数低，是因为这 3 个月的指导票价为 150 元，低于其他月份的 230 元，所以弹性系数的放大效应会弱一些。假设每个月的边际成本 c_i 相同，均为 50 元。为了保证游客的基本旅游权益，将每月最低合理旅游需求 $q_{i,\min}$ 设为固定门票价格下各月游客数量 d_i 的一半，即 $q_{i,\min}=d_i/2$。最大游客接待量 $q_{i,\max}$ 与气候有关，冬季和春初秋末的最大接待量会低于其他季节。

表 3-27　模拟数据参数值

月份	p_f/元	d_i/万人	b_i	c_i/元	$q_{i,\min}$/万人	$q_{i,\max}$/万人
1	150	9.55	0.008	50	4.78	25
2	150	11.66	0.008	50	5.83	25
3	230	25.45	0.007	50	12.73	35
4	230	32.18	0.007	50	16.09	40
5	230	25.92	0.008	50	12.96	40
6	230	22.58	0.009	50	11.29	40
7	230	29.85	0.007	50	14.93	40
8	230	32.07	0.007	50	16.04	40
9	230	23.28	0.009	50	11.64	40
10	230	42.54	0.005	50	21.27	40

续表

月份	p_f/元	d_i/万人	b_i	c_i/元	$q_{i,\min}$/万人	$q_{i,\max}$/万人
11	230	16.17	0.01	50	8.09	35
12	150	7.65	0.008	50	3.83	25

波动成本式（3-6）中的参数 λ 对分时门票定价的结果影响很大。λ 越大，波动成本在景区效用函数 U_a 中所占的比重就越大，平稳游客数量的效果也越明显；λ 越小，景区在制定门票价格时就越少考虑波动成本。表 3-28 给出了几种不同 λ 值下所求出的最优分时门票价格 $\tilde{\boldsymbol{p}}$ 和最优游客人数 $\tilde{\boldsymbol{q}}$。由表 3-28 中结果可见，分时门票定价策略可以很好地平稳游客数量。随着 λ 的变大，各个月的游客数量趋向于水平。

表 3-28 不同 λ 值下的最优分时门票价格和最优游客人数

月份	λ=1		λ=2		λ=5.1		λ=10.7	
	$\tilde{\boldsymbol{p}}$ (元)	$\tilde{\boldsymbol{q}}$ (万人)	$\tilde{\boldsymbol{p}}$ (元)	$\tilde{\boldsymbol{q}}$ (万人)	$\tilde{\boldsymbol{p}}$ (元)	$\tilde{\boldsymbol{q}}$ (万人)	$\tilde{\boldsymbol{p}}$ (元)	$\tilde{\boldsymbol{q}}$ (万人)
1	137	10.58	113	12.87	75	17.44	56	20.3
2	141	12.52	120	14.78	90	18.9	75	21.21
3	198	31.9	203	30.85	211	29.06	221	27.18
4	209	37.37	219	34.86	234	31.3	248	28.44
5	188	36.16	197	33.85	209	30.62	220	28
6	176	36.8	184	34.16	196	30.68	206	27.98
7	205	35.56	213	33.55	227	30.58	239	28.03
8	208	37.29	218	34.8	234	31.27	247	28.42
9	177	37.47	186	34.63	198	30.93	209	28.12
10	263	36.05	273	34.26	291	31.32	309	28.64
11	158	33.32	163	31.65	171	29.29	178	27.19
12	134	8.73	105	12.87	59	15.87	50	17.03

那么如何选取最优的 λ 值？对于景区来说，能够接受分时门票定价策略的底线是全年门票总收入减去总接待成本得到的总利润不能低于原有利润，并且总利润越高越好。对于游客来说，能够接受分时门票定价策略的底线是全年门票总花费除以游客总数得到的平均门票花费不能高于原有花费，并且平均门票花费越低越好。图 3-4 显示了 λ 从 1 到 100 的变化过程中，分时门票定价策略下的总游客数量、景区总利润和游客平均门票花费的变化曲线。为了对比，图 3-4 中还标出了原有固定定价下的总游客数量、景区总利润和游客平均门票花费。由图 3-4（a）可知，λ 越小，分时门票定价策略的总游客数量就越多，当 $\lambda \leqslant 28.3$ 时，分时门票定价策略的游客总量高于固定票价的游客总量；由图 3-4（b）可知，λ 越小，分时门票定价策略的总利润就越多，当 $\lambda \leqslant 5.1$ 时，分时门票定价策略的总利润高于固定票价的总利润；由图 3-4（c）可知，λ 越小，分时门票定价策略的平均门票花费就越少，当 $\lambda \leqslant 73.9$ 时，分时门票定价策略的平均门票花费低于固定票价的平均门票花费。

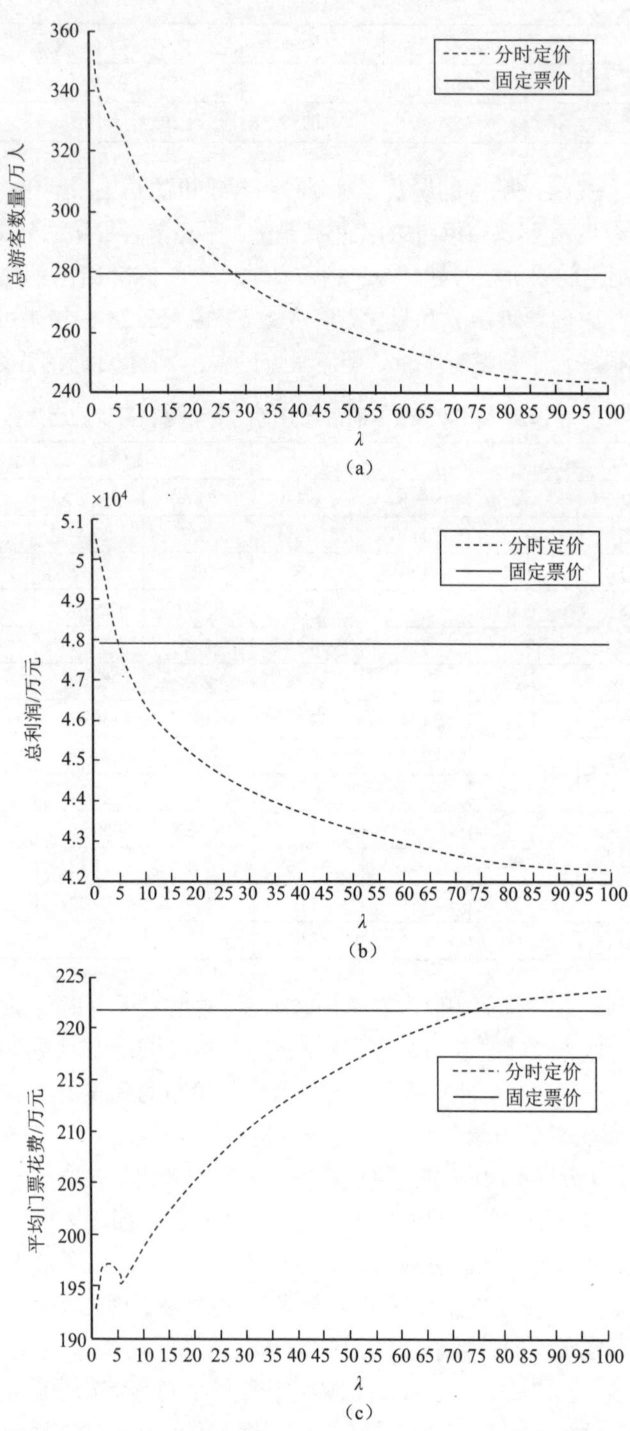

图 3-4 （a）游客总量关于 λ 的曲线；（b）总利润关于 λ 的曲线；（c）平均门票花费关于 λ 的曲线

从以上分析可知，景区为了获取更多利润，λ=5.1 是其可接受的上限，并且希望 λ 越小越好。游客为了减少平均门票花费，λ=73.9 是其上限，并且也希望 λ 越小越好。但是不建议 λ 太小，因为 λ 越小，月最高游客数量就越多。当 λ=2 时，月最高游客数量已经接近 35 万人。虽然还未达到景区最大接待量 40 万人，但是如果景区长期在满负荷下运行，对景区的生态保护和健康发展非常不利，所以 λ 的取值范围最好是在 2～5.1 之间。如果景区想获得更多利润，可以选择 λ=2，如果想使游客数量更加平稳，可以选择 λ=5.1。

图 3-5 给出了分时门票定价在 λ=2 和 λ=5.1 时的游客数量一月份曲线，并将其和固定门票下的客流月度曲线进行了对比。由图 3-5 可见，两种分时门票定价策略都可以使游客数量变得平稳。λ=5.1 比 λ=2 的游客数量更加平稳，但是是以降低月最高游客数量为代价。λ=5.1 是景区维持原有利润的下限，虽然此时景区的利润没有增加，但是年游客数量达到了 327.26 万人，远超固定票价时的 278.9 万人。游客数量增加一方面满足了更多人的旅游需求，提高了社会公平性，另一方面可以带动景区周边餐饮住宿等相关产业发展，提高景区的整体经济效益。

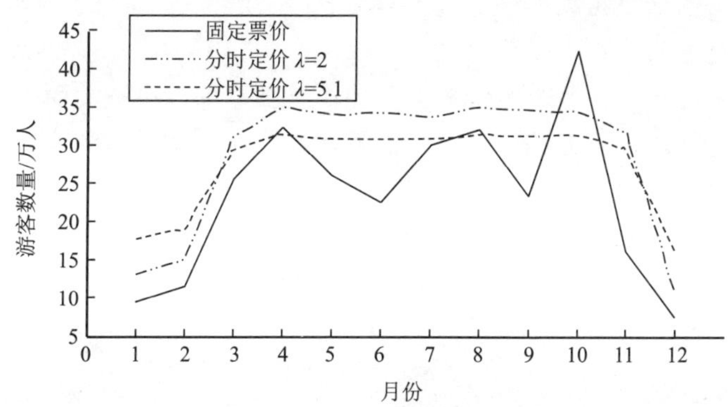

图 3-5　分时门票定价和固定票价的游客数量一月份曲线对比

当 λ=2 时，由表 3-27 和表 3-28 可见，相比于固定票价，分时门票定价除了 10 月的票价提高外，其他 11 个月的票价都有不同程度的降低，甚至有 5 个月的降幅超过了 10 月的增幅。虽然整体票价降了，但是景区的利润不降反升，达到 498 37 万元，远超固定票价时的 478 93 万元。这说明单纯提高票价不是景区提高利润的唯一出路，如果采取科学的有涨有跌的灵活定价方案，可以用一种大众更能接受的方式提高利润。

3.3.5　结论与展望

本节针对国内景区淡旺季游客数量波动问题，研究并探索性地提出了分时门票定价策略。依靠不同时段的不同票价引导游客调整出行计划，从而使全年的游客数量保持平稳。该策略通过求解一个多阶段博弈得到最优分时门票价格和最优游客人数，在定义景区效用函数时加入了游客数量波动造成的影响，并通过数据模拟验证了模型的有效性。结论如下：①在景区效用函数中加入游客数量波动成本可以实现平稳游客数量的作用；②依靠权值 λ 可以调整波动成本在整个景区效用函数中所占比重，权值越大，平稳游客数量的效果就越明显；③选择合适的权值 λ，可以在不降低景区利润的前提下增加游客数量。

本节的现实指导意义表现在：①分时门票价格可以帮助景区调节游客数量，实现平稳运行，这对目前我国景区粗放经营的现状具有较好的指导意义；②分时门票价格的求解模型复杂度较低，依赖参数较少，并且门票价格在每个运营年度内只需计算一次，因此计算成本和执行成本不高；③分时门票定价策略不仅可以有效平稳游客数量，而且可以在不减少景区利润的前提下增加游客数量，带动景区相关产业提高景区的整体经济效益，提高社会公平性；④分时门票定价策略可以在整体票价下降的情况下提高企业利润，这对当下国内景区希望通过门票不断涨价提高利润的做法，无疑提供了一条有益思路，对国内景区的科学管理和旅游业健康发展具有重要的实践参考价值。

本节的局限性在于，分时定价模型需要用到价格弹性系数，而价格弹性系数目前缺少简单易行的计算方法，这在一定程度上影响了本模型的实用性。另外，模型对游客效用函数仅进行了简单定义，只考虑了门票花费，没有考虑游客数量波动对游客效用的影响。未来可以对游客满意度和游客数量的关系进行研究，在游客效用函数中也加入游客数量波动的影响。

参 考 文 献

彼得 P. 罗杰斯，卡济 F. 贾拉斯，约翰 A. 博伊德，等，2012. 可持续发展导论[M]. 北京：化学工业出版社.

董观志，刘萍，梁增贤，2010. 主题公园游客满意度曲线研究——以深圳欢乐谷为例[J]. 旅游学刊，25(2)：42-46.

董观志，杨凤影，2005. 旅游景区游客满意度测评体系研究[J]. 旅游学刊，20(1)：27-30.

段治平，李佳，吕志昌，2008. 收益管理在旅游景区门票定价中的应用[J]. 价格理论与实践，6：35-36.

冯学钢，孙晓东，于秋阳，2014. 反季旅游与旅游季节性平衡：研究述评与启示[J]. 旅游学刊，29(1)：92-100.

高兆蔚，胡明芳，郑世群，等，2013. 福建省野生植物保护与管理学科发展报告[J]. 海峡科学，1.

葛旭芳，2014. 黄山：游客流量有效调控的背后[N]. 中国旅游报-8-11(7).

郭强，董骏峰，2010. 旅游景区门票的资源保护型定价模型研究[J]. 旅游学刊，25(8)：72-77.

黄蓉，2015. 中国城镇居民的国内旅游需求研究[D]. 武汉：华中科技大学.

黄潇婷，2007. 国内旅游景区门票价格制定影响因素的实证研究[J]. 旅游学刊，22(5)：73-79.

黄英，2011. 潜在市场对世界遗产景区门票价格变动敏感度的实证研究[J]. 旅游论坛，4(3)：96-100.

雷宏振，邵鹏，雷蕾，2012. 我国旅游景区门票多目标定价机制研究[J]. 旅游学刊，27(7)：49-56.

李飞，何建民，李玲，2013. 公共资源景区负荷强度对其门票价格的影响——来自国家假日办“黄金周”重点监测景区的证据[J]. 旅游学刊，28(4)：94-103.

李巍，2005. 自然保护区管理模式研究——一个分析框架的建立[D]. 北京：北京大学.

梁增贤，保继刚，2012. 主题公园黄金周游客流季节性研究——以深圳华侨城主题公园为例[J]. 旅游学刊，27(1)：58-65.

刘立云，雷宏振，邵鹏，2012. 基于系统动力学的我国旅游景区门票定价研究[J]. 旅游科学，26(4)：39-51.

卢润德，刘喜梅，宋瑞敏，等，2008. 国内旅游景区门票定价模型研究[J]. 旅游学刊，23(11)：47-50.

马永立，谈俊忠，万绪才，等，2000. 制定风景区门票价格数学模型的研究[J]. 经济地理，20(1)：93-98.

彭德成，潘肖澎，周梅，2003. 我国旅游资源和景区研究的十个前沿问题[P]. 旅游学刊，18(6).

宋海岩，2010. 旅游经济学[M]. 北京：中国人民大学出版社.

汤自军，2010. 我国自然文化遗产景区门票价格持续上涨的产权分析[J]. 生态经济，3：118-120.

陶卓民，卢亮，2005. 景区门票价格上涨的形成机理与对策探讨[J]. 价格理论与实践，6：22-23.

王纯阳，黄福才，2010. 基于VAR模型的入境旅游需求影响因素研究——以美国客源市场为例[J]. 江西财经大学学报，1：39-45.

王珂，成慧，2013. “三年不涨”咋变成“三年必涨”？[N]. 人民日报.

王晓敏，2012. 博弈论视角下的旅游景区门票定价研究[D]. 重庆：重庆师范大学.

王衍用，樊欣，2005. 世界遗产门票涨价问题之管见[J]. 旅游科学，19(3)：70-73.

魏翔，邓州，2007. 资源景区门票的最优价格——基于闲暇约束的博弈模型[J]. 旅游学刊，22(4)：62-66.

邬爱其，徐进，2001. 国家风景名胜区经营性项目规制改革探讨[P]. 旅游学刊. 4(16).

邬建国，郭晓川，杨稢，等，2014. 什么是可持续性科学?[J]. 应用生态学报，2014，25(1)：1-11.

吴人韦，杨继梅，2005. 我国遗产旅游开发的问题、误区及对策研究——关于“世遗门票上涨”的思考[J]. 旅游科学，19(2)：19-23.

谢彦君，2011. 基础旅游学（第四版）[M]. 北京：中国旅游出版社.

徐嵩龄，2000. 怎样认识风景资源的旅游经营——评“风景名胜区股票上市”论争[P]. 旅游学刊.

杨美霞，2006. 景区门票价格上调对旅游客源市场的影响——以张家界武陵源景区为例[J]. 价格理论与实践，6：31-32.

杨森，2008. 庐山景区门票价格上涨对旅游消费意愿的影响——基于旅游消费意愿形成过程的视角[D]. 南昌：江西财经大学.

尤阳，罗利，罗太波，2013. 基于收益管理的旅游景点动态定价和票源控制研究[J]. 软科学，27(1)：137-140.

余向洋，汪丽，2014. 黄山风景区客流波动的多时间尺度特征分析[J]. 旅游科学，28(2)：1-11.

袁明鹏，2003. 可持续发展环境政策及其评价研究[D]. 武汉：武汉理工大学.

袁义才，2007. 公共经济学新论[M]. 北京：经济科学出版社.

张朝枝，保继刚，2007. 休假制度对遗产旅游地客流的影响——以武陵源为例[J]. 地理研究，6(6)：1295-1303.

张成杰，傅云新，2007. 旅游景区收益管理框架分析与策略初探[J]. 商业时代，1：98-99.

张宏敏，付能强，余娟，等，2014. 遗产型景区应如何应对危机事件浅析——以九寨沟“10. 2”事件为例[J]. 西南民族大学学报（自然科学版），40(3)：478-480.

张健华，余建辉，2007. 旅游景区游客数量调控技术的研究[J]. 技术经济，2(2)：110-114.

张进福，2004. 经营权出让中的景区类型与经营主体分析[J]. 旅游学刊，19(1)：11-15.

张晓，1999. 国外国家风景名胜区（国家公园）管理和经营述评[J]. 中国园林，1999(5)：56-60.

张晓，2006. 对风景名胜区和自然保护区实行特许经营的讨论[J]. 中国园林，22(8)：42-46.

钟勉，2002. 试论旅游资源所有权与经营权相分离[J]. 旅游学刊，17(4)：23-26.

庄伟光，邹开敏，杨荷卿，等，2014. 传国内部分景区票价拟调整，近年门票价高涨 2～6 成[OL]. 人民网. http://travel.people.com.cn/n/2014/0311/c41570-24599089.html.

Buckley R，2003. Pay to play in parks：an Australian policy perspective on visitor fees in public protected areas[J]. Journal of Sustainable Tourism，11(1)：56-73.

Chung J Y，Kyle G T，Petrick J F，et al，2011. Fairness of prices，user fee policy and willingness to pay among visitors to a national forest[J]. Tourism Management，32(5)：1038-1046.

Crompton J L，2011. A theoretical framework for formulating non-controversial prices for public park and recreation services[J]. Journal of Leisure Research，43(1)：26-50.

Eken G，Benun L，Brooks T M，et al，2004. Key biodiversity areas as site conservation targets[J]. Bioscience，54：1110-1118.

Fudenberg D，Tirole J，2010. 博弈论[M]. 北京：中国人民大学出版社.

Garrod B，Fyall A，2000. Managing heritage tourism[J]. Annals of tourism research，27(3)：682-708.

Gellings C W，1985. The concept of demand-side management for electric utilities[J]. Proceedings of IEEE，73(10)：1468-1470.

Kandampully J，2000. The impact of demand fluctuation on the quality of service：a tourism industry example[J]. Managing Service Quality，10(1)：10-19.

Mas-Coless A，Whinston M，Green J，1995. Microeconomic Theory[M]. Oxford：Oxford University Press.

More T，Stevens T，2000. Do user fees exclude low-income people from resource-based recreation? [J]. Journal of Leisure Research，32(3)：341-357.

Pindyck R S，Rubinfeld D L，2000. Microeconomics[M]. 北京：中国人民大学出版社.

Pullman M，Rodgers S，2010. Capacity management for hospitality and tourism：a review of current approaches[J]. International Journal of Hospitality Management，29(1)：177-187.

Reiling S D，Cheng H T，Trott C，1992. Measuring the discriminatory impact associated with higher recreational fees[J]. Leisure Sciences，14(2)：121-137.

Rodrigues A S L，Akcakaya H R，Andelman S J，et al，2004. Global gap analysis：priority regions for expanding the global protected-area network[J]. Bioscience，54：1092-1100.

Rosenthal D H，Loomis J B，Peterson G L，1984. Pricing for efficiency and revenue in public recreation areas[J]. Journal of Leisure Research，16(3)：195-208.

Schwartz Z，Lin L C，2006. The impact of fees on visitation of national parks[J]. Tourism Management，27(6)：1386-1396.

Schwartz Z，Stewart W，Backlund E A，2012. Visitation at capacity-constrained tourism destinations：Exploring revenue management at a national park[J]. Tourism Management，33(3)：500-508.

Song H，Witt S F，2006. Forecasting international tourist flows to Macau[J]. Tourism Management，27(2)：214-224.

Steckenreuter A，Wolf I D，2013. How to use persuasive communication to encourage visitors to pay park user fees[J]. Tourism Management，37(8)：58-70.

UCN，1994. Guidelines for Protected Area Management Categories[A]. Gland，Switzerland：International Union for the Conservation of Nature (IUCN) Commission on National Parks and Protected Areas with the assistance of the World Conservation Monitoring Centre.

Uysal M，1998. The determinants of tourism demand：a theoretical perspective[J]. The Economic of Geography of Tourism，1：79-75.

Wu M Y，Wall G，Zhou L，2014. A free pricing strategy at a major tourist attraction：the case of West Lake，China[J]. Journal of Destination Marketing & Management，3(2)：96-104.

Yang P，Tang G，Nehorai A，2013. A game-theoretic approach for optimal time-of-use electricity pricing[J]. IEEE Transactions on Power Systems，28(2)：884-892.

第4章 游客行为管理

游客是自然保护区生态价值的享用者，也是生态价值的创造者。但旅游发展的现实表明，若不对自然保护区游客的不恰当行为进行约束，游客终将成为生态价值的破坏者。对游客行为进行管理，塑造游客环境责任行为，减少游客对自然保护区环境的伤害，提高游客的生态保护意识，使游客自觉保护生态环境，在获取旅游体验的同时实现较高的生态收益，是自然保护区生态价值共创和可持续发展的有效途径。本章首先结合计划行为理论和规范激活模型对影响游客环境责任行为的因素进行分析，发现景区环境、游客环境态度、主观规范及道德义务是影响游客环境责任行为的重要因素；继而重点关注志愿者旅游和绿色饭店消费两种游客环境责任行为，探讨驱动这两种游客环境责任行为的关键。

4.1 情境性环境责任行为的驱动因素研究——基于景区情境中的游客行为*

改革开放以来，随着社会经济的发展，人们生活水平的提高，假期出游逐渐成为人们缓解工作压力、娱乐休闲的主要方式。这促使我国旅游景区游客接待量持续稳步提升，极大地促进了旅游业的发展。其中，生态旅游作为绿色旅游消费，因为提倡健康、环保及可持续发展受到越来越多旅游者的青睐。但值得关注的是，我国生态旅游景区在发展过程中，遭受了不同程度的生态环境的破坏。据调查显示，我国目前已有22%的自然保护区由于发展“生态旅游”而造成保护对象的破坏，11%出现旅游资源严重退化，44%存在垃圾公害，12%出现水质污染，61%存在建筑设施与景观环境不协调的现象（李秋成，2015）。这些问题产生的原因与旅游系统各利益相关者息息相关，为了旅游业持续稳定发展，有效地保护生态资源与环境成为必须面对的问题。

早在1997年，Orams通过对旅游景区环境保护的研究，发现游客在旅游过程中的行为失当是造成旅游地生态环境破坏的重要原因。腾讯新闻2014年10月3日报道，我国杭州志愿者在短短5 h内于西湖边总共捡拾3 000余烟头，北京香山

---

* 本节选自：车甜婷，2016. 情境性环境责任行为的驱动因素研究[D]. 广州：中山大学.

环卫工人在国庆假期期间平均每天至少工作 15 h 捡拾山路和峭壁边的垃圾。结合我国国情分析发现，我国关于旅游业的法律制度尚待健全，相关的保护措施不能确实落地，社会监管与政府监管犹如隔靴搔痒，无论从力度还是从有效程度上其效果都不尽如人意，不能从根源上解决生态环境的破坏问题。

减少游客在旅游过程中的行为失当、增加其环境责任行为是解决生态环境的破坏问题，进而促进生态环境及资源保护的关键。只有通过探究游客环境责任行为的动因，了解游客是如何决定采取环境责任行为的过程，在这个过程中什么因素起到决定性的作用，才可能从根源上诱发游客环境责任行为，达到保护生态环境和资源及促进环境的目的。

在本节中，将环境责任行为的情境设定为景区，因为景区环境作为游客接触到的最直接且最重要的外部因素，有很大可能会对游客的环保意愿产生影响，所以本节将游客感知到的景区环境作为重要的外部影响因素进行探讨。

综上，结合生态景区环境破坏问题严重的现实情况，本节主要研究的问题有二个：一是游客更多受个人利益（或效用）驱使还是道德驱使而实施环境责任行为？二是尝试提出情境性环境责任行为概念，研究游客感知的景区环境好坏程度不同是否能影响其环境责任行为意愿，影响路径如何？

4.1.1　文献综述及模型假设

1. 环境责任行为

早在 20 世纪 60 年代，国外研究者就开始了对环境责任行为的研究。环境责任行为是指个体或群体为了减少自然资源的利用，或者促进自然资源可持续利用而采取的一系列行为（Sivek and Hungerford，1990）。

环境责任行为研究包括其内涵、测量、影响因素等方面的研究，其中环境责任行为的影响因素作为环境责任行为研究中具有实践意义的领域受到研究者的重视。他们对实施环境责任行为的个体进行了人口特征的研究，包括年龄、性别、受教育程度、收入等（Zilahy and Huisingh，2007；Liu et al.，2010）。Andrew（2016）对 500 名在校学生进行跟踪研究发现，受教育程度的高低直接影响了他们的环境责任行为，他认为受教育程度高的人更可能实施环境责任行为。Jan 和 Jan（2013）通过教育小学生采取环境责任行为的案例说明，在做决策时，小学生感知到的掌握在自己手里的决策主动性最能影响其行为。由此判断，通过对潜在行为人进行环境教育可以培养其环境责任行为，而受教育对象的参与度至关重要。同时，Chiu 等（2014）指出在生态旅游情景下，环境责任行为可以直接受到游客满意、感知价值及参与程度的影响，而感知价值与游客的参与程度直接影响到满意度。通过增强旅游者的参与度与提高游客的满意度能有效增加他们采取环境责任行为的次数。以往的研究证明情境因素对决策人是否实施环境责任行为有重要影响（Stern et al.，1999）。

与此同时，研究者引入社会心理学的相关内容，从个人特质寻找引发环境责任行为的因素。他们将环境责任行为归为利他行为，从社会人的角度分析潜在行为人的行为动机。研究指出环境责任行为与社会规范、个人内在价值观有关（John，2006）。进一步的研究发现主要是个人价值观（利他价值观等）、环境世界观、环境意识、道德义务、文化、自我效能及人生目标影响了环境责任行为意愿的产生。在此基础上，研究者提出了规范激活模型（norm activation model）和规范-价值-信念模型以描述上述因素对环境责任行为产生影响的过程。

有学者认为个体实施环境责任行为从本质上来看依旧是个体行为决策的结果，因此该行为的产生遵循态度-行为的基本模式，因此他们引入了理性行为理论和计划行为理论，从理性行为人假设出发对个体的环境责任行为进行解释。他们认为个人在做决策时是理性的，会对实施环境责任行为的价值进行判定，即对收益与成本进行权衡，表现为正面或者负面的评价，随后产生是否采取环境责任行为的意愿，最终导致环境责任行为是否发生。该种情况下，研究者还考虑了社会规范及个人对行为感知控制的影响（Han et al.，2011）。

社会人假设和理性人假设将个体进行了剖析，从感性和理性两个不同层面详细讨论了环境责任行为的影响因素。但人并非完全理性，也并非完全感性，因此在现实生活中讨论个体环境责任行为的影响因素或决策机制应从人具有两面性，既具有社会属性又具有个体属性出发。遗憾的是，现有研究中该领域的研究较少，主要有以下两位学者进行了研究。Han（2015）将计划行为理论和规范-价值-信念模型（value-belief-norm，VBN）进行整合，发现两种理论视角关键的交接点在于后果意识，后果意识在激发旅游者责任归因的同时还影响了旅游者对环境责任行为的态度、主观规范及感知行为控制，进而共同影响了环境责任行为意愿。李秋成（2015）进一步探究发现人地互动因素（情感连带、群体规范、人际信任）既影响了旅游者的环境责任行为态度，又通过影响后果意识激活了旅游者的道德义务，从而促进了旅游者环境责任行为意愿的产生，但该研究中对行为态度与道德义务影响的探讨并未放在同一个概念模型中进行验证。

另外，有关环境责任行为的理论模型已在购买绿色产品、入住环保酒店、旅游企业员工、旅游地管理者及员工、公司、酒店及居家等国内外情景模式下进行验证（Kim，2016）。但就旅游者在景区的环境责任行为的研究还相对不足，国内旅游景区情境中的研究也较少。

2. 旅游者环境责任行为

旅游产业历来被当作无污染的环保产业，但在现实生活中大量的环境问题纷纷涌现，使人们不得不正视旅游产业对环境造成的危害。从消费的观点来看，我国传统旅游产业多以自然风光的游览为主，游客在进行该类旅游时实际上就是对环境的消费。消费的产生就代表一定的损害，加之旅游业发展初期，旅游者环保意识薄弱，在景区内实施较多不恰当行为，最终导致多个自然风光类的生态景区出现环境污染、植被破坏、生物多样性扰乱等问题。在该种情况下，对旅游者的环境责任行为研究，矫正旅游者的不当行为，对于景区环境保护意义重大。

根据对旅游目的地的影响作用分类，旅游者的环境责任行为研究大致可以分为两类：直接影响旅游景区和间接影响旅游景区的环境责任行为研究。直接影响旅游景区的环境责任行为主要指旅游者在旅游景区内的相关行为，如不乱扔垃圾、不抽烟、不随意采摘植物、不破坏植被及不打扰野生动物栖息等；间接影响行为则包括旅游者在旅行过程中的交通工具选择、住宿选择、产品购买选择等间接影响旅游目的地生态系统与环境质量的环境责任行为（Chen and Peng，2012；Han and Sheu，2011）。

在已有影响景区环境的旅游者环境责任行为的研究中，学者们主要采用考察具体某一个环境责任行为的方法，探讨了旅游活动特定情境下的环境责任行为及其影响因素。例如，Han（2014）基于规范激活模型进行了理论模型的拓展，针对是否参与环保会议对旅游者该行为的影响因素进行探索，他指出除了规范模型中的关键因素能对旅游者的行为产生影响，社会规范和态度也能产生影响，并且都有后果意识激活；Han（2015）认为旅游者对“绿色酒店”的选择是一种环境责任行为，综合环境价值观及行为态度等因素考察了影响旅游者选择入住绿色酒店的关键因素，并指出当酒店本身具有不同吸引力时态度、感知控制及道德义务对旅游者的环境责任行为的影响程度是不同的；Chen（2011）以旅游者对有生态标签的产品的消费选择为研究对象，探索了影响旅游者消费决策的关键因素；刘静艳等（2009）则从旅游者的住宿体验的视角，研究了生态住宿体验和个人涉入对游客环保行为意向的影响。上述研究主要通过对间接影响旅游景区环境的行为（如酒店的选择、消费品的选择等）的影响因素包括环境世界观、环境意识、环境知识等进行了探索，在一定程度上对旅游企业有所启示，对辨别固有的环境友好型旅游者也有一定的帮助。

对景区内的环境责任行为，研究者则主要对其前置影响因素进行了一系列的研究。最主要的研究包括规范激活模型、价值信念规范模型及计划行为理论的景区环境责任行为的验证，除此以外还有基于环境责任行为的亲社会属性对其他因素的探讨。如 Lee（2011）以湿地旅游为例，从休闲涉入、地方依恋等角度考察了影响旅游者在湿地景区实施环境责任行为的影响因素；此外，还有不少学者关注国家公园、野外荒原等生态旅游地和自然旅游地情境下旅游者的环境责任行为形态与影响因素（Chiu et al，2014）。该类研究主要聚焦于景区对旅游者的管理，旨在寻找能够有效矫正旅游者不当行为的管理途径。

3. 计划行为理论与旅游者环境责任行为

计划行为理论（theory of planned behavior，TPB）是以期望价值理论为出发点，结合了个体对信息的整理、加工的过程来解释个体行为一般决策过程的理论（图 4-1）。期望价值（expectancy value）又称主观期望效用，该理论认为潜在行为人采取某个特定的行为是为了获取对于该行为的期望成果（通过收益与成本之差来表现）。

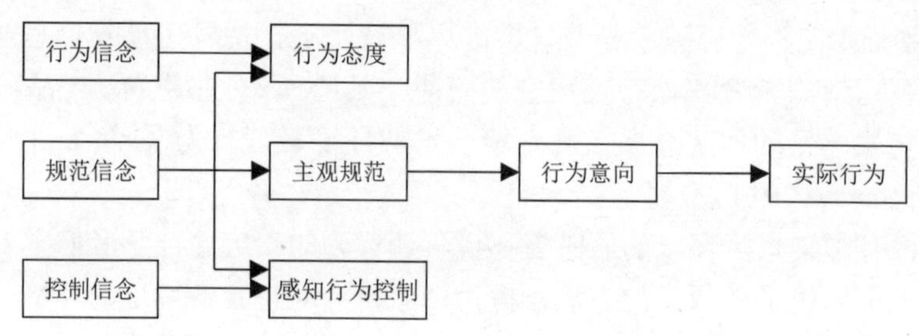

图 4-1 计划行为理论模型

资料来源：Ajzen 和 Fishbein（1980）；Ajzen（1985）。

根据计划行为理论模型，实际行为由行为意愿所决定，而行为意愿受到行为态度、主观规范、感知行为控制 3 个因素的影响。其中，行为态度是指个体对实施特定行为所引致的收益与成本的综合权衡，表现为个体对实施该行为正面或负面的评价；主观规范是指个体对社会规范压力的评估，即实施该项行为在多大程度上符合身边重要他人的意见，在多大程度上能够迎合既定的社会规范（Ajzen，1991）；感知行为控制是指个人在对自身条件及外在条件（包括资源、机会和能力等）与其所要实施的行为进行匹配时对实施某项行为的难易程度进行的判断，由于感知行为控制反映了实际控制条件的状况，因而既能预测行为意愿，也能直接预测实际行为发生的可能性。

学者们将计划行为理论应用于多种行为决策的分析，验证了态度、主观规范和感知行为控制对行为意愿的显著正向影响。基于此，研究者们将其应用在环境保护的情境下，验证了个体对环境责任行为的态度、感受到的关于环境责任行为的主观规范及感知控制都显著正向影响其环境责任行为意愿。

根据期望价值理论，个人采取某个特定行为的动机往往与其期望结果相关，期望结果包括采取该行为可能付出的代价与收获。该结果的价值是由采取该行为的个人评估或个人从该行为中获得的满足来评估的，通常个人更倾向于从可能采取的行为中获得满足或奖励。态度影响行为意愿的推理逻辑与以上路径相似，对某个特定行为的态度是指个人对实施某种行为所产生结果的预期，即正面或负面的综合评价，当个人对实施某种行为持积极正面态度时，他更倾向于实施该行为。

基于此，本节将旅游者环境责任行为态度（简称态度）定义为旅游者对在生态旅游目的地实施环境责任行为引致的收益与成本的综合评价。考虑了实施环境责任行为可能带来的利益与实施该行为可能产生的成本（如精力、时间等）的匹配，表征的是旅游者所持有的对在生态旅游目的地实施环境责任行为的正面或负面的整体评价。旅游者预期环境责任行为的收益越高越可能表现为正面的评价，相反则越可能表现为负面评价。当旅游者对实施环境责任行为持积极态度时，他更愿意实施该行为，即旅游者认为实施环境责任保护行为越“有利可图”越倾向于实施环境责任行为。由此提出假设一。

假设一，旅游者环境责任行为态度正向影响其环境责任行为意愿，即旅游者对环境责任行为综合评价越高其实施环境责任行为的意愿越强。

组织行为学揭示社会影响在个体行为决策中具有重要影响，行为学家指出社会规范指社会成员共有的行为规则和标准。规范可以内化成个人意识，即使没有外来的奖励或惩罚他也会自发地采取行动；规范也可以通过外界的奖励或惩罚而发生作用。

本节的主观规范是指对社会规范（即后一种规范）压力的评估（Ajzen，1991；Han et al.，2010），它反映了个体感知的外界社会的期许所带来的压力，尤其是其社交圈中的重要影响人对其行为决策的影响。个体所感受到的压力越大，越可能采取行动迎合外界社会对他的期望。在此基础上，本节对于旅游者主观规范（简称主观规范）的定义是，关系亲密的人（如朋友、家人等）对其在生态旅游目的地实施环境责任保护行为是支持还是不支持的态度对旅游者所产生的压力大小。旅游者感受到实施环境责任行为的压力越大越倾向于采取环境责任行为，以此来消除自己的行为与期望的差距。因此提出假设二。

假设二，旅游者的主观规范正向影响其环境责任行为意愿，即旅游者感知的社会压力越大，越倾向于实施环境责任行为。

计划行为理论在理性行为理论的基础上考虑了非理性因素，引入感知行为控制作为补充，感知行为控制指的是如果个人愿意采取某项行为，那么他成功实施该行为的可能性的大小。具体而言，就是个人基于自己所掌握的资源要素对实施某行为的难易程度进行判断的结果，当感知的难度较大时，个人就可能倾向于不实施该行为。而当个人判断自己有充足的资源和机会，实施该行为的难度较小时，他就更倾向于采取该行为。如前文所述，感知行为控制的影响作用已被学者们进行过验证，因此基于前者的研究，提出假设三。

假设三，旅游者感知行为控制正向影响其环境责任行为意愿，即当旅游者判断自己能成功实施环境责任行为时就更愿意去实施环境责任行为。

4. 规范激活模型与旅游者环境责任行为

Schwartz（1977）提出的规范激活模型最早应用在亲社会行为情境下，如志愿者工作、捐献血及骨髓或者紧急情况下的救援等（De Groot and Steg，2009），解释了个人规范对亲社会行为的影响。该模型提出的基本假设为：个人行为倾向于与他们的个人规范（道德义务）一致，即道德义务作为个人行为准则对个人行为的指导及影响作用，强调了道德义务对亲社会行为的重要影响。

规范激活模型包括 3 个主要概念：后果意识、责任归因和道德义务。后果意识是指当个人不采取特定行为时对负面后果的关注程度（Han，2015；Schwartz，1977）；责任归因是指个人判断自身对所产生的负面后果有多大的责任（De Groot and Steg，2009）；而个人规范是指个人感知的参与亲社会行为的道德义务，道德义务则如前文所述，是社会规范内化的结果，是社会压力的另一种体现。规范激活模型的逻辑推论是个人认为自己不进行某个特定行为会带来严重的、自己相当在意的负面后果时，就会激发内在的与该行为相关的道德义务感，从而产生做该种行为的意愿或冲动。

在该模型中，学者们对于道德义务对行为意愿或行为的直接影响作用是清晰一致的，但对于后果意识与责任归因如何影响该过程，存在不同的结论。如图 4-2 所示，根据 Steg 和 DeGroot（2009）的梳理，大概有 3 种不同的解释：第一种是后果意识与责任归因作为调节变量影响了道德义务对亲社会行为会意愿的作用（Schwartz，1977；Schwartz and Howard，1982）；第二种是后果意识影响了责任归因，责任归因影响了道德义务，最终道德义务影响了行为或意愿；第三种是后果意识和责任归因作为前置变量影响道德义务，进而影响其行为或意愿。

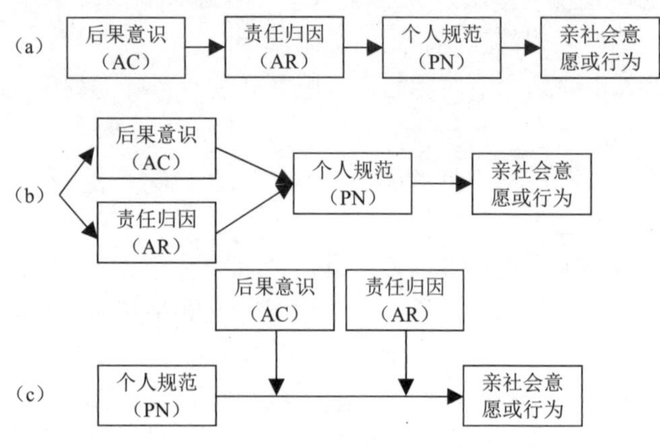

图 4-2 规范激活模型的不同解释

由此发现，虽然不同学者对 NAM 模型有不同的解读，但个人规范/道德义务对于亲社会行为的直接影响作用毋庸置疑。

由于规范模型是应用在具有亲社会色彩的行为上，环境保护在一定程度上来说具有亲社会行为的特点，所以许多学者也将其应用在环境责任行为的解释上（Stern et al.，1995）。研究者们将环境责任行为看作一种利他行为，将潜在行为人看成社会人，认为个人会由道德驱使实施环境责任行为。由于规范激活模型在环境责任行为情境下得到了多次验证（Han，2014），学者们据此还对价值-信念-规范理论对环境责任行为情境下的规范模型的应用进行了进一步地探讨。

规范激活模型强调了感知的道德义务对亲社会意愿或行为的直接作用，很多研究者的研究结果也证实了该逻辑的正确性。学者们往往将环境责任行为当作一种亲社会行为，因为该行为所产生的结果并不是纯粹利己的，它还有明显的利他性质。也就是说，学者们认为在很大程度上，环境责任行为能够造福社会，对社会上的其他人有正面、积极的意义。前文提到个人感知到的道德义务是内化的社会规范，也就是个人对于社会规范理解且认同后将其作为自己的行为准则。这样的行为不会受外界惩罚或奖励的影响，是自发的行为。综上所述，本节中的道德义务就是指旅游者长期以来习得并认同、能自发实现的有关环境保护的行为准则，当旅游者越感觉到自己应该进行环境保护，保护环境是他自己的行为准则时，他就越有动力且越能自发地实施环境责任行为。因此提出假设四。

假设四，旅游者感知的道德义务正向影响其环境责任行为意愿。

5. 三元交互决定论与旅游者环境责任行为

心理学研究者对人类行为的因果分析或决定因素分析主要有两种不同的看法：行为主义与人本主义。行为主义强调人的行为由环境因素决定，外在的因素决定反应的形式，要求人以特定的方式来行动，该观点的基本体现是环境决定论（theory of environmental determination）。环境决定论为人们理解自然环境对人类的制约提供了良好的思路，但过分夸大地理环境对人的发展的决定作用，忽视人类对自然环境的能动作用。人本主义倾向于人的行为由个人因素决定，该学派认为个人特质是最主要的决定因素。其缺点是人为地将个体与环境分离对立起来，忽视了环境刺激的作用。

在前人研究的基础上，Bandura（1977）在《社会学习论》一书中进一步探讨了个人的认知、行为与环境因素三者及其交互作用对人类行为的影响，提出三元交互决定论（reciprocal determinism）。他批判了行为主义与人本主义中将个人与环境和行为独立开来，建立单向的因果关系，指出："行为、认知、环境三者彼此相互联结、相互决定，这一过程涉及三个因素的交互作用而不是两因素的结合或两因素之间的单向作用。行为和环境条件作为交互决定的因素而起作用。人的认知因素（即观念、信仰、自我知觉）和行为同样是彼此交互决定的因素。"该观点认为人既不是完全受环境控制的被动反应者，也不是可以为所欲为的完全自由的实体，人与环境是交互决定的。

结合上文三元交互决定论：个人所处环境对其自身和意图采取的行为都有重要影响。本书认为旅游者感知的景区环境对其自身对于环境责任行为的认知与其环境责任行为意愿都产生了不可忽视的影响。Lee（2011）将感知环境因素与计划行为理论模型相结合，对人们散步休闲活动进行了研究，指出人们感知到的环境越优美他们越愿意散步，并且感知行为控制程度也相应较高。此外，感知环境中的安全因素显著正向影响其意愿，并由行为态度、主观规范和感知行为控制中介。Jih-hwaWu 等（2016）通过对台湾老年人体育活动-散步进行研究发现，老年人感知的社区环境中社区的可访问性对其行为态度、主观规范及感知行为控制有显著正向影响，并由此影响其行为意愿。而社区环境的优美程度及安全性则没有显著影响。Steg 和 Vlek（2009）指出情境因素能够通过对态度、情感、个人规范等社会心理因素的影响间接地促进或阻碍个体环保行为的决策，例如，对环保型设施的详细介绍可以使个人对使用设施的态度更为积极（因为了解了更多的关于使用这一设施行为的积极特质），从而提高其采用环保设施的意愿。因此，本节假设景区环境影响潜在行为人的行为态度、主观规范、道德义务及感知行为控制。

良好的景区环境给旅游者带来良好的游览体验，使其充分感受到优美的景区环境带来的愉悦和舒适，据此旅游者在景区时预期实施环境责任能使其保持这种体验，从干净整洁、优美的景区中获得更多利益（如新鲜的空气、愉快的体验等）。良好的景区环境提高旅游者对环境责任行为的价值评估，从整体上促进他们形成对环境责任行为的正面、积极的态度。相反地，如果景区环境较差，旅游者在游览过程中不能获得相关的利益，那么他们就倾向于低估环境责任行为的价值，对该行为持消极、反面的态度。在对景区环境变量的表达上，本节用旅游者感知的景区环境代替实际景区环境进行研究，一方面是因为旅游者感知的景区环境相对于实际的景区环境更能反映其与态度的关系；另一方面是无法取得（或成本较高）可信度较高且与旅游者环境责任行为态度相关的景区环境的评价。基于上述逻辑，提出假设五。

假设五，旅游者感知景区环境对旅游者环境责任行为态度具有正向影响。当旅游者感知的景区环境更好时，他们对于环境责任行为的综合评价更高。

再者，旅游者感知到的社会压力来自于他人，他人的意愿也受到景区环境影响，多数人在环境越良好时越倾向于采取环保措施，因此也更多地要求他人参与环保行为，这使得潜在行为人感受到的社会压力会越大。也就是说，旅游者感知的景区环境对旅游者感知到的社会压力也有正向影响作用。

假设六，旅游者感知景区环境对旅游者的主观规范有正向影响。旅游者感知的景区环境越好，其感知到的主观规范越强，也就是社会压力越大。

除此以外，旅游者考虑其实施环境责任行为的难易程度时，本身就考虑了自身资源及客观环境，因此景区环境的变化也会影响到其感知控制。景区环境越好，旅游者越可能觉得实施该行为较容易，因为景区环境越好说明其环保设施设备及景区管理等条件越好，想要进行环保活动也就更容易和便捷，并且在具有良好环境的景区实施环境责任行为更容易有成效。

假设七，旅游者感知景区环境对其感知行为控制有正向影响。旅游者感知景区环境越好，旅游者预计实施环境责任行为越容易。

最后，如规范行为模型所示，个人的道德义务感是通过后果意识与责任归因激活而产生作用的。当景区环境较好时，出于对景区的喜爱，旅游者会自然而然地加强该景区与自身的联系，认为该景区环境被破坏后的后果与自身紧密相关，从而激发了旅游者对维护该景区环境的道德义务感。

假设八，旅游者感知景区环境对其道德义务感有正向影响。旅游者感知景区环境越好，旅游者对维护该景区环境的道德义务感越强。

4.1.2 调研设计

本节的研究对象是生态旅游景区的旅游者，研究内容是其环境责任行为。作者选择了两个生态旅游景区进行调研，分别是成都市浣花溪生态公园和广州市白云山景区。本次调研共收回 320 份（两个景点各发放 160 份问卷），其中有效问卷为 307 份，有效率为 95.93%。

被调查者男女比例基本为 1：1，较好地控制了样本的平衡和性别因素对结果变量的影响；约 95%的被调查者年龄为 19 岁以上，其中 19～30 岁之间的人数最多，所占比例为 65.80%；从学历来看，85%为大专以上学位，月收入的分布相对均衡；从游玩次数的统计量来看，80%以上的人曾经在生态旅游景区游玩过 3 次以上，说明本研究的研究人群是对生态景区环境保护相当重要的一类人。

4.1.3 数据分析

为检测研究所用量表的可靠性，本节对量表数据进行了信度和效度的数据分析。信度是指衡量测量工具在不同测量情境下的一致性和稳定性（贾怀勤，2006）。本研究利用 Cronbach α 值来评价对量表的内部一致性进行检验。效度是指测量工具的准确程度，即测量工具在多大程度上能反映出研究者所要测量的概念（贾怀勤，2006），可分为内容效度（content validity）、构念效度（construct validity）。构念效度通常用聚合效度和判别效度构成，本节应用验证性因子分析来检验旅游者环境责任行为意愿等构念效度。

本节运用结构方程模型（SEM）的方法对研究的理论模型和假设关系进行实证检验，检验态度等4个因素对环境责任行为的影响作用。根据Anderson和Gerbing（1988）的建议，本研究使用AMOS17.0软件，通过路径分析对结构模型的整体拟合情况和研究假设进行检验。

1. 共同方法偏差检验

为检验数据的共同方法偏差，本节采用Harman单因素法对共同方法偏差的风险进行了评估，即将本次调研问卷所有测量问项进行未旋转的探索性因子分析，考察析出的第一个因子是否解释总方差达到50%以上（Hochwarter et al.，2004）。Harman单因素检验的结果如表4-1所示，在未旋转的状态下，数据分析出了6个因子，累积解释了总体方差的74.293%，其中第一个因子解释了34.967%的变异，占总变异的47%。从分析结果来看，不存在一个单一因子解释绝大部分数据方差（占总变异50%以上）的情况，这说明在此分析中，共同方法偏差风险并不构成重大的威胁。

表4-1 量表的信度及可靠性分析

量表	计量项目数	Cronbach α	删掉某一项目后的Cronbach α 的区间	均值	标准差
态度	4	0.907	0.874～0.891	4.495	1.111
主观规范	3	0.860	0.774～0.904	3.941	1.196
感知控制	3	0.783	0.648～0.753	3.888	1.230
道德义务	3	0.911	0.851～0.897	4.502	0.981
环境责任行为意愿	4	0.846	0.797～0.846	3.642	1.500
景区环境	4	0.787	0.702～0.793	3.971	1.212

2. 信度分析

信度是指针对某一潜变量的多个测量变量的问项是否在衡量该概念，在实证研究中，学术界普遍采用内部一致性系数（Cronbach α 值）进行检验。作者对态度、主观规范、感知控制、道德义务、环境责任行为意愿和感知景区环境量表的测量项目进行分析。表4-1列出了问卷中各构念量表的信度及可靠性分析。

美国统计学家Joseph.Hair Jr等指出，Cronbach α 系数在0.6以上即可接受，0.7以上为有较高的信度，大于0.8表明信度非常好。如表4-1所示，在本项研究中，计算结果表明所有计量尺度的内部一致性系数在均大于0.7，表明所使用的量表有较高的信度。另外，删除变量中任一测量项目后的Cronbach α 值基本都小于原变量的Cronbach α 值，表明本研究中的变量具有较高的内部一致性。

3. 效度分析

根据结构方程建模的基本要求，利用 AMOS17.0 软件，使用验证性因子分析（CFA）对测量模型的信度和聚合效度进行进一步的检验（表 4-2）。分析结果显示 χ^2/df 为 1.858（在 1～3 之间），说明测量模型整体具有良好的简约度。RMR=0.032，RMSEA= 0.053，分别小于其临界值 0.05 与 0.08；GFI=0.910，CFI = 0.959，NFI =0.916，IFI =0.960，TLI =0.946，均大于 0.9，说明本测量模型具有较高的拟合优度。

表 4-2　验证性因子分析结果

构念	测量指标	标准化因素负荷量	组合信度（CR）	平均变异量抽取（AVE）
态度	态度 1	0.855	0.910	0.717
	态度 2	0.866		
	态度 3	0.813		
	态度 4	0.851		
主观规范	主观规范 1	0.670	0.872	0.699
	主观规范 2	0.944		
	主观规范 3	0.870		
感知控制	感知控制 1	0.704	0.792	0.560
	感知控制 2	0.733		
	感知控制 3	0.805		
道德义务	道德义务 1	0.886	0.912	0.775
	道德义务 2	0.830		
	道德义务 3	0.923		
ERB 意愿	ERB 意愿 1	0.866	0.848	0.589
	ERB 意愿 2	0.902		
	ERB 意愿 3	0.694		
	ERB 意愿 4	0.559		
景区环境	景区环境 1	0.517	0.795	0.500
	景区环境 2	0.719		
	景区环境 3	0.814		
	景区环境 4	0.740		

潜变量的聚合信度（composite reliability，CR）为模型内在质量的判别标准之一，若是潜变量的 CR 值在 0.70 以上，表示模型的内在质量理想。从表 4-2 可知，本节的 6 个潜变量的 CR 系数值均大于 0.7，表示模型内在质量较佳。平均提取方差值（AVE）是用来解释被潜在构念所解释的变异量有多少来自测量误差的，AVE

愈大，指标变量被潜在变量解释的变异量百分比愈大，相对的测量误差就愈小，一般的判别标准是平均方差抽取量要大于 0.50。从上可知，各潜变量的 AVE 值均大于 0.5，所有指标在各自测量项目的因子负荷都较显著，这些都表明数据具有较高的聚合效度。

在区分效度的检验方面，本节采用 Fornell 和 Larcker（1981）建议的方法，即通过潜变量 AVE 的平方根与潜变量之间相关系数的比较来检定潜变量之间的区分度。如果一个潜变量 AVE 的平方根大于此潜变量与其他潜变量之间的相关系数，则说明此潜变量与其他变量之间具有明显的区分度。如表 4-3 所示，本节所有潜变量的 AVE 平方根均大于与其他潜变量的相关系数，显示了良好的区分效度。

表 4-3 潜变量区分效度检验

	态度	主观规范	感知控制	道德义务	ERB 意愿	景区环境
态度	0.847					
主观规范	0.299	0.836				
感知控制	0.405	0.252	0.762			
道德义务	0.594	0.457	0.408	0.880		
ERB 意愿	0.464	0.480	0.339	0.494	0.767	
景区环境	0.369	0.310	0.268	0.389	0.356	0.707

4. 模型拟合与假设检验

在上述信度和效度检验的基础上，使用 AMOS17.0 软件对整体模型的拟合情况及潜变量之间关系的研究假设进行统计检验（表 4-4）。数据分析结果显示：RMSEA = 0.071，小于临界值 0.08；TLI=0.911，CFI = 0.923，IFI =0.924，拟合指标均大于 0.9 的一般适配值；χ^2/ df = 2.558，位于 1~3 之间，显示模型具有良好的简约度。相关拟合指标的输出结果显示本节的假设模型与收集的样本数据之间拟合良好。

表 4-4 标准化估计值

研究假设	标准化路径系数	标准误	T 值	假设检验结果
假设一，态度对意愿有正向影响	0.244***	0.083	4.171	支持
假设二，主观规范对意愿有正向影响	0.320***	0.053	5.544	支持
假设三，感知控制对意愿有正向影响	0.110	0.073	1.818	不支持
假设四，道德义务对意愿有正向影响	0.208***	0.083	3.573	支持
假设五，景区环境对态度有正向影响	0.468***	0.056	6.842	支持
假设六，景区环境对主观规范有正向影响	0.381***	0.084	5.776	支持
假设七，景区环境对感知控制有正向影响	0.352***	0.071	4.772	支持
假设八，景区环境对道德义务有正向影响	0.497***	0.057	7.195	支持

***表示 0.01 显著性水平。

4.1.4 结论与讨论

1. 研究结论

基于计划行为理论、规范激活模型及三元交互决定论和破窗理论，本节从影响旅游者环境责任行为的内因和外因两个方面对旅游者参与环保行为的决策过程做了全面的探索。主要得出 3 个结论：一是旅游者的环境责任行为意愿主要受其感知的社会压力所影响，而从道德与个人利益角度来讲，则是个人利益（态度）对其意愿产生的影响更大；二是旅游者感知的景区环境通过影响个人的认知因素，表现为态度、主观规范、道德义务与感知行为控制，影响其环境责任行为意愿的产生；三是提出了情境性环境责任行为的概念，强调环境对旅游者的即时性的影响。

结合前人的研究成果和本节结构方程模型及假设检验的结果分析可以得出以下具体结论：态度、主观规范与道德义务正向影响旅游者环境责任行为意愿，感知控制对其没有显著影响。

以往研究证明，一方面，环境责任行为意愿受到态度、主观规范和感知控制的影响，潜在行为人对环境责任行为好或坏的评价、其感受到的社会压力与其对自己是否能轻松实施环境责任行为的预期，共同决定其是否产生实施环境责任行为的意愿；另一方面，由于环境责任行为是典型的亲社会行为，从社会人角度考虑，道德义务在潜在行为人在产生环保意愿过程中扮演关键角色。本节再一次验证了态度、主观规范与道德义务的显著影响作用，并通过对假设检验中路径系数的比较发现相较于其他影响因素，主观规范（路径系数为 0.320）对旅游者环境责任行为意愿影响最大。该结果说明在特定景区内，旅游者在选择是否实施环境责任行为时，更为关注自身感受到的社会压力，当他们感觉亲朋好友都希望他们参与环保且该种期望给他们带来压力时，他们就更有可能产生实施环境责任行为的意愿。作者认为这是受中国社会文化影响的结果。中国社会是典型的集体主义社会，个人对社会关系的重视程度远高于西方个人主义社会的个体，他们重视所在集体中的个人对自身的看法，不自觉地迎合集体标准以获得社会认同。当他们违背集体标准行事时，很可能受到集体的排斥和孤立，影响其社会地位或社会关系。因此，主观规范对集体主义文化背景的中国人有相对较大的影响，甚至高于其个人意愿层面的影响。这也从侧面证明了文化背景在个体的环境责任行为中也具有一定的影响作用。

在对个人意愿层面的分析时，将态度-意愿与道德义务-意愿的路径系数比较发现，态度比道德义务更能影响旅游者的环境责任行为，也就是说，相较于是否符合自身道德义务（或者说个人规范）而言，潜在行为人更在乎环境责任行为是否能为自己带来实际的利益。该结果表明对潜在行为人进行道德义务的教育所能带来的环保成效比直接对其进行“补贴”更低。这个结果与传统观点稍有出入，以往研究者认为，道德义务才是显著影响环境责任行为的重要因素，如 VBN 理论中所阐述。作者认为结果的不同主要是因为中国国情及国内旅游业发展程度的影响。虽然道德义务对环境责任行为也有显著影响，但由于国民环境意识较为薄弱，且针对环境保护等公共问题的利他主义行为往往需要集体行动才能产生实质性的效果，鉴于中国人口众多，人们则更可能会产生搭便车的想法，认为环保与自身无重要紧密关系，这就较难激发他们的道德义务感。而态度则直接反映了潜在行为人可能获得的好处，根据理性经济人假设，个体追求利益最大化，因此对个人来讲，眼前的利益更可能成为促使其实施某项特定行为的动因。

通过假设检验发现感知控制对旅游者的环境责任行为意愿没有显著影响。感知控制总体表征的是旅游者基于自身的资源、机会等而评估实施环境责任行为的难度，本节的研究结果表明，旅游者在生态景区的环境责任行为并不受其对该行为难度评估的影响。感知行为控制作为计划行为理论中区别于理性行为理论而考虑的非理智性因素，在多个研究中表现出非显著的影响，其主要原因在于感知行为控制是 TPB 模型中最不稳定的变量，在不涉及“难度”的行为决策中不具有明显意义（Ajzen，1991）。旅游景区的环境责任行为形式较为单一且均为条件相对可控的行为，因此在判断难易程度时，个人就倾向于认为难度较小。

综上所述，本节认为旅游者在景区实施环境责任行为受自身利益驱使比道德驱使更强。旅游者感知的景区环境显著正向影响其环境责任行为态度、主观规范、感知控制及道德义务。旅游者感知的景区环境作为外部影响因素中最客观、直接的影响因素，对旅游者态度、主观规范、道德义务和感知行为控制均产生正向影响。作者认为其中的逻辑关系在于旅游者感知的景区环境刺激旅游者对目前的状况作出判断，并且激活其内在品格（如道德义务）产生作用，从而影响其环境责任行为意愿的产生。根据三元交互理论，环境对人的认知因素产生影响，作者认为环境通过刺激个体已形成的认知因素从而对人的行为意愿产生影响。任何认知都是宽泛的、不具体的，人不能脱离具体情境分析具体事物之间的联系，因此，旅游者感知的景区环境被认为是本节研究设定的一个具体情境，个人感知的不同组成不同的样本，这些样本揭示了感知景区环境对个人的态度、主观规范、道德义务和感知行为控制的影响。

进一步地，假设检验结果表明旅游者感知的景区环境对其态度与道德义务的影响比对主观规范及感知行为控制的影响更大。说明旅游者感知的景区环境主要通过态度和道德义务来激发其产生环境责任行为意愿，这与环境影响个人认知因素（观念、信念等）的主张一致。因为旅游者感知的景区环境作为背景因素，更能影响旅游者对实施环境责任行为的价值判断。当旅游景区环境越好时，旅游者假定自身能够通过实施环保行为而更容易地达到环保的目的，维护和促进景区的环境，从而优化自身的旅游体验，获得身心的愉悦亦或旅游景区提供的福利。与此同时，景区环境还能激发旅游者的道德义务感，使其自觉产生环保意愿。而主观规范和感知行为控制是旅游者感知的景区环境通过他人或别的因素共同影响而非直接、重要影响的，因此相较而言两者受景区环境影响比态度和道德义务更小。

旅游者感知景区环境能通过对旅游者的态度、主观规范和道德义务的作用最终影响其环境责任行为意愿，而旅游者感知的景区环境体现的是景区管理当局的管理成果。结合该模型的结果进行分析，发现当景区管理得越好，卫生和生态环境保护越好，给旅游者呈现出越优良的景区环境时，旅游者越愿意参与环境保护。反之，当景区管理质量不高时，不仅景区自身会对景区内环境造成危害，旅游者也会更加无节制地采取不当行为，最终导致景区生态环境越来越差、恶性循环。

以往的研究从旅游者视角切入，强调了旅游者个体行为对环保的重要性，这个观点无疑是正确的。但在实际操作中，由于旅游者数量众多，对其一一进行监管的成本非常高且不能保证其真正实施环境责任行为以保护景区环境，景区环境问题依然不能很好解决。而本节研究结果表明，当景区管理者为旅游者提供更好的景区环境时，他们更愿意实施环境责任行为。也就是说，良好的景区环境作为诱导性的因素能有效引导旅游者选择实施环境责任行为。在此过程中，景区管理当局扮演了至关重要的作用。

2. 实践启示

本节的内容研究对旅游景区管理者有一定的启示。具体如下：景区管理者应积极加强景区管理与维护，给旅游者营造良好的氛围以促进其自发地进行环保活动。旅游者感知的景区环境能促进其环境责任行为意愿的产生，也就是说，当景区质量良好时旅游者就容易产生环境责任行为意愿，而景区环境较差时，他就更倾向于不作为或者破坏环境。例如，如果景区内四处散落着果皮纸屑，那么旅游者会不假思索地将过果皮纸屑随地丢弃；相反，当景区内非常整洁时，旅游者就倾向于收捡好自己的垃圾，不去随地扔垃圾。因此，如果景区内环境维护到位，呈现给旅游者的是良好的环境，那么旅游者就更愿意参与环保，维护和促进生态环境。

具体地，作为景区管理者应合理安排景区内的清洁及生态环境维护工作，例如，安排足够的人手做清洁、定期对景区内生态环境进行维护和培育、定期检测景区内水质等；督促景区内工作人员做好本职工作，共同努力为旅游者营造良好的景区氛围，促使其实施环境责任行为，从而达到保护景区生态环境的目的。

景区管理者应对旅游者环境保护行为进行嘉奖，用经济优惠等方面的利益推动旅游者进行环境保护。研究结果表明，旅游者对于实施环境责任行为的态度比其他因素更能促进环境责任行为意愿的产生，态度表明的是旅游者对实施环境责任行为收益成本的综合评估。该评估值越高，旅游者感知到的收益越大，他就越可能实施环境责任行为。因此，景区管理者一方面应加强对旅游者的环境教育，降低其实施环境责任行为的成本，如环境知识搜寻成本等；另一方面应将其实施环境责任行为后带来的益处呈现给他们，将环保行为的直接受益与他们相联系。

具体做法如在景区内设置公告栏普及环保知识、宣传环保益处、适时举办环保知识趣味竞赛；采取相应的激励措施，参与环保获得景区积分换礼品、颁发荣誉称号、赠送门票代金券、门票折扣，等等。

加强对旅游者的环境教育，增加旅游者感知的社会压力。旅游者的环境教育一方面能提高其自身的环境意识、增加环境知识；另一方面能将环境责任行为意识融入社会行为标准，从而对集体中的个人产生更多社会压力，这种氛围能迫使更多的人参与到环保中。景区管理者可以通过定期发放环保读物、宣传“地球小卫士”等环保形象、安排志愿者对游客的行为进行监督、在显眼的地方多设置“禁止令牌”等方式对游客进行环保教育，从而督促其进行环境保护。

3. 研究局限

在研究设计方面，由于作者研究水平和研究条件的局限，本节采用横截面数据统计推论的方法对理论模型和假设关系进行检验，因此难以证明研究变量之间是否具有严格的因果关系。后续研究可以通过纵向研究的设计来进一步检验相关研究结论。

4.2 基于计划—行为理论的志愿者旅游意向影响因素研究*

志愿者旅游作为一种独特的旅游形式，近年来得到了迅速发展。顾名思义，志愿者旅游是一种兼具志愿行为与旅游休闲性质的旅游形式，由于其快速发展势头获得了越来越多游客及相关组织的关注。志愿者旅游是将工作与探险旅游、语言学习、生态旅游、观光结合起来的一种短期的志愿者度假行为。志愿者旅游强调可持续性、负责性和教育性，是替代性旅游和生态旅游的一种形式（Wearing，2001）。

本节将着力于运用定量方法研究志愿者旅游，丰富志愿者旅游的研究体系；了解志愿者旅游意向受到哪些因素的影响；帮助志愿者旅游组织了解游客参与志愿者旅游的行为意向受到哪些因素的影响，从而为其实施相关策略提供理论指导。

---

* 本节选自：刘芝岑，2012. 基于计划-行为理论的志愿者旅游意向影响因素研究[D]. 广州：中山大学.

4.2.1　文献综述

1. 志愿者旅游的概念界定

在欧美国家，志愿者旅游活动非常丰富，在不同情境下，活动的具体表现形式不同，名称也各不相同。Volunteer tourism 或 Voluntourism 是较为常见的名称，其他还有 volunteer vacation，altruistic tourism，reconciliation tourism 等不同的名称，但就其活动本质来看，都是将旅游和志愿者活动结合起来的一种旅游形式。在我国，志愿者旅游、公益旅游及港台学者所提到的义工旅游，是对国外文献中 volunteer tourism 的对应翻译，本节则统一采用志愿者旅游这一名称。对于志愿者旅游的定义，许多学者都有自己的理解。如表 4-5 所示。

表 4-5　志愿者旅游的定义汇总

学者	定义
Wearing（2001）	旅游者由于各种原因，志愿参加某种有组织的旅游活动，这些旅游活动可能包含帮助或减轻某些社会群体的物质贫乏、保护某地环境或参与当地社会或环境某些方面的调研
Guttentag（2009）	只要在旅游过程中参与了志愿者活动且外出时间在一年内
McGehee 和 Santos（2005）	志愿者利用其可支配时间和收入离开常住地，前往目的地为那些需要帮助的人提供援助
Brown（2005）	一种旅游体验，是旅游运营商为旅游者提供机会参与包含了志愿项目及与当地居民进行文化交流的旅程
Comerford 和 Fambrough（2002）	志愿者旅游是为那些有着相同利益的人提供一种相互联系的活动
Uriely 等（2003）	志愿者旅游业是人们期望实现自我价值的反映，是一种后现代旅游形式
Zunigo（2007）	一种朝圣，是人道主义旅游，志愿者旅游者是现代社会的朝圣者
美国志愿者旅游网（www.voluntourism.org）	从广义上讲，志愿者旅游是游客为实现服务意向前往目的地从事服务所获得的体验；从狭义上讲，是游客在目的地将涉及艺术、文化、地理、历史及娱乐等内容的传统旅游与志愿服务结合起来的体验
秦田（2010）	旅游者离开常住地到外地旅游，并自愿利用旅游的部分时间，不计报酬地为当地社会环境及自然环境提供能产生价值的劳动或其他行为，但不作为固定职业，这样的行为过程就是志愿者旅游
高科（2010）	人们基于自我发展、服务他人、保护自然生态和传统文化等目的，有组织地前往异地并无偿为目的地社会、经济、环境提供能产生价值的劳动的短暂经历

在我国，具有志愿性质的出游活动很多，而其中很大一部分是由政府及政府相关机构组织的，如大学生西部计划、大学生支教保研等活动，这些活动具有志愿及异地出行性质，有学者在进行志愿者旅游内涵研究时也将这些活动作为志愿者旅游一个组成部分。作者在结合了国内外学者对于志愿者旅游的定义及范围界定后认为，这些活动具有基层工作性质，活动参与者所在异地进行的活动并非志愿和无偿，且具有很强的政治导向性，其活动特征与上文所总结的志愿者旅游特征不符，不在本节所探讨的志愿者旅游范围内。

本节研究的志愿者旅游是对宋聪（2007）提出的志愿者旅游类型进行了归纳总结，结合其他学者的研究，将志愿者旅游范围进行了如下限定，作为本节志愿者旅游的操作性定义。①扶助型志愿者旅游。这些旅游多是前往较落后地区。也有旅游企业开发了前往较落后地区的旅游线路，并安排了与当地学校、孤儿院及敬老院等组织的互动活动，这种旅游也属于此种类型的志愿者旅游活动。②教育培训型志愿者旅游。http://www.i-to-i.com 是英国一家致力于发展海外英语培训的网站，通过组织有能力进行英语教育的志愿者前往海外，为目的地居民提供英语教育，志愿者也能从这次海外英语教育活动中了解到异国文化，获得旅游体验。③生态保护型志愿者旅游。随着生态环境问题越来越受重视，越来越多的旅游者愿意志愿加入目的地生态环境保护中。在哥斯达黎加参与海龟保护、在南非保护幼狮，以及志愿者旅游组织制定的森林保护计划、热带雨林保护计划、寻找可再生燃料等，都属于生态保护性志愿者旅游。④文化保护型志愿者旅游。这种志愿者旅游活动主要是通过组织志愿者前往目的地进行文化保护、估计修护等活动，实现目的地社区文化的传承、修复，并让志愿者在此过程中了解目的地文化、获得独特的文化体验。⑤节事服务型志愿者旅游。奥林匹克运动会、世界博览会等大型节事活动往往需要非常多的志愿者参与其中，而这些志愿者来自全国甚至世界各地，并且需要自行负担来往交通费用及在志愿工作之外的餐饮及其他服务设施费用。这些志愿者除了完成志愿工作外，还能参与这些大型节事，获得旅游体验。

特别注意的是，这 5 种志愿者旅游都需要满足旅游的基本属性，即离开常住地、在一年时间以内，以及非盈利性目的。满足这个前提的上述 5 种活动，是本节所界定的志愿者旅游。

2. 志愿者旅游动机

纵观相关文献，志愿者旅游动机可总结如表 4-6 所示。

表 4-6 志愿者旅游动机的相关研究汇总

学者	定义
Wearing（2001）	提高个人意识和学习、提高人际互动意识、学习、自信、自我满足
Brown 和 Lehto（2005）	文化洗礼、利他主义、友谊、家庭
Caissie 和 Halpenny（2003）	寻找乐趣、项目补贴、地点与基于自然的内容、留下遗产、利他主义
Mustonen（2007）	利他主义、自我主义、社交及个人特征
Lo 和 Lee（2011）	了解当地文化并与当地人交流；希望帮助他人；为家庭成员创造一段共同的回忆及对子女进行教育；宗教参与；逃离日常生活
Sin（2009）	“旅游”动机比“贡献”动机或志愿活动更为突出
Gray 和 Campbell（2007）；Wearing（2001）	志愿者旅游参与者对目的地社区无私的奉献在事实上也是一种自利行为
Rehberg（2005）	获得积极的成就；追求新事物；追求与自身相关的事物

续表

学者	定义
Mustonen（2007）	志愿活动主导和度假主导
Chen 和 Chen（2011）	真实的体验；对旅游的兴趣；挑战和刺激；其他方面的兴趣；希望帮助他人；与当地人和文化的互动；他人的鼓励；加强与他人（亲人、朋友等）之间的关系；旅程本身的独特性；时间和金钱；志愿者旅游举办组织的目标

3. 志愿者旅游的影响

从志愿者旅游的定义来看，志愿者旅游参与者在旅游过程中将会进行公益性的志愿活动，从表面上看，志愿者旅游具有积极的社会效应。但 Wearing（2001）在其著作中指出，志愿者旅游既具有积极意义，也会带来许多社会、环境及文化方面的问题。从积极意义上看，志愿者旅游在很大程度上促进了自然资源及动植物保护，也促进了目的地社区社会经济的发展，增强了游客与目的地社区之间的文化认同及社交联系（Wearing，2001；Wearing，2002；Wearing，2008；Ellis，2003；McGehee and andereck，2009）。相比志愿者旅游的积极意义，西方学者更关注志愿者旅游所带来的负面效应。某些志愿者旅游可能代表了另一种形式的新殖民主义或帝国主义，志愿者旅游参与者在不经意间强化了发达国家和发展中国家权力的不平等，甚至加剧了国内权力的不平等（McBride et al.，2006），或者是将欠发达地区与发达地区的差异归咎于“运气”问题，忽略了对于造成全球贫富差异的原因的探寻（Simpson，2004）。最值注意的是，当志愿者旅游参与者不恰当地扮演了“专家”或“老师”的角色，而不管自身是否具有这样的专业或能力，其在很大程度上表现了将西方人作为在种族和文化上高人一等的新殖民主义（Raymond and Hall，2008）。Smith 和 Evans（2003）也发现，由于志愿者旅游参与者缺少专业技能，对目的地社区文化陌生，阻碍了志愿者工作的顺利进行。同时，由于志愿者旅游参与者充当了劳动力，志愿者旅游还很可能导致当地居民就业机会减少，滋生当地居民的依赖心理；还会由于示范效应及代表团成员的行为而导致文化的改变等（Guttentag，2009）。而且，志愿者旅游常以短期代表团（short-term missions）的形式前往目的地社区，往往只注重当地情况短时间内的好转，而不是长期彻底的解决方法及有意义的学习经历（Beek and Alan，2006）。

从国内外学者对于志愿者旅游的研究成果可以发现，志愿者旅游是一种基于不同动机、带来多种体验及对目的地社区自然、经济、社会文化造成多重影响，同时也会给志愿者旅游参与者本身带来多种影响的复杂社会活动。志愿者旅游作为一种兼具旅游与志愿服务性质的活动，既符合我国在新的发展时期对于旅游业发展所提出的新要求，也能改善落后地区很难真正从旅游发展中获益的现状，并且能启发民智，拓宽视野，促进落后地区人口素质的提高，应进行大范围的发展；随着志愿者旅游的发展，特别是越来越多具有较大影响力的大型活动的开展（如奥运会、世博会等），对于志愿者旅游参与者的需求越来越大。因此，需要有专门的理论指导志愿者旅游的发展和管理。现有理论更多着眼于志愿者旅游个体方面的特质，如动机、体验、影响等，不能解决以上问题。本节将运用计划—行为模型作为研究的理论基础，从计划—行为理论框架出发，探索志愿者旅游意向的影响因素。

4. 计划—行为理论

计划—行为理论是本研究的理论基础。计划—行为理论的提出经过了理性行为理论及计划行为理论阶段，由于其较强的行为解释能力，被许多学者们用于各种行为研究，在旅游领域的运用也证明了其对研究旅游行为的适用性。计划—行为中的行为意向是：行为人尽可能去执行某种特定行为的倾向，它并不预测行为人目标达成的程度。这就保证了即使有超出行为人控制的其他因素阻碍了原有意向的执行，但行为意向仍然可以对行为人是否愿意执行某种特定行为进行预测。计划—行为理论模型如图 4-3 所示。

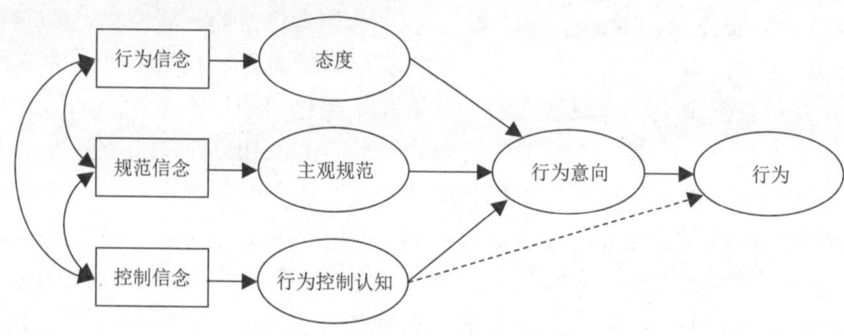

图 4-3 计划—行为理论模型

计划—行为理论的主要观点是：如果某种行为不是完全受控于个人意志，那么它还受到行为人的个人能力、机会、拥有的资源等控制条件的制约；如果行为人的感知行为控制比较准确，基本反映了实际的控制条件，那么感知行为控制能够作为实际控制条件的替代，可以对实际行为进行预测；行为态度、主观规范及感知行为控制是决定个体行为意向的 3 个变量，其中，态度越积极、重要他人或群体对于行为越支持、感知行为控制越强，则行为人的行为意向就越强；个体拥有许多关于行为的信念，而在某个时间或某个特定的环境喜爱，只有少量的信念能够被获取，这称为凸显信念，是行为态度、主观规范及感知行为控制的认知与情感基础；人口统计及社会文化因素通过行为信念间接影响行为态度、主观规范及感知行为控制，最终对行为意向及实际行为产生影响。

模型中，行为态度是行为人所评估的对于执行某种行为喜爱或不喜爱的程度。Fishbein 和 Ajzen（1975）认为，个体拥有大量关于行为结果的信念，即行为信念。

行为信念包括信念的强度及对行为结果的评估；主观规范是行为主体在进行某个行为决策时感知到的压力，这种压力来自重要他人或团体，反映了这些人群对于行为主体进行决策的影响力。与理性行为理论相似，主观规范受到规范信念及服从动机的影响。其中，规范信念是行为人对重要他人或团体对自身行为期望的感知；服从动机则是行为人服从重要他人或团体对其期望的意向。感知行为控制是行为人感知到的执行某个行为的难易程度，反映了行为人对于执行行为的客观控制条件的感知。感知行为控制包括控制信念和感知力量，其中，控制信念是行为人感知到的可能促进或者阻碍执行行为的因素，而感知力量则是行为人感觉到这些因素对自己行为的影响程度。

4.2.2　研究假设与模型

1. 态度与行为信念及行为意向的关系

计划—行为理论认为行为态度、主观规范及感知行为控制是 3 个在概念相互独立的行为意向的决定因素。行为态度作为对行为意向具有重要影响的因素，是“个体对某种行为喜欢或不喜欢、支持或不支持的程度”（Ajzen，1991）。行为态度是个体的隐性信念，即行为信念（BB）与行为结果评价（OE）的函数。其中，行为信念是个体感知到的行为结果，而行为结果评价则是个体对这些行为结果所进行的重要或不重要的评价（Eagry 和 Chailen，1993）。Ajzen 和 Fishbein（1980）提出，行为信念是行为人对于某种行为会导致的结果的可能性的主观估计。在本节中，研究对象可能会认为参与志愿者旅游能够促进自身的社交关系、能够促进个人发展等。当人们需要进一步作出是否参与志愿者旅游的决策时，他们会对志愿者行为可能出现的结果进行评价。当个体认为参与志愿者旅游会带来积极正面的结果时，他们会更倾向于参与志愿者旅游。换句话说，个体对于志愿者旅游的正面态度会强化其参与志愿者旅游的意向。在对游客入住绿色酒店的意向研究以及旅游目的地选择意向研究中，也证明了行为信念对于态度的正向影响，以及态度对于行为意向的正向影响（Han et al.，2010；Lam 和 Hsu，2006）。基于此，提出本节的两个研究假设。

假设一，志愿者旅游行为信念对志愿者旅游态度具有正向影响；

假设二，对志愿者旅游的行为态度对志愿者旅游意向具有正向影响。

2. 主观规范与规范信念及行为意向的关系

Ajzen（1991）将主观规范定义为“感知到的进行或不进行某种行为的社会压力”。换句话说，主观规范是个体感受到的重要他人对于自身从事某种活动的意见，这些重要他人可以是亲近的人、重要的人，或者是能够影响个体决策的人，如亲人、亲近的朋友、合作者、搭档等（Hee，2000）。主观规范是个体关于重要他人认为其是否应该进行某种行为的规范信念（NB），以及其对这些重要他人意见的顺从程度（MC）的函数（Ajzen 和 Fishbein，1980）。Eagry 和 Chailen（1993）认为，规范信念是对重要他人认为自身是否应该实施某种行为的一种感知。主观规范对于行为意向的重要作用在营销领域及消费行为研究领域都得到了证明（Baker et al.，2007；Cheng et al.，2006；Lee，2005）。在旅游研究中，Ajzen 和 Driver（1992）、沈苏彦和郭剑英（2011）及曾武灵等（2011）均证明了主观规范对于行为意向的正向影响；而 Han 等（2010）、Lam 和 Hsu（2006）也证明了规范信念对于主观规范的正向影响。在本节的研究中，当受访者感知到重要他人对于自身参与志愿者旅游持有支持的、正面的态度，而受访者本身对于重要他人的意见具有较高的顺从意愿，其参与志愿者旅游的行为意向将更为强烈。据此本节作出如下假设。

假设三，志愿者旅游的规范信念对志愿者旅游主观规范具有正向影响；

假设四，志愿者旅游主观规范对志愿者旅游意向具有正向影响。

3. 感知行为控制与控制信念及行为意向的关系

决定行为意向的第三个重要变量为感知行为控制。感知行为控制是“对实施某种行为的难易程度的认知”（Ajzen，1991）。感知行为控制考量的是个体对于在特定环境下，实施某种行为会遇到的促进或阻碍因素的控制能力的感知。感知行为控制取决于控制信念（CB），即个体对于实施某种特定行为所需的资源、机会等的感知，以及其对于这些资源或机会对完成这种行为的重要性的评价，即感知控制力（PP）（Ajzen and Madden，1986）。许多研究都证明了人们的行为意向与其对自己是否具有进行该行为能力的信心具有正相关关系（Baker et al.，2007；Cheng et al.，2006；）。控制信念对于感知行为控制的正向影响，以及感知行为控制对于行为意向的正向影响也在旅游领域的研究中得到了证实（Ajzen and Driver，1992；沈苏彦和郭剑英，2011；曾武灵等，2011；Han et al.，2010；Lam 和 Hsu，2006）。这些研究表明，当个体由于缺少必要的资源而对实施某种特定行为缺乏控制感时，尽管其对于该行为具有积极的态度或者正向的主观规范，他的行为意向仍然很低。据此提出本节的两个研究假设。

假设五，志愿者旅游控制信念对志愿者旅游的感知行为控制具有正向影响；

假设六，志愿者旅游的感知行为控制对志愿者旅游意向具有正向影响。

4. 过去的行为

过去对人类行为的研究成果指出，对于行为意向及未来实际行为的最佳预测是过去实施此种行为或相关行为的频率（Quellette and Wood，1998）。这可以理解为人们倾向于保持行为的延续及价值的持续性（Staw，1981）。尽管计划—行为理论被认为是一种稳定、固定的预测行为意向的模型，但 Quellette 和 Wood（1998）发现，当将过去的行为作为一个变量加入模型中时，会提高模型对于行为意向方差解释。Lam 和 Hsu（2006）发现，过去的行为是旅游者目的地选择意向的一个重要预测变量。从前人的研究结果可以预测，本节将研究对象过去的志愿者旅游行为加入计划—行为理论模型中，具有可操作性。由于志愿者旅游是一种较为小众的旅游形式，许多人可能通过各种途径对这种旅游形式有所了解，但却由于各种原因，不一定亲身参与过这种旅游；或者过去的志愿者旅游经验较少，他们与那些具有较丰富经验的旅游者相比，参与志愿者旅游的行为意向可能存在差异。经验丰富的志愿者旅游参与者对志愿者旅游更为了解，掌握了较多志愿者旅游相关信息和资源，可能具有更强的行为意向。据此提出本节的 3 个研究假设：

假设七，态度对参与过志愿者旅游的人的志愿者旅游意向影响比对没有参与过志愿者旅游的人的志愿者旅游意向影响更大；

假设八，主观规范对参与过志愿者旅游的人的志愿者旅游意向影响比对没有参与过志愿者旅游的人的志愿者旅游意向影响更大；

假设九，感知行为控制对参与过志愿者旅游的人的志愿者旅游意向影响比对没有参与过志愿者旅游的人的志愿者旅游意向影响更大。

图 4-4 是本节的概念模型。

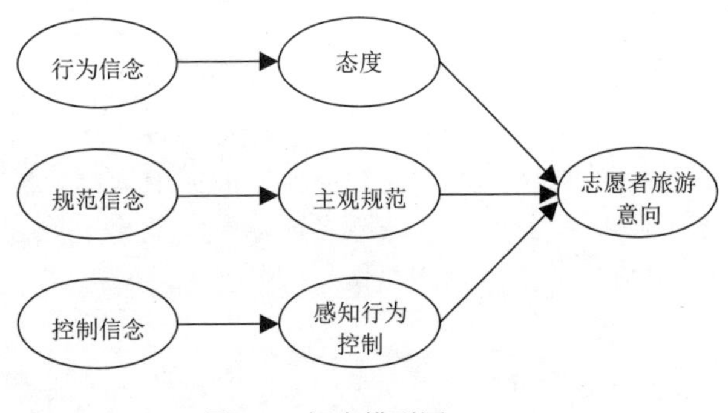

图 4-4　概念模型图

4.2.3　调研设计

1. 变量的测量

本节的调研问卷由 3 个部分组成：对信念变量的测量，对预测变量（行为态度、主观规范、感知行为控制）和过去的志愿者旅游行为的测量，以及对受访者人口统计信息的收集。除了对“过去的志愿者旅游行为”及人口统计变量的测量，其余变量的测量均采用李克特 7 点尺度进行。其中 1 表示“非常不同意”，7 表示“非常同意”。

对于凸显信念的测量问项来源于启发性研究及文献回顾。Ajzen 和 Fishbein（1980）提出，不同的情境和研究总体需要启发出不同的凸显信念。因此，需要选择具有代表性的样本进行焦点小组访谈，焦点小组成员由志愿者旅游组织中的活跃者构成。笔者通过对“多背一公斤”组织中的活跃成员的访谈，通过三类开放性问题获得他们对于志愿者旅游的凸显信念：志愿者旅游会带来什么结果；哪些群体或者个人会影响你参与志愿者旅游的决定；哪些因素会促进或者阻碍你参与志愿者旅游。通过对收集到的焦点小组成员的回答进行编码和分析，每类问题的回答中，分别选取 4 个出现频率最高的信念，作为凸显信念。

通过对焦点小组成员关于“志愿者旅游会带来什么结果”的回答进行分析，提取了 4 个凸显信念：促进社交关系、促进个人发展、促进目的地社会经济发展、促进与目的地之间的文化交流。在关于“哪些群体或者个人会影响你参与志愿者旅游的决定”的回答中，也提取了四个答案：家人、朋友、志愿者旅游组织及目的地社区。在关于“哪些因素促进或阻碍你参与志愿者旅游”的回答中，有四种凸显信念，即时间、金钱、参与志愿者旅游相关的信息及参与志愿者旅游所需的精力。

行为信念（BBOE）包括两个方面的内容：对志愿者旅游可能带来的结果的感知，以对志愿者旅游所带来的结果的评价。计划—行为理论认为，对于某种行为具有正面或负面的态度，取决于对于该行为是否会带来正面或负面的结果的评价。对于行为信念的测量，学者们提出应该将对行为结果发生可能性的感知与对这些结果的评价相乘得出，即 BB×OE。对结果感知的测量由 4 个测项构成，包括“志愿者旅游能促进我的社交关系”“志愿者旅游能促进个人发展”“志愿者旅游能促进目的地社会经济发展”及“志愿者旅游能促进我与目的地之间的文化交流”。而对结果评价的 4 个测项则包括对志愿者旅游所带来的 4 种结果重要性的评价。

规范信念（NBMC）由两个部分组成：对于重要他人是否希望受访者参与志愿者旅游的感知，以及受访者对于这些重要他人意见的顺从意愿。对规范信念的测量同样将 NB 与 MC 相乘，得到的乘积即为规范信念的值，即 NB×MC。其中，重要他人认为自身是否应该实施某种行为的感知包括 4 个问项：“我的家人认为我应该参与志愿者旅游”“我的朋友认为我应该参与志愿者旅游”“志愿者旅游组织认为我应该参与志愿者旅游”“目的地社区支持我参与志愿者旅游”。而对顺从意愿的测量同样包括 4 个问项，分别测量受访者对四类重要他人意见的顺从意愿。

控制信念（CBPP）同样由两部分构成：参与志愿者旅游需要考虑的控制因素，以及感知到的这些控制因素的强度。参与志愿者旅游需要考虑的控制因素的测量由 4 个测项构成，包括“我拥有志愿者旅游所需时间”“我能支付志愿者旅游所需费用”“我能获得参与志愿者旅游活动相关的信息”及“我拥有志愿者旅游所需精力”。对感知到的这些控制因素的强度的测量也包含 4 个测项，分别询问受访者感知到的前述 4 中控制因素的影响强度。控制信念的测量值由 CB 与 PP 相乘获得。

对志愿者旅游行为态度（ATB）的测量采用 Ajzen（2006）所提出的直接测量问项，包括 3 个测量项目：“参与志愿者旅游是令人愉快的”“我喜欢参与志愿者旅游”及“参与志愿者旅游是有价值的”。主观规范（SN）测量如下。本文采用 Ajzen（2006）对主观规范的直接测量量表，包括三个测量项目：“我认识的大多数人都参与过志愿者旅游”“我重视的人都认为我应该参与志愿者旅游”“我重视的人都支持我参与志愿者旅游”。感知行为控制（PBC）测量如下。Ajzen（2006）提出了几个测量主观规范的典型问项。本节选取“是否参与志愿者旅游完全取决于我”“我相信只要我想，就能参与志愿者旅游”“我具备参与志愿者旅游的各种条件”3 个问项，对志愿者旅游主观规范进行直接测量。

本节选择了三个问项测量志愿者旅游意向（BI）：“我愿意在接下来的一年内参与志愿者旅游”“我计划在接下来的一年内参与志愿者旅游”“我努力在接下来的一年内参与志愿者旅游”。在本节中，过去的志愿者旅游行为（PB）通过一个测项进行：“是否参与过志愿者旅游”。

2. 调研对象

本节的调研对象为志愿者旅游组织成员。其中，对志愿者旅游的界定如前文所述，包括扶助型志愿者旅游、教育培训型志愿者旅游、生态保护型志愿者旅游、文化保护型志愿者旅游，以及节事服务型志愿者旅游，所有参与过这些活动的旅游者（志愿者），所有参与过或可能参与志愿者旅游的人群都是本节的研究对象。由于志愿者旅游出行率较低、参与人数较少，本节选择采用方便样本。计划向参与过学校社团组织短期支教、寻找国民党老兵志愿者、北京奥运志愿者及上海世博志愿者组织的同学及相关人士发放纸质或电子问卷；同时，在“多背一公斤”网站、豆瓣网及天涯论坛中与志愿者旅游、短期支教、扶贫旅游等相关的版块中进行电子问卷的发放和收集。

3. 问卷设计

根据研究模型与模型变量的量表，本节设计了《基于计划—行为理论的志愿者旅游意向影响因素研究调查问卷》，整个问卷由 42 个问项组成，其中，第 1～24 个问项是对被调查者行为信念的测量；第 25～33 个问项是对被调查者的志愿者旅游行为态度、主观规范及感知行为控制的测量；第 34～36 个问项是对受访者志愿者旅游意向的测量。同时，问卷通过询问受访者是否参与过志愿者旅游来了解受访者过去的志愿者旅游行为。另外，问卷还在第二部分设计了 5 个问项用以收集受访者人口统计信息。

4. 数据收集

通过与“多背一公斤”组织、“关爱老兵”组织、高校助学组织等从事志愿者旅游的组织联系，进行网络问卷收集，共收集问卷 334 份，其中有效问卷 297 份，问卷有效率 88.9%。

4.2.4 数据分析

本节使用 spss20.0 软件对各变量的测量指标均值和标准差进行了计算。在进行数据处理中，分析人员常将各变量的计量指标分为几个子测量指标，以子指标的项目平均数作为该变量的计量指标，从而减少模型中的待估计系数的数量，提高计量指标的可靠性和参数估计的稳定性。

1. 信度效度检验

在实证研究中，量表设置得是否合理直接影响研究结果的可靠性。为了保证结果的真实性，研究中所用量表需要具有足够的信度和效度。所谓信度，是指量表衡量结果的一致性及稳定性；而效度则是指量表的测量结果能够反映研究者所需要了解的对象特征的程度。信度是衡量数据质量的一个非常重要的指标，是检验量表在度量相关变量时，是否具有稳定性及一致性的检验手段。一般来说，研究者习惯于使用内部一致性系数，即 Cronbach α 值来进行数据的信度检验。本节运用 SPSS 20.0 统计软件计算了各个变量及计量指标的 Cronbach α 值。所有的变量的内部一致性系数均大于 0.6，表明量表具有较高的可靠性。

收敛效度是用于衡量同一概念的不同计量项目间关联程度的，指标收敛效度高，说明这些项目具有很高的关联性，是计量同一个概念。表 4-7 为收敛效度检验结果。

表 4-7 标准化因子负载系数及 AVE

变量	计量指标	标准化因子载荷系数	AVE
行为信念（BBOE）	BBOEa	0.644	0.503
	BBOEb	0.769	
规范信念（NBMC）	NBMCa	0.745	0.599
	NBMCb	0.802	

续表

变量	计量指标	标准化因子载荷系数	AVE
控制信念（CBPP）	CBPPa	0.783	0.664
	CBPPb	0.845	
行为态度（ATB）	ATBa	0.949	0.919
	ATBb	0. 968	
主观规范（SN）	SNa	0.812	0.707
	SNb	0.869	
感知行为控制（PBC）	PBCa	0.646	0.602
	PBCb	0.887	
行为意向（BI）	BIa	0.960	0.893
	BIb	0.930	

如表 4-7 所示，本节中所用变量均通过了标准化因子载荷大于 0.5 的检验标准，同时，各变量的 AVE 值均大于 0.5，说明本节所有变量均具有收敛效度。判别效度检验数据人员检验判别效度主要有两种方法：方法一，将同一个隐变量的不同指标之间的相关系数于该变量的指标与其他变量指标之间的相关系数进行比较，若前者大于后者，表明具有判别效度；方法二，各个变量解释的方差要大于这个变量与其他变量的相关系数，这说明每一个潜变量与其自身的测量项目分享的方差，大于与其他测量项目分享的方差，说明不同潜变量的测量项目之间具有明显的判别效度。

数据分析结果显示，看出每个变量不同指标间的相关系数均大于这些指标与其他变量测量指标的相关系数；同时，通过计算各变量 AVE 的平方根，比较发现，对角线上的数值均大于各变量之间的相关系数，说明量表具有判别效度。

2. 计量模型分析

在对概念模型进行结构方程模型检验之前，首先要对计量模型进行 CFA，即确认性因子分析，研究数据与计量模型的拟合情况。从数据统计结果可以看出，卡方与自由度之比小于 3，且 NFI、CFI、IFI、GFI、AGFI 及 RFI 均大于或接近 0.9，表示数据与计量模型具有较高的拟合程度。

3. 数据同源误差分析

本节所调查资料均来自顾客自我评价，问卷调查数据有可能会出现同源误差（same-source bias），进而产生共同方法变异（common method variances）。本节在研究设计和统计上采取了一些措施，尽可能地减少同源误差产生的影响。研究设计上，保证问卷的匿名性、明确答案无对错之分、尽可能使用清晰明确的用语等；统计上，采用单因素模型确认性因子分析验证研究数据的同源误差。当存在同源误差引起的共同方法变异时，单因素模型的确认性因子分析结果将优于其他模型的确认性因子分析结果。作者将所有测项指标纳入单因素模型进行确认因子性分析，然后将分析结果与原测量模型的确认性因子分析结果进行比较。分析结果显示，在主要的模型拟合度指标中，自由度与卡方值之比远远大于 3，而 NFI、CFI、IFI、GFI、AGFI、RFI 均远远小于 0.9，RMSEA 大于 0.08，原测量模型的拟合程度优于单因素模型的拟合程度，说明样本几乎不存在同源误差。

4. 结构方程模型分析

本节使用结构方程模型（SEM）进行变量关系的分析。结构方程模型与多元回归、路径分析、联立方程组等方法相比，有着突出的优势：没有严格的假设、允许自变量因变量存在测量误差，为分析潜变量之间的结构关系提供了可能。本节采用 SEM 方法对志愿者旅游意向影响因素研究模型进行检验，选用 Amos20.0 进行结构方程模型分析。行为信念、规范信念、控制信念作为前置变量，影响人们对志愿者旅游的态度、主观规范，以及感知行为控制；而行为态度、主观规范及感知行为控制，直接影响人们参与志愿者旅游的行为意向。

模型拟合指数是结构方程模型中考察理论结构模型对数据的拟合程度的指标。由于绝对拟合指标的卡方容易受样本量影响，更普遍的做法是以卡方值与其自由度的比值作为标准，并结合拟合优度指数、规范拟合指数、增加拟合指数、比较拟合指数，取值范围为 0～1，越大于 0.9 且越趋近于 1，则模型拟合度越好，同时，近似误差的均方根（RMSEA）应小于 0.08，数值越小，拟合越好。本节预设模型对数据的拟合情况如表 4-8 所示。卡方值与自由度比值为 2.741，小于 3，NFI、CFI、IFI、GFI、AGFI 及 RFI 均大于或接近 0.9，且 RMSEA 小于 0.8，数据与模型的拟合程度较好。

表 4-8 结构方程模型结果

路径	系数	T 值	假设
BBOE→AT	0.245（p=0.013）	2.483	支持假设一
NBMC→SN	0.817***	5.697	支持假设三
CBPP→PBC	0.053（P=0.224）	1.216	不支持假设五
ATB→BI	0.225***	3.895	支持假设二
SN→BI	0.216（p=0.001）	3.220	支持假设四
PBC→BI	0.312***	4.441	支持假设六

***表示 0.01 显著性水平。

注：BBOE 为行为信念，NBMC 为规范信念，CBPP 为控制信念，ATB 为行为态度，SN 为主观规范，PBC 为感知行为控制，BI 为行为意向。

从表 4-8 可看出，假设一～假设三及假设四、假设六成立，假设五不成立。同时，根据数据对模型优化发现，主观规范与行为态度之间存在显著的相互影响关系。

5. 分类比较分析

为了验证假设七～假设九，本节将样本按照是否有过志愿者旅游行为进行分类，对两组受访者的志愿者旅游影响因素进行调查。根据受访者参与志愿者旅游的情况，本研究设定两个调查组：G1 和 G2。其中，G1 由截止填写调研问卷，没有参与过任何志愿者旅游活动的样本构成；而 G2 由截止填写调研问卷，曾经参与过志愿者旅游的样本构成。其中，G1 组，即未参与过志愿者旅游组由 116 个样本构成；G2 组，即参与过志愿者旅游组，由 181 个样本构成。

在对样本进行分类后，使用 AMOS20.0 进行多群组路径分析，检验两组样本在模型中的路径系数是否具有显著差异。首先分别对 G1 和 G2 进行结构方程模型分析。从各指标值看出，两组数据卡方与自由度的比值分别是 1.506 和 2.502，均符合不超过 3 的标准；CFI、NFI、IFI、GFI、RFI 均大于或近似于 0.9，AGFI 分别为 0.823 和 0.819，高于门槛值 0.8。根据以上结果可以看出，本节理论模型在两组样本中与数据的拟合情况良好，说明理论模型在两组样本中均可接受。

这部分的重点是检验两组受访者之间行为态度、主观规范及感知行为控制欲志愿者旅游意向之间关系的差异。为此，需要在两组样本中对理论模型进行结构方程模型检验，了解在两组具有不同过去志愿者旅游行为的样本下，行为态度、主观规范、感知行为控制对于志愿者旅游行为影响的理论模型假设的路径标准化系数和 *T* 值。结果如表 4-9 所示。

表 4-9 两组样本变量间关系及显著性检验

路径	参数	G1（*n*=116）		G2（*n*=181）	
		β 值	*T* 值	*β* 值	*T* 值
ATB→BI	*γ*1	0.167	1.874	0.336	4.301
SN→BI	*γ*2	0.130	1.220	0.172	2.024
PBC→BI	*γ*3	0.383	3.378	0.222	2.385

首先需要检验在两组样本中，理论模型的假设路径是否显著。如表 4-9 所示，在 G1，即没有参与过志愿者旅游的样本中，有两条路径并不显著，即对于没有参与过志愿者旅游的样本来说，行为态度及主观规范对于志愿者旅游意向并没有显著的影响；而在 G2 中，3 条路径系数都显著。这种结果出现的原因可能是对于没有参与过志愿者旅游的人来说，对志愿者旅游的看法态度及自身的规范意识不会直接促进或阻碍其志愿者旅游意向的产生，而对于志愿者旅游的行为控制

感，如觉得自己有能力、有资源进行志愿者旅游，会促进他们产生参与志愿者旅游的意向。

其次，检验了各路径系数显著性之后，本节还需要对同一路径在不同样本中是否存在差异进行判断。从表 4-9 中可以看出，两组对应路径的确存在着差异。假设七～假设九的假设为相对于那些没有参与过志愿者旅游的人来说，有过志愿者旅游经历的人对于志愿者旅游的态度、主观规范及感知行为控制对于他们参与志愿者旅游的意向具有更大的影响作用。从表 4-9 所示结果来看，行为控制及主观规范对志愿者旅游意向的影响在 G1 中不显著，而在 G2 中显著，与原假设相符；而与原假设相悖的是，没有参与过志愿者旅游的 G1 样本中，感知行为规范与志愿者旅游意向间的路径系数大于 G2 样本。

在前面的研究中，尽管通过直观的参数比较，发现了两个样本变量间的标准化路径系数存在差异，但不能凭此判断这些差异是否显著，对于路径系数差异的显著性还需要进行进一步的研究。基于此，本节对两组数据对应路径系数间差异的显著性进行了检验，依次对假设七～假设九进行检验。

本节按照贾薇（2010）利用 AMOS 7.0 软件对多组样本间对应路径系数之间差异的显著性进行研究的方法，对 G1 和 G2 两组数据对应路径系数之间差异的显著性进行检验。该方法主要分为以下几个步骤。

（1）在 AMOS 20.0 中进行多群组路径分析，采用多群组比较方法，同时在两组样本中对理论模型进行检验，得出第一个 χ^2 值和自由度值；

（2）将需要进行比较的路径系数设定为相等，而让其他参数自由估计，形成第一个限定模型。同时在两组样本中运行限定模型，得到第二个 χ^2 值及自由度值；

（3）用第二个 χ^2 值即自由度值减去第一个 χ^2 值，得到 $\Delta\chi^2$ 和 Δdf。如果 $\Delta\chi^2$ 相对于 Δdf 具有统计显著意义，那么可以认为，该设置为相等的路径系数因为样本的不同在模型中具有显著的差异。

判断标准是，如果 Δdf 为 1，而 $\Delta\chi^2>6.63$，则说明对应路径系数的差异在 $p<0.01$ 的水平上显著；如果 $3.84<\Delta\chi^2<6.63$，说明对应路径系数在 $p<0.05$ 的水平上具有显著差异；而如果 $2.71<\Delta\chi^2<3.84$，则表明对应路径系数在 $p<0.1$ 的水平上具有显著差异；而如果 $\Delta\chi^2<2.71$，则说明对应路径系数并不存在显著的差异。通过在 AMOS20.0 软件中设置 3 个限定模型并在两组数据中运行，得出如表 4-10 所示结果。

表 4-10 对应路径系数差异的显著性检验结果

模型	限定条件	χ^2	df	$\Delta\chi^2$	Δdf	P
非限定模型	所有参数自由估计	280.990	164	—	—	—
限定模型 1	γ1 恒等	282.576	165	1.586	1	不显著

续表

模型	限定条件	χ^2	df	$\Delta\chi^2$	Δdf	P
限定模型 2	$\gamma 2$ 恒等	281.275	165	0.285	1	不显著
限定模型 3	$\gamma 3$ 恒等	285.527	165	4.537	1	$P<0.05$

4.2.5 讨论与结论

通过进行数据收集及分析，本节得出以下结论：志愿者旅游行为信念直接影响志愿者旅游的态度，假设一成立；志愿者旅游规范信念直接影响志愿者旅游的主观规范，假设三成立；志愿者旅游控制信念对志愿者旅游感知行为控制没有显著的影响，假设五不成立；志愿者旅游态度、主观规范及感知行为控制对志愿者旅游意向都有显著的正向影响，支持假设二、假设四、假设六。通过对没有参与过志愿者旅游的受访者及参与过志愿者旅游的受访者的分组分析发现，无论对于是否具有志愿者旅游经历的人来说，志愿者旅游态度与主观规范对于志愿者旅游行为意向的影响都没有显著差异；特别地，对于没有参与过志愿者旅游的人来说，感知行为控制对志愿者旅游意向的影响较拥有志愿者旅游经历的人来说更大，因此，研究结果不支持假设七～假设九。

本节以计划一行为理论作为理论基础，研究影响人们参与志愿者旅游意向的因素。具体而言，本节分析人们对志愿者旅游所持有的相关信念、对志愿者旅游的态度、主观规范、感知行为控制之间的关系，以及态度、主观规范、感知行为控制对于人们参与志愿者旅游意向的影响。研究结果在很大程度上证明了以计划一行为理论作为研究志愿者旅游意向形成机制的分析框架的可行性。研究结果表明，人们对于志愿者的态度、主观规范，以及感知行为控制对于人们参与志愿者旅游的意向具有显著的正向影响。

特别地，本节还关注了人们过去的志愿者旅游行为，将是否参与过志愿者旅游作为分组依据，将受访者分为参与过志愿者旅游的群体及未参与过志愿者旅游的群体，研究过去的志愿者旅游行为是否会影响志愿者旅游意向的形成机制。经过对数据进行分析，得出了一些有意义的结论。

1. 关于志愿者旅游的信念对态度、主观规范及感知行为的影响

信念是计划一行为理论最基础的层次。人们对于某种行为可能持有多重信念，但在特定时刻，只有一小部分信念能被人所识别。正是这部分凸显信念决定了人们的意向和行为。其中，有 3 种最为重要的凸显信念：关于某种行为可能带来的结果的信念（行为信念）、关于他人规范期望的信念（规范信念），以及关于存

在对于该行为具有推动或阻碍作用的因素的信念（控制信念）。相应地，行为信念会同时产生对于该行为正面或负面的态度，规范信念会使人们感知到关于是否进行该行为的社会压力，即主观规范，而控制信念会产生感知行为控制，即感知到的进行该行为的容易或困难程度。

人们对某种事物长期形成的、可以获取的信念形成了当前对该事物相对稳定的态度。但是，在不同的情境下，人们会拥有不同的凸显信念。根据这些正面或负面的态度，人们形成了对于事物正面或负面的态度（Ajzen 和 Sexton，1999）。一般情况下，可以通过将某种事物与某些属性，即其他事物、特征或事件相联系，从而形成对于该事件的信念。对于行为态度而言，所有的信念将行为与某种结果或从事该行为可能付出的代价等相联系。由于与行为相联系的这些结果都已经过了价值判断，自然同时产生了对于该行为的态度。特别地，主观价值评价的结果让行为态度与信念的强度存在正向比例关系。因此，人们对某种行为的态度及其关于该行为的每个凸显信念的强度与对行为结果的主观评价的乘积的累计值具有直接比例关系（Ajzen，1991）。

在志愿者旅游情境中，人们对于志愿者旅游态度来自于对于志愿者旅游所持有的凸显信念。志愿者旅游所带来的结果中，促进目的地发展、促进自我发展、促进文化交流、促进社交等是受访者在接受调查时凸显的信念，同时，人们对于这些志愿者旅游活动可能结果的评价对人们形成对于志愿者旅游的态度具有非常重要的作用。人们感知到某种结果发生的可能性越高，并且对这种结果存在正面的评价，那么人们更可能对志愿者旅游抱有积极正面的态度。

规范信念主要是对重要他人或群体支持或不支持自身从事某种行为的一种考虑。规范信念由两个部分组成，对重要他人或组织支持或不支持的可能性的评估，即信念的强度；行为人本身对于该重要他人或组织的态度的重视程度，即自身的服从意愿。Ajzen（1991）提出，人们关于某种行为的信念强度与服从意愿的乘积与主观规范有直接的比例关系。人们对某种行为总体的主观规范是可以从询问他们重要他人或群体支持其从事某种行为的程度获知。Ajzen 还提出，规范信念与对主观规范的总体测量之间的相关性在 0.4～0.8 波动。同时，Ajzen 还提到，在某些研究中，学者们发现对于人们服从意愿的考量会减弱规范信念与总体主观规范的关系。如果在考察规范信念时忽略服从意愿因素，规范信念与主观规范的联系更强。可以看出，规范信念与主观规范并不是重合的概念，两个概念考察的是有区别的对象。

在对志愿者旅游规范信念的研究中，最重要的是对凸显信念的引导。不同的受访者对重要他人或群体的设定并不相同，但就参与志愿者旅游来看，亲人、朋友、目的地社区及组织志愿者旅游活动的团体或组织是受访者提到最多的重要参照对象。对这些重要他人即群体支持程度的感知及自身服从意愿的综合考虑形成了人们对志愿者旅游的规范信念，规范信念对于人们总体的主观规范具有显著的影响。当人们感知到重要他人对自己参与志愿者旅游持支持态度的可能性越高，同时自身对重要他人意见的遵从意愿越强烈，所表现出的主观规范就会越强。

关于控制信念与感知行为控制是计划一行为理论区别于理性行为理论的最主要突破。理性行为理论是 Fishbein 和 Ajzen 在 1975 年提出的理论，该理论的存在是基于大多数人类社会行为都由意志所控制，因此，可以由行为意向单独预测。加入感知行为控制是考虑到，人类行为并不总是处于意志控制中，太多的外部限制因素会影响人们对于某种行为的控制。同时，感知行为控制还考虑到，由于人们缺乏对某种行为的控制感，甚至不会产生相关的行为意向。其中，控制信念是对人们感知到的进行某种行为时，某种控制因素存在的可能性或频率的考虑，以及这些控制因素能够促进或阻碍自身从事该行为的程度。对控制信念的了解需要引导人们产生凸显的控制信念，了解人们在进行某种既定行为时最容易想起或遭遇的有利于或阻碍该行为实施的控制因素。关于控制的信念既是基于过去实施该行为的精力，但更多的是受到关于该行为的二手信息，熟人、朋友的相关经历，以及其他增大或境地该行为难度的因素的影响。当人们拥有更多的资源和机会时，相应地，他们所预期到的实施某种行为的限制就更少，他们对于该行为就会有更强的感知行为控制（Ajzen，1991）。将人们感知到的执行某种行为所可能遇到的控制因素与这些控制因素乘积加总所获得的总体的控制信念，决定了人们对于该行为的感知行为控制。

在本节的研究中，人们对于志愿者旅游的控制信念与他们的感知行为控制之间的影响关系并不显著。也就是说，受访者感知到的参与志愿者旅游可能遇到的控制因素，以及这些控制因素的强度的乘积之和对他们的感知行为控制没有显著的直接影响。这与计划一行为理论的假设不符。出现这种情况的原因可能来源于志愿者旅游作为一种融入了志愿公益性质的旅游活动的特殊性。志愿者旅游是一种特殊的旅游形式，与一般的旅游者相比，志愿者旅游参与者对于该活动的公益、志愿性质更加看重。虽然通过对受访者的访谈发现，充足的时间、足够的财力支持、与志愿者旅游活动相关信息的获取，以及参与志愿者旅游所需的精力是人们计划参与志愿者旅游时考虑最多的因素，但是这些因素发生概率及这些因素对于人们做出相关决策时的影响作用，并没有实际影响人们参与志愿者旅游感知到的行为控制。对于受访者来说，即便有各种控制因素出现，但对于自身是否有足够的资源和条件参与志愿者旅游的感知并没有受到这些因素的限制。由于本节的研究对象是志愿者旅游组织的成员，他们对于志愿者旅游都具有较深入的了解，对于志愿者旅游具有较普通人更深的认同，所以，即便认识到各种控制因素的存在，他们对于自己参与志愿者旅游的能力仍然非常有信心，对限制性因素的感知不会影响他们对于志愿者旅游这一活动的控制感。

2. 态度、主观规范、感知行为控制与志愿者旅游意向的关系

对于行为意向的研究最早源于心理学和社会学。Ajzen（1991）认为，行为意向是行为人希望从事某种行为的主观几率，表示个体愿意付出努力去执行该行为的程度。Ajzen 和 Driver（1992）提出，行为意向是行为进行之前必经的过程，是行为前的决定。还有学者认为行为意向是行为人从事某种特定行为的自发性的强度，在一定的其他因素不变的情况下，行为人从事某种行为的意向越强，表明他越有可能实际从事该行为。（Harrison，1997）。计划—行为理论主要讨论的就是对行为的态度、主观规范及感知行为控制对于人们行为意向的影响作用。计划—行为理论的基本假设是，当人们认为某种行为会带来他们希望的结果，他们重视的参照对象会支持他们某种行为，以及他们拥有从事该行为所需的资源、能力、机会等，他们将有很大可能会从事这种行为（Ajzen，1985；Conner 和 Abraham，2001）。

对于志愿者旅游意向影响因素的研究结果与计划—行为理论一致，即人们对于志愿者旅游的态度、主观规范及感知行为控制对于其参与志愿者旅游的意向具有显著的正向影响。这样的结果与 Ajzen、Kerner、Lam、Han、吴红忠、李华明等学者利用计划—行为理论在旅游领域的研究结果相符。

3. 过去的志愿者旅游行为

许多学者在研究过程中发现，计划—行为理论在应用过程中不能适应所有研究的需求，学者们根据特定的研究目的，在计划—行为理论框架中加入了新的变量。其中，过去的行为是学者们比较感兴趣的对象。Bagozzi 等（2000）提出，行为人过去的行为在很大程度上影响了其从事该行为的意向及实际行为；Ajzen 和 Madden（1986）、Bagozzi 和 Kimmei（1995）、Lam 和 Hsu（2006）、李华敏（2007）都将过去行为加入研究模型中，并得到了有意义的结果。由于志愿者旅游是一种较为小众的旅游形式，参与者较少，有志愿者旅游经历的人也属于小众。是否参与过志愿者旅游是否会对志愿者旅游意向的形成产生影响是本节关注的一个重点。根据是否参与过志愿者旅游，本节将样本分成了两组，对这两组样本在志愿者旅游意向形成过程中进行了比较，发现没有参与过志愿者旅游的样本，其感知行为控制对于志愿者旅游意向的影响显著大于有过志愿者旅游经历的样本，即在相同的感知行为控制水平下，没有参与过志愿者旅游的样本表现出更强的志愿者旅游意愿；而对志愿者旅游的态度及主观规范对于志愿者旅游意向的影响，两组样本没有表现出显著差异。造成这种结果的原因可能有两种。第一，本节的研究

样本多为一个成型的志愿者旅游组织（“多背一公斤”、奥运志愿者、世博志愿者、爱心支教、“关爱老兵”组织），在这些组织中有参与过志愿者旅游的成员，也有对志愿者旅游感兴趣，却由于各种原因没有参与过志愿者旅游的成员，这部分成员对于志愿者旅游有一定的了解，却没有亲身的体验。因此，即使他们对于志愿者旅游的控制感没有那些有经验的群体强烈，但仍然由于长期的好奇、渴望而具有强烈的志愿者旅游参与意愿。第二，有志愿者旅游经历的人相对于没有相关经历的人，对志愿者旅游的了解更深入，他们对于志愿者旅游的感知行为控制强，但却没有产生相对应的志愿者旅游意向，可能由于参与志愿者旅游过程中产生了其他降低其行为意向的因素。这些因素可能是其自身的内在因素，如心情、身体状况等，也可能是外在因素，如志愿者旅游活动的组织问题、在目的地的不愉快经历等。

4.2.6　局限性与未来研究展望

本节基于计划—行为理论对志愿者旅游意向形成的影响因素进行定量研究，并引入了过去的志愿者行为作为分组调节变量进行分析，取得了一些创新的结果，但也存在以下局限。

首先，在研究对象选择上，本文虽然尽力做到对所概括的 5 类志愿者旅游类型的参与者都能进行调查，但由于接触对象的局限性及网络问卷回收的不确定性，无法判断样本来源，所以无法对 5 类志愿者旅游类型的参与者进行单独分析。根据各种志愿者旅游的特点对志愿者旅游进行分类研究，可作为今后研究的一个方向。

其次，由于志愿者旅游目前在我国发展还处于初期，参与者较少，所以本节的抽样方式选择方便样本，无法保证样本的随机性。今后的研究可着力于提高样本选择的随机性，提高研究结果的代表性。

本节加入了过去的志愿者行为作为分组调节变量，研究了过去行为对于志愿者旅游意向的产生所具有的影响。但本节没有使用连续型调节变量，而只是采用了分组型调节变量，因此只能将样本分为参与过志愿者旅游及没有参与过志愿者旅游两组，忽略了高度参与和中低度参与的差异。今后的研究可考虑将过去行为作为连续型调节变量，对比没有参与过志愿者旅游、参与次数较少、参与次数中等，以及参与次数较多的群体之间的差异。

计划—行为理论的一个基本假设是个体的人口统计及社会文化因素通过行为信念间接影响行为态度、主观规范及感知行为控制，最终对行为意向以及实际行为产生影响，而本节没有进一步研究人口统计因素对于人们志愿者旅游形成过程的影响，在今后的研究中，这可以作为一个研究方向，进一步为志愿者旅游组织者组织及管理志愿者旅游活动提供借鉴。

4.3 整合生态价值观与计划行为理论预测顾客绿色饭店消费意向*

随着我国经济进入新常态，在环境承载力达到或接近上限的背景下，发展“节能、降耗、减排”的绿色低碳循环经济已成为未来经济发展的方向，修订后的《中华人民共和国环境保护法》的实施，预示着企业经营的资源环境约束强化。传统饭店经营具有“投入高、消耗大、污染重”的特点，饭店业只有转变现有经营模式、实施绿色管理，才能顺应新的时势获得持续健康发展。

绿色饭店是指倡导绿色消费且保护生态和合理使用资源的饭店。目前在我国1.4万余家星级酒店中，有两千家左右的“绿色饭店”，所占比例不高。虽然政府相关部门和行业协会等倡导酒店实施绿色经营管理，酒店的日常经营行为中“绿色”经营理念还未能有效贯彻和落实。原因在于酒店的绿色经营，如绿色采购、环保产品等实施需要投入，经营者首先关注的问题是投入是否能换来满意的利润回报，企业需要找到为此“买单”的人。这里的关键要素是消费者对绿色酒店的需求如何，决定绿色饭店消费意向的因素是什么？

国外对于绿色饭店的研究，最初从饭店层面探讨饭店的环境管理实践和环境政策相关的绿色战略，近年来开始关注顾客视角，考察顾客的绿色偏好和态度，以及顾客选择绿色饭店的决策过程。Han 等（2010）最先依据 TPB 理论解释影响顾客绿色饭店决策的因素，但单纯使用 TPB 理论还无法很好预测绿色饭店决策这一复杂现象，所以有待加入新的变量；而国内的绿色饭店研究基本是从饭店的视角，研究饭店的绿色管理现状和趋势，而基于顾客的角度，聚焦于顾客选择绿色饭店决策过程的研究还是空白。

为了填补研究缺口，本节尝试将价值—态度—行为模型和计划—行为理论（theory of planned behavior）加以整合作为理论框架，研究影响顾客绿色饭店消费意向的驱动因素，揭示促成绿色饭店消费的形成机制，理论上构建了新的环境行为模型，实践中为旅游主管部门推进饭店绿色经营，以及饭店的营销决策提供有针对性的管理措施和建议。

4.3.1 理论基础和研究假设

1. 计划—行为理论

计划—行为理论（TPB）作为最广泛应用的理性选择模型，是解释个体决策过

---

* 本节选自：李玲，2016. 整合生态价值观与计划行为理论预测顾客绿色饭店消费意向[J]. 生态经济，32(7).

程的基础理论框架。理性行为理论假设个体行为可以由意志控制，在理性行为理论的基础上，Ajzen（1991）增加了知觉行为控制变量，提出了计划—行为理论。TPB 认为行为的直接决定因素是行为意向，而态度、主观规范和感知控制影响行为意向。行为态度是个体基于自身价值观对某一事物喜欢或不喜欢程度的评价；主观规范是个体决策是否从事某行为时面临的社会压力；感知行为控制是个体对某行为容易和困难程度的判断。

加入了非意志因素，使得 TPB 相对于理性行为理论，能更加准确地预测个体的行为意向[5]，该理论也经常被学者们运用于旅游和饭店行为的研究中，如 Kim 和 Han（2010）应用其解释和预测顾客绿色饭店选择行为。以往研究也指出，当涉及环境友好行为时，加入个人规范变量到 TPB 模型中，能够改善模型的解释力。

2. 价值—态度—行为理论

在社会心理学研究中，价值—态度—行为（VAB）模型被广泛应用于对行为的解释。从认知的层次考虑，价值观通过态度间接影响行为。Kang 等（2015）应用 VAB 模型了解顾客对休闲餐厅健康菜品的选择，发现了从抽象的认知（价值观）到中间阶段的认知（态度），直至具体行为之间的关系。首先健康价值观激发顾客健康饮食的兴趣和结果预期，进而提高顾客健康菜品的消费意愿。

个人价值观是消费者的消费态度和行为的主要决定因素，环境态度和环境友好行为反映了个人的价值取向。在绿色饭店情境下，个人价值观具体体现为生态价值观，因此有必要将生态价值观和 TPB 进行整合，构建更综合的理论框架。

3. 个人价值观和 TPB

关于价值观的定义，学者们尚未形成一致的观点，有学者认为价值观是合乎需要、超越情境的目标，是个人生活的指导原则。价值观应该区分为个人价值观和社会价值观，社会价值观界定了社会或群体理想的行为或终极目标；而个人价值观定义了个人理想的行为和终极诉求。社会价值观（其他人持有的价值观）间接地嵌入在 TPB 中（即主观规范的概念），但是个人价值观在 TPB 中却未得到体现。

考虑到绿色饭店这一特殊情境，本节将生态价值观作为影响顾客购买意向的一个因素加入传统 TPB 模型中，通过构建新环境行为模型从而克服单一理论解释力的不足。

4.3.2 概念模型和研究假设

在上述理论阐述的基础上，提出了顾客绿色饭店消费的理论模型（图 4-5）。通过整合生态价值观和计划行为理论，模型建立了生态价值观、主观规范、态度和绿色饭店消费意向及绿色饭店知识构念间的联系，并提出以下假设。

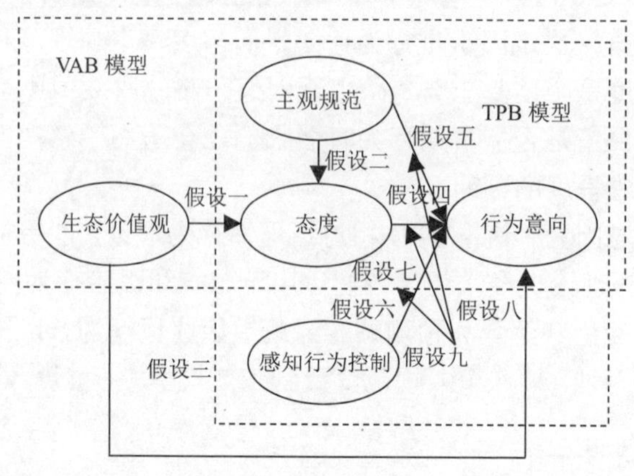

图 4-5 研究框架

1. 生态价值观、主观规范和态度

价值观不同于态度，价值观发挥作用于个体的整个内部系统，并影响着特定态度和行为的形成。依据环境意识的价值基础理论，个人的以生态为中心的环境态度的形成受到其生态价值观的影响。值得一提的是，社会价值观和个人价值观不会孤立地存在和演化，个人价值观是在家庭、社会影响下逐渐形成的，社会价值观（主观规范）对于个人的消费态度和行为也会产生重要影响。

根据上述分析，提出假设：

假设一，生态价值观正向影响个人的态度；

假设二，主观规范正向影响个人的态度。

2. 生态价值观与消费意向

从价值观角度看，绿色消费实际上是衡量消费者价值观中是否具备环保导向，即绿色消费行为是以环境意识为导向的购买行为。因此，生态价值观诠释了人们对环境的态度，诱发了绿色需求和消费意愿，进而增进绿色饭店消费行为。

假设三，生态价值观增进了绿色饭店消费意向。

3. 态度、主观规范、感知控制和消费意向

以往的实证研究验证了态度、主观规范、感知控制对行为意愿之间的正向影响，表明 TPB 里的这些变量在解释个人决策过程时的重要性。Han 等（2010）的研究发现态度、主观规范及感知行为控制正向影响入住绿色饭店的意向。根据文

献分析结果，提出假设：

假设四，个人的态度正向影响绿色饭店选择意向；

假设五，主观规范正向影响入住绿色饭店意向；

假设六，个人的感知行为控制正向影响绿色饭店选择意向。

4. 绿色饭店知识的调节作用

Fryxell 和 Carlos（2003）指出知识会影响消费决策的各个阶段。绿色饭店知识是指关于饭店经营影响自然环境的事实、概念和关系。基于已有文献，本研究假设顾客自我感知的绿色饭店知识水平会调节绿色饭店选择决策。

假设七，绿色饭店知识水平高的个人，态度对消费意向影响较大；

假设八，绿色饭店知识水平高的个人，主观规范对消费意向的影响较小；

假设九，绿色饭店知识水平高的个人，感知控制对消费意向的影响较大。

4.3.3　研究设计与数据收集

1. 数据来源与收集

在形成正式问卷前，先对相关专家和饭店顾客进行深入访谈，对量表的题项表达做了修改，并对问卷进行了小样本的预测，检验了信度和效度，剔除了无效的题项。正式的问卷发放主要通过实地调研和网络调查的方式，问卷主要来源有：广州的 3 家星级饭店顾客、问卷星网络调查。在收集的 348 份问卷中，有效问卷共有 310 份，问卷有效率 89.1%。

受调查者中男性占 58%，女性占 42%。年龄方面 21～30 岁占 12%，31～40 岁占 50%，41～55 岁占 38%。教育水平方面，高中及以下的为 36%，大专的为 16%，本科及以上的为 48%。收入方面，月收入 3000 元以下为 33%，3001～4000 元为 35%，4001～5000 元为 21%，5000 元以上为 11%。住店次数方面，每年 1 次及以下的 27%，2 次或 3 次的为 32%，4 次或 5 次的为 14%，5 次及以上的为 27%。

2. 变量测量

本节的调研问卷包括：生态价值观的测量，意愿变量及预测变量态度、感知行为控制、主观规范的测量，绿色饭店知识的测量，以及对受访者人口统计信息的收集。除了态度变量的测量使用 7 点语义差别量表，其余变量的测量均采用李克特 7 点尺度进行。其中 1 表示“非常不同意”，7 表示“非常同意”。

生态价值观的测量有两个题项，来自 Stern 等（1999）的量表并做了相应调整，如选择绿色饭店可以减少污染等。行为态度、主观规范、感知行为控制和行为意愿变量使用 Han 等（2010）设计的量表进行测量，各问项的表述根据本研究的情境进行了调整。其中态度的测量有 4 个题项，为“旅行时选择入住绿色饭店是愉快的”等；主观规范的测量有两个题项，为“身边很多重要的人认为我旅行时应该选择绿色饭店”等；感知行为控制的测量有 3 个题项，为“旅行时我有资源、时间和机会入住绿色饭店”等；入住绿色饭店意愿有 3 个题项，为“旅行时我愿意选择绿色饭店”等。绿色饭店知识的测量有 3 个题项，采用 Chen 和 Peng（2012）的量表，为“与一般的顾客相比，我更了解绿色饭店的政策”等。以往研究表明以上的量表均具有较好的信度和效度。

4.3.4 数据分析与假设检验

采用 spss 20.0 和 Amos 20.0 软件进行数据分析，使用结构方程模型（SEM）进行几个变量关系的分析。结构方程模型与多元回归、路径分析、联立方程组等方法相比，有着突出的优势：不需要有严格的假设、自变量和因变量可以存在测量误差，容许模型中同时有多个自变量和因变量。

1. 测量模型

在对概念模型进行结构方程模型检验之前，首先要对测量模型进行 CFA，即确认性因子分析，研究数据与测量模型的拟合情况。CFA 结果表明模型与数据的拟合情况较好（$\chi^2 = 138.183$，df = 56，$p < 0.001$，RMSEA=0.070，CFI=0.966，NFI=0.945）各个变量的组合信度都大于 0.6，说明量表具有较高的可靠性。所有变量均通过了标准化因子载荷大于 0.5 的检验标准，同时，各变量的 AVE 值均大于 0.5，说明所有变量均具有收敛效度。通过计算各变量 AVE 的平方根，比较发现，对角线上的数值均大于各变量之间的相关系数，说明量表具有判别效度。

采用探索性因子分析检测潜在的共同方法偏误。结果表明单一因子解释的最大方差为 21%，未占方差的多数；另外运用验证性因子分析进行了 Harman 检验，结果显示单因素测量模型的拟合值显著低于多因素测量模型（本研究模型）。上述分析说明本节测量模型不存在共同方法偏误。

2. 结构方程模型

数据分析结果（表 4-11）显示，卡方值与自由度比值为 2.741，小于 3，NFI、CFI、IFI、GFI、AGFI 及 RFI 均大于或接近 0.9，且 RMSEA 小于 0.8，数据与模型的拟合程度较好。

表 4-11　结构方程模型结果

路径	系数	T 值	假设
EV→AT	0.344	4.200^{***}	支持假设一
SN→AT	0.384	5.278^{***}	支持假设二
EV→BI	0.163	2.567^{**}	支持假设三
AT→BI	0.225	3.895^{***}	支持假设四
SN→BI	0.216	3.220^{***}	支持假设五
PBC—>BI	0.312	4.441^{***}	支持假设六

$^{**}p<0.01$，$^{***}p<0.001$。

从表 4-11 结果可看出，假设一～假设六均成立。生态价值观和主观规范显著影响态度，并且生态价值观直接影响行为意向（假设一～假设三）；与 TPB 变量相关的假设（假设四～假设六）成立意味着，态度、主观规范和感知行为控制能够预测顾客选择绿色饭店的行为意向。

3. 分组比较分析

为了验证假设七～假设九，本节按照 K-Mean 聚类分析，将样本按照顾客感知绿色饭店知识分为两类，其中，G1 组即低水平组，由 188 个样本构成；G2 组即高水平组，由 122 个样本构成。

在对组间关键路径做比较之前，先要进行测量不变性检验。具体地，先对无限制测量模型进行 CFA 分析，然后使用 χ^2 差异检验对比无限制模型和等值限定的模型（Yoo，2002）。结果发现两个模型无显著性差异[$\Delta\chi^2(39)=87.1$，$P>0.1$]，满足测量不变性要求，并且两个模型的数据拟合情况均较好。

随后，需要检验在两组样本中，理论模型的假设路径是否显著。路径系数检验结果表明，低水平环境知识组中，主观规范与意愿有显著的正向关系（$\beta=0.383$，$p<0.05$），高水平环境知识组中，态度、感知行为控制与意愿有显著的正向关系（$\beta=0.336$，$p<0.05$；$\beta=0.222$，$p<0.05$）。

检验各路径系数显著性之后，还需要对同一路径在不同样本中是否存在差异进行显著性判断。从表 4-12 中可以看出，两组对应路径的确存在着差异，假设七～假设九成立。

表 4-12　假设路径的等值检验

路径模型拟合数据等值检验		
基准模型（自由估计）限制模型 χ^2 差异检验		
态度意愿 $\chi^2(164)=280.99$	$\chi^2(165)=287.73$	$\Delta\chi^2(1)=6.74$，$p<0.01$
规范意愿 $\chi^2(164)=280.99$	$\chi^2(165)=285.79$	$\Delta\chi^2(1)=4.80$，$p<0.05$
控制意愿 $\chi^2(164)=280.99$	$\chi^2(165)=285.53$	$\Delta\chi^2(1)=4.54$，$p<0.05$

4.3.5 结论与讨论

1. 结论

本节应用整合的绿色饭店模型预测顾客的行为意向，结果证明建立的模型拟合情况较好，并可得出以下结论。

（1）个人价值观（生态价值观）和社会价值观（主观规范）都影响顾客对绿色饭店的态度和行为，即顾客的绿色饭店态度和行为某种程度上是价值观驱动的，从而验证了价值观—态度—行为的认知层次模型。

（2）证实了 TPB 模型中的态度、主观规范和感知行为控制变量显著预测了绿色饭店选择的意愿。

（3）关于绿色饭店知识的调节效应的发现表明具有较高知识水平的顾客愿意入住绿色饭店，如果他们对于自己的能力有自信（如消费没有超出预算及有能力控制决定），或者他们对于绿色饭店有积极的态度（如绿色饭店有益于环境的态度）；相反，当顾客感觉自己对绿色饭店没有足够的知识时，他们主要依靠别人的推荐（主观规范）。此研究结果与深入访谈的发现一致，受访者承认当拥有较少的环境知识时，例如，不了解绿色饭店对环境的好处或不确定是否有能力入住绿色饭店，他们较依赖于别人的推荐。

2. 讨论

生态价值观是态度和行为的前因变量，增强消费者的生态和环境意识至关重要。近些年来消费者日益关注环境问题（如环境污染、气候改变和自然资源耗竭），鉴于传统饭店经营对环境造成的负面影响，绿色饭店协会可以举办讨论会，鼓励顾客的绿色饭店消费；学校、家庭和社会应强化对学生的教育、宣传，因为他们是未来绿色饭店的潜在消费者。这些努力会激发消费者的环境友好的消费行为，包括选择绿色饭店产品。

相较于单独应用计划行为理论，仅聚焦于提高 TPB 中的 3 个要素（态度、主观规范和感知行为控制），应用整合的模型理解顾客的态度和行为还受价值观的驱动，揭示了顾客绿色饭店消费意向的影响因素和形成机制，从而为饭店营销者和有关决策者推行绿色饭店提供了指导。

另外，为了吸引顾客，饭店必须量身制定营销计划，针对缺少绿色知识的顾客，应加强饭店的绿色宣传，让客人了解饭店的环保计划和创意，引导顾客的绿色消费；可以通过媒体（如电视、报刊、网络等），灌输绿色消费概念和宣传饭店的绿色经营理念；还可借助一些公益性活动展示饭店的绿色形象。对于具有绿色知识的顾客，饭店有必要突出能给客人带来的实际价值，可以采取措施降低顾客需支付的成本或进行价值补偿；同时饭店可以强调绿色经营对环境的益处。

本节为深入研究绿色饭店消费行为的内部机理打开了一扇门，但也存在着一定的局限性：包括需要增加研究的样本量，有待进一步研究绿色饭店行为，等等。

参考文献

高科，2010. 志愿者旅游：概念、类型与动力机制[J]. 旅游论坛，3(2)：141-146.

贾怀勤，2006. 管理研究方法[M]. 北京：机械工业出版社.

李华敏，2007. 乡村旅游行为意向形成机制研究[D]. 浙江：浙江大学.

李秋成，2015. 人地一人际互动视角下旅游者环境责任行为意愿的驱动因素研究[D]. 杭州：浙江大学.

刘静艳，王郝，陈荣庆，2009. 生态住宿体验和个人涉入度对游客环保行为意向的影响研究[J]. 旅游学刊，24(8)：82-88.

秦田，2010. 公益旅游者消费行为特征及其市场开发策略研究[D]. 南京：南京师范大学.

沈苏彦，郭剑英，2011. 游客对世界文化遗产地的旅游意向的实证研究[J]. 人文地理，2：144-149.

宋聪，2007. 中国志愿者旅游开发研究——以广西百色地区为例[D]. 北京：北京第二外国语学院.

曾武灵，汪克夷，李珊珊，2011. 游客重游意愿的决定规划：基于滨海生态旅游区的实证研究[J]. 管理评论，23(3)：90-97.

Ajzen I，1985. From intentions to actions：A theory of planned behavior[M]//Kuhl J，Beckman J. Action control：From cognition to behavior. Berlin：Springer，11-39.

Ajzen I，1991. The theory of planned behavior[J]. Organizational Behavior and Human Decision Process，50(2)：179-211.

Ajzen I，2006. TPB measurement：Conceptual and methodological considerations[OL]. http://www.people.umass.edu/aizen/pdf/tpb.measurement.

Ajzen I，Driver B L，1992. Application of the theory of planned behavior to leisure choice[J]. Journal of Leisure Research，24(3)：207-224.

Ajzen I，Fishbein M，1980. Understanding attitudes and predicting social behavior[M]. London：Prentice Hall：11-27.

Ajzen I，Madden T，1986. Prediction of goal-directed behavior：attitude，intentions and perceived behavioral control[J]. Journal of Experimental Social Psychology，22：453-474.

Ajzen I，Sexton J，1999. Depth of proessing，belief congruence and attitude-behavior correspondence[J]//Chaiken S，Trope Y. Dual-Process Theories in Social Psychology[M]. New York：Guilford.

Anderson J，Gerbing D W，1998. Structural equation modeling in practice：a review and recommended two-step approach[J]. Psychological Bulletin，103：411-423.

Andrew M，2016. Heterogeneity in the preferences and pro-environmental behavior of college students：the effects of years on campus，demographics，and external factors[J]. Journal of Cleaner Production，112：3451-3463.

Bagozzi R P，Kimmel S K，1995. A comparison of leading theories for the prediction of goal-directed behaviors[J]. British

Journal of Social Psychology，34：437-461.

Bagozzi R P，Wong N，Abe S，et al，2000. Cultural and Situational Contingencies and the Theory of Reasoned Action：Application to Fast Food Restaurant Consumption[J]. Journal of Consumer Psychology，9(2)：97-106.

Baker E W，Al-Gahtani S S，Hubona G S，2007. The effects of gender and age on new technology implementation in a developing country：testing the theory of planned behavior (TPB)[J]. Information Technology & People，20(4)：352-375.

Bandura A，1977. Social learning theory[M]. New Jersey：Prentice-Hall.

Beek V，Alan K，2006. The impact of short-term missions：a case study of house construction in Honduras after Hurricane Mitch[J]. Missiology：an international review，34(4)：477-496.

Brown S，2005. Travelling with a Purpose：Understanding the Motives and Benefits of Volunteer Vacationers[J]. Current Issues，8(6)：479-496.

Brown S，Lehto X，2005. Travelling with a purpose：understanding the motives and benefits of volunteer vacations[J]. Current Issues in Tourism，8(6)：479-496.

Caissie L T，Halpenny E A，2003. Volunteering for nature：motivations for participating in a biodiversity conservation volunteer program[J]. World Leisure Journal，45(2)：38-50.

Chen A，Peng N，2012. Green hotel knowledge and tourists' staying behavior[J]. Annals of Tourism Research，39：2203-2219.

Chen A，Peng N，2012. Green hotel knowledge and tourists’ staying behavior[J]. Annals of Tourism Research，39(4)：2211-2216.

Chen C L，2011. From catching to watching：moving towards quality assurance of whale/dolphin watching tourism in Taiwan[J]. Marine Policy，35：10-17.

Chen L，Chen J S，2011. The motivations and expectations of international volunteer tourists：A case study of “Chinese Village Tradition”[J]. Tourism Management，32：435-442.

Cheng S，Lam T，Hsu C H C，2006. Negative word-of -mouth communication intention：an application of the theory of planned behavior[J]. International Journal of Hospitality Management，24(4)：475-492.

Chiu Y T, Lee W I, Chen T H, 2014. Environmentally responsible behavior in ecotourism: Antecedents and implications[J]. Tourism Management，40，321-329.

Cincera J，Krajhanzl J，2013. Eco-Schools：what factors influence pupils’ action competencefor pro-environmental behavior?[J]. Journal of Cleaner Production，61(61)：117-121.

Comerford S，Fambrough M，2002. Constructing learning sites for solidarity and social action：gender autobiography for consciousness-raising[J]. Affilia，17：411-428.

Conner M，Abraham C，2001. Conscientiousness and the theory of planned behavior：towards a more complete model of the antecedents of intentions and behavior[J]. Personality and Social Psychology Bulletin，27(11)：1547-1561.

De Groot J 1 M，Steg L，2009. Morality and pro-social behavior：The role of awareness，responsibility and norms in the norm activation model[J]. Journal of Social Psychology，149：425-449.

Eagry A H，Chailen S，1993. The Psychology of attitudes[M]. San Diego：Harcourt Brace Jovanovich College Publishers.

Ellis C，2003. When volunteers pay to take a trip with scientists-Participatory environmental research tourism (PERT)[J]. Human Dimensions of Wildlife，8(1)：75-80.

Fishbein M，Ajzen I，1975. Belief，attitude，intention and behavior：an introduction to theory and research[M]. New Jersey：Addison-Wesley：12-18.

Fornell C，Larcker D F，1981. Structural Equation Models with Unobservable Variables and Measurement Error：Algebra and Statistics[J]. Journal of Marketing Research，18(3)：382-388.

Fryxell G E，Carlos W H L，2003. The influence of environmental knowledge and values on managerial behaviors on behalf of the environmental：An empirical examination of managers in China[J]. Journal of Business Ethics，46(1)：45-49.

Gray N J，Campbell L M，2007. A decommodified experience? Exploring aesthetic，economicand ethical values for volunteer ecotourism in Costa Rica[J]. Journal of Sustainable Tourism，15(5)：463-482.

Guttentag D A，2009. The possible negative impacts of volunteer tourism[J]. International Journal of Tourism Research，11(6)：537-551.

Han H，2014. The norm activation model and theory-broadening：Individuals' decision-making on environmentally-responsible convention attendance[J]. Journal of Environmental Psychology，40：462-471.

Han H，2015. Travelers' pro-environmental behavior in a green lodging context：converging value-belief-norm theory and the theory of planned behavio[J]r. Tourism Management，47：164-177.

Han H，Hsu L，Sheu C，2010. Application of the Theory of Planned Behavior to green hotel choice：Testing the effect of environmental friendly activities[J]. Tourism Management，31：325-334.

Han H，Sheu C，2011. Application of the Theory of Planned Behavior to green hotel choice：testing the effect of environmental friendly activities[J]. Tourism Management，31：325-334.

Harrison D，Mykytyn P P，Riemenschneider C K，1997. Executive decisions about adoption of information technology in small business：theory and empirical test[J]. Information Systems Research，8：171-195.

Hee S P，2000. Relationships among attitudes and subjective norm：testing the theory of reasoned action across cultures[J]. Communication Studies，51(2)：162-175.

Hochwarter W A，James M，Johnson D，et al，2004. The interactive effects of politics perceptions and trait cynicism on work outcomes[J]. Journal of Leadership & Organizational Studies，10(4)：44-57.

John T，2006. Norms for environmentally responsible behaviour：An extended taxonomy[J]. Journal of Environmental Psychology，26：247-261.

Kang J，Jun J，Arendt S W，2015. Understanding customers' healthy food choices at casual dining restaurants：Using the value attitude-behavior model[J] . International Journal of Hospitality Management，48(7)：12-21.

Kim S H，Kim M，Hye-Sook H，et al，2016. The determinants of hospitality employees' pro-environmental behaviors：The moderating role of generational differences[J]. International Journal of Hospitality Management，52：56-67.

Kim Y，Han H，2010. Intention to pay conventional- hotel prices at a green hotel：A modification of the theory of planned behavior[J]. Journal of Sustainable Tourism，18(8)：997-1014.

Lam T，Hsu C H C，2006. Predicting behavioral intention of choosing a travel destination[J]. Tourism Management，27：589-599.

Lee M J，2005. Effects of attitude and destination image on association members' meeting participation intentions：development of meeting participation model[D]. Manhattan：Kansas State University.

Lee T H，2011. Howrecreation involvement，place attachment，and conservation commitment affect environmentally responsible behavior[J]. Journal of Sustainable Tourism，19：895-915.

Liu J，Ouyang Z，Miao H，2010. Environmental attitudes of stakeholders and their perceptions regarding protected area-community conflicts：a case study in China[J]. Environment Management，91：2254-2262.

Lo A S，Lee C Y S，2011. Motivations and perceived value of volunteer tourists from Hong Kong[J]. Tourism Mangement，32：326-334.

McBride A M，Brav J，Menon N，et al，2006. Limitations of civic service：Critical perspectives[J]. Community Development Journal，41(3)：307-320.

McGehee N G，Andereck K，2009. Volunteer tourism and the "voluntoured"：The case of Tijuana，Mexico[J]. Journal of Sustainable Tourism，17(1)：39-51.

McGehee N G，Santos C A，2005. Social change，discourse and volunteer tourism[J]. Annals of Tourism，32(3)：760-779.

Mustonen P，2007. Volunteer tourism-altruism or mere tourism?[J]. Anatolia：An International Journal of Tourism and Hospitality Research，18(1)：97-115.

Orams M B，1997. The effectiveness of environmental education：Can we turn tourists into greenies? [J]. Progress in Tourism and Hospitality Research，3：295-306.

Quellette J A，Wood W，1998. Habit and intention in everyday life：The multiple processes by which past behavior predicts future behavior[J]. Psychological Bulletin，124(1)：54-74.

Raymond E M，Hall C M，2008. The development of cross-cultural (mis)understanding through volunteer tourism[J]. Journal of Sustainable Tourism，16(5)：530-543.

Rehberg W，2005. Altruistic individualists：motivations for international volun-teering among young adults in Switzerland[J]. Voluntas：International Journal of Voluntary and Nonprofit Organizations，16(2)：109-122.

Schwartz S H，1977. Normative influences on altruism[J]//Berkowitz L. Advances in Experimental Social Psychology，vol. 10[M]. New York：Academic press：221-279.

Schwartz S H，Howard J A，1982. Helping and cooperation：A self-based motivational model[J]//Derlega V J，Grzelak J. Cooperation and helping behavior：Theories and research[M]. New York：Academic press：327-353.

Simpson K，2004. 'Doing development'：The gap year，volunteer-tourists and a popular practice of development[J]. Journal of International Development，16：681-692.

Sin H L，2009. Volunteer tourism— "Involve me and I will learn"?[J]. Annals of Tourism Research，36(3)：480-501.

Sivek D J，Hungerford H，1990. Predictors of responsible behavior in members of three Wisconsin conservation organizations[J]. The Journal of Environmental Education，21：35-40.

Smith F J，Evans S M，2003. The value of marine ecological data collected by volunteers[J]. Biological Conservation，113：199-213.

Soon-Ho K，2016. The determinants of hospitality employees' pro-environmental behaviors：The moderating role of generational differences[J]. International Journal of Hospitality Management，52：56-67.

Staw B M，1981. The escalation of commitment to a course of action[J]. Academy of Management Review，6(4)：577-587.

Steg L，Vlek C，2009. Encouraging pro-environmental behavior：An integrative review and research agenda[J]. Journal of Environmental Psychology，29：309-317.

Stern P C，Dietz T，Abel T，1999. A value-belief-norm theory of support for social movements：the case of environmentalism[J]. Human Ecology Review，6：81-97.

Stern R C，Dietz T，Guagnano G A，1995. The new ecological paradigm in social-psychological context[J]. Environment and Behavior，27：723-743.

Uriely N，Reichel A，Ron A，2003. Volunteering in tourism：additional thinking[J]. Tourism Recreation Research，28(3)：57-62.

VolunTourism Defined[EB/OL]. http://www. voluntourism. org/，2011-8-24.

Wearing S，2001. Volunteer tourism：experiences that make a difference[M]. Wallingford：CABI International.

Wearing S，Dann G，2002. Re-centering the self in volunteer tourism[A]//Digance J，Cusack C. The Tourist as a Metaphor of the Social World[M]. New York：CABI Publishing：237-262.

Wearing S，Deville A，Lyons K，et al，2008. The volunteer's journey through leisure into the self[A]//Lyon K，Wearing S. Journeys of Discovery in Volunteer Tourism[M]. Cambridge：CABI Publishing：63-71.

Wu J H，Li S H，Sung W Y，2016. The study of perceived environment and its relation to senior citizen's physical activity behavior intention[J]. Journal of Business Research，69(6)：2259-2264.

Yen-Ting H C，Lee W I，Chen T H，2014. Environmentally responsible behavior in ecotourism：Antecedents and implications. Tourism Management，40(1)：321-329.

Yoo B，2002. Cross-group comparisons：A cautionary note[J]. Psychology & Marketing，19(4)：357-368.

Zilahy G，Huisingh D，2009. The roles of academia in regional sustainability initiatives[J]. Journal of Cleaner Production，17：1057-66.

Zunigo X，2007. Visit the poor[J]. Actes de la Recherche en Sciences Sociales，(170)：102-109.

第 5 章　利益相关者价值共创

自然保护区生态价值的市场化实现并不仅是沿着供应链由生产者向消费者单向传递，也不仅局限于将价值链末端的旅游消费者力量引入，依靠旅游者的消费实现生态价值，而且可以将所有关键利益相关者整合进来，实现利益相关者生态价值的共创。本章对利益相关者共创过程中的管理问题进行探索。首先分析旅游企业对供应商实施正式治理和非正式治理，即签订合法契约引入外部强制性的法律约束与构建关系规范实现群体内自主性约束这两种机制的治理效果，指导旅游企业有针对性地运用治理机制对旅游供应链进行治理；接下来以旅游企业和游客为切入点，运用生态旅游服务质量测量模型，探讨旅游企业提供的生态旅游服务质量与游客旅游体验及其行为意向之间的关系。

5.1　旅游供应链协同创新的治理困境：契约还是关系*

旅游业同质化竞争的现象非常普遍。这种同质化不仅反映在目的地旅游资源的雷同，更延伸体现为旅游产品和服务特色的缺失。对“生产”旅游产品的运营商而言，无法通过同质化产品创造附加价值并获取超额利润，只能参与激烈的价格博弈争夺市场份额。零负团费情境下虚假宣传、强迫游客购物、导游辱骂游客等事件频现，不仅损害了旅游运营商的形象，而且导致旅游生态系统恶性循环，不利于旅游业的可持续发展。2015 年，国务院办公厅发布《国务院办公厅》（国办法〔2015〕62 号）关于进一步促进旅游投资和消费的若干意见”，明确指出旅游业实现供给侧改革，通过创新促进旅游投资和消费的重要意义。

面对动态复杂的网络化市场环境，创新已不是个体单独的行为。由于旅游产品的综合性及旅游企业自身资源的有限性，旅游运营商很难完全依靠自身力量进行创新。以供应链为核心的网络成员是旅游运营商创新思想的源泉和创新实现的伙伴（Roy et al.，2004）。越来越多的旅游运营商通过投资、并购或与景区、酒店等供应商构建战略联盟等形式，寻求与旅游供应链企业之间的创新合作，共享创新资源，整合各种优势和能力。只有通过协同创新，才能获得单个创新主体无法

---

* 本节选自：陈阁芝，刘静艳，王雅君，2017. 旅游供应链协同创新的治理困境：契约还是关系？[J]. 旅游学刊，8(32).

企及的整体创新效果，形成可持续的竞争优势。

然而，旅游供应链协同创新的实现并非易事。旅游供应链上独立的成员总是有着各自不同的利益诉求。作为“理性的经济人”，合作伙伴在自我利益驱使下有可能通过实施机会主义行为来“搭便车”，甚至通过不正当手段侵占创新成果、剥夺创新收益，形成“集体行动的难题”。供应链成员之间有时会出现关系恶化，甚至旅游供应链断裂的情况。旅游业陆续出现的景区、酒店与旅游运营商之间相互抵制、封杀等现象，正是旅游供应链协同创新较难实现的反映。

在这种背景下，旅游供应链的治理尤为重要。旅游运营商对供应链成员进行有效治理，在防范机会主义行为的同时获得协同创新效果，是旅游供应链协同创新需要解决的首要问题（Wang et al.，2008）。学者们从不同的理论视角出发，提出不同的治理机制以解决企业间的治理问题（Kashyap et al.，2012）。但一方面，这些治理机制对旅游供应链的治理效果尚无定论；另一方面，目前对治理效果的界定仍局限于机会主义行为，对供应链协同创新缺乏关注。鉴于此，作者结合现有理论，基于旅游业特定的情境，尝试构建模型分析不同治理机制对于减少机会主义行为和促进供应链协同创新两方面的效果，以弥补现有研究的不足。对旅游管理实践来说，也有助于旅游运营商有针对性地运用治理机制对旅游供应链进行治理，保障旅游供应链协同创新的实现。

5.1.1　文献述评与模型构建

1. 旅游供应链

从旅游运营商的角度而言，旅游产品是旅游运营商为满足旅游者在旅游过程中的需要，凭借一定的旅游资源和旅游设施向旅游者提供的各种有偿服务（李宏和杜江，2011）。旅游产品从“原材料”采购、生产到传递给消费者这个过程中，需要一系列成员参与，这些成员相互联系，构成了旅游供应链。以旅游运营商为中心，旅游供应链成员既包括上游供应商，也包括下游分销渠道及旅游者（Zhang et al.，2009；刘亭立，2013）。在旅游供应链上，旅游供应商主要负责为旅游者提供食、住、行、游、购、娱等基础性产品或服务；旅游运营商则是与旅游供应商签订协议，采购基础性产品或服务进行旅游产品的“生产”，然后通过销售渠道将旅游产品间接卖给旅游者或通过门店、网络平台直接向旅游者销售的中间机构（Yale，1995；Sheldon，1986）；旅游代理商不从事旅游产品的“生产”，而是直接向旅游者出售旅游经营者“生产”的旅游产品或代理销售门票、酒店、机票等基础性产品，充当“代理人”的角色，以代理佣金为主要的收入来源。

旅游供应链是围绕旅游运营商形成的包括上游和下游在内的成员网络，但作者在文中主要关注的是旅游运营商与旅游供应商之间的协同创新，以及旅游运营商对旅游供应商的治理，理由如下。第一，旅游产品生产更多地体现为基础性产品和服务的组合或集成。旅游者购买旅游产品后，仍需由旅游供应商提供基础性产品和服务，旅游供应商提供的基础性产品或服务的质量会直接影响旅游者对旅游运营商旅游产品质量的评价。因此，旅游运营商对旅游供应商的治理尤为重要。第二，在我国，旅游中介机构长期实行水平分工体系，旅游运营商与旅游代理商间的角色未明确区分。第三，互联网技术的发展造就了一批面向旅游者的线上旅游运营商，而传统的旅游运营商通过构建网络销售平台也可实现与旅游者的直接沟通，这进一步弱化了旅游代理商在旅游供应链中的地位和作用。

2. 旅游供应链的协同创新

面对日趋激烈的竞争和更新迅速的全球化经济环境，旅游企业必须善于填补“需要做的”和“自己所能做的”二者之间的空白（Ketchen et al.，2007）。协同创新可以作为填补空白的工具。创新是新思想、新流程、新方法、新产品或服务等的产生、接受及实施（Hjalager，2010）。协同创新则包含协同和创新两方面的含义，强调跨越企业边界（甚至行业边界），通过想法、知识、技能及机会等方面的共享和协调运作实现的创新（Miles et al.，2006）。20 世纪 90 年代，学术界和业界还倾向于将创新归功于某个实体单独的行为，但事实上，随着分工专业化程度的不断提高，单个企业已不具备创新需要的所有资源和能力，企业依靠自身实现创新的可能性越来越小，而且没有合作伙伴的支持，创新的效率和效果也会大打折扣。当今企业的创新，必须跨越个体边界限制以获取互补性的创新资源和能力，这使得供应链协同创新成为必要。

供应链协同创新是在围绕产品生产和流通形成的纵向网络协同基础之上进行的创新，其重要性已得到普遍认同（Yeniyurt et al.，2014）。学者们指出，创新过程的很大部分来源于企业与其供应链上下游企业之间的交互关系，尤其认为供应商是企业创新的重要来源（Sivadas and Dwyer，2000）。供应链上的企业通过协同创新不仅可以缩短新产品开发的时间、降低创新成本，而且能够提高产品和服务质量、进入新市场、获得新技术，以及更加敏捷地应对不断变化的市场需求，从而提高供应链的整体竞争能力和收益。

对需要持续创新的旅游运营商来说，旅游供应链的协同创新具有更加举足轻重的作用。首先，旅游运营商与旅游供应链成员分享知识、信息、技能及机会等有价值的资源，更有可能获得有关产品、服务、流程等方面创新的想法。在协同性的供应链网络中，资源是共享和开放的，任何一个成员都可以从中获得需要的资源，并运用这些资源来进行发明创造（Yeniyurt et al.，2014）；并且旅游运营商在产品、服务、流程、营销等方面的创新举措必须依靠旅游供应商的协同才能转化为现实的创新价值。旅游运营商销售给旅游者的产品和服务，最终要在旅游供应商的支持下才能实现消费。甚至有学者认为，旅游企业创新实质上是供应商驱动型的创新，更多源自于供应商的研发活动，旅游企业自身的研发行为很少。

已有研究对影响供应链协同创新的因素进行了分析。从供应链网络结构层面而言，不同的供应链网络结构对旅游供应链创新的影响不同。研究表明，网络规模、网络同质性和网络强度均与企业创新绩效正相关（解学梅和左蕾蕾，2013）。具有高度可达性和关联性的供应链网络更有利于企业的创新（Bellamy et al.，2014）。此外，与远距离供应商和客户的连结有利于提高企业的创新能力，而与近距离供应商和客户的连结对创新能力没有显著影响（Todo et al.，2015）。从企业之间的双边关系而言，企业之间的同质性，企业之间交互的频率、范围、方式，以及企业之间的关系质量、关系学习、关系嵌入是影响旅游供应链创新的重要因素（Roy et al.，2004）。从单个企业层面而言，供应商的创新性、企业自身的学习能力也会影响旅游供应链的协同创新。在外部环境中，全球化、环境的复杂程度和不确定性、市场的异质性及竞争的激烈程度是影响供应链协同创新的权变因素（Alexiev et al.，2016）。

如何对供应链进行管理以实现协同创新也是学术界和业界尚在探讨的话题。协同创新需要多方企业进行创新投入，而投入的边界却很难界定；协同创新将产生相应的创新成果和收益，而成果和收益也很难准确测量和分配。这增加了供应链成员实施机会主义行为的风险，在很大程度上抑制了供应链成员参与协同创新的积极性，同时也对企业的供应链治理能力提出了挑战。有学者指出，实施协同创新战略的组织必须在能力、结构和程序等方面进行调整，以支撑与其他组织之间的协同。

3. 旅游供应商的机会主义行为

机会主义是交易成本经济学提出的有关人类行为的基本假设之一。机会主义行为指通过不正当手段“不道德地谋求自我利益”最大化的行为，通常表现为经济主体被自我利益驱使，从而产生故意隐瞒、歪曲或误导信息、违背契约规定、逃避或不完全履行承诺或义务，或者拒绝根据环境的变化进行相应的调整等行为（Jap and Anderson，2003）。有限理性和信息不对称为机会主义行为提供了空间。个体拥有和能够支配的资源有限，面对复杂、不确定的环境，任何企业都不可能掌握所有信息，其决策和行为都是有限理性的。信息优势方为获取最大化的经济利益，有可能隐匿相关的信息资源，或者向对方提供虚假信息，从而产生机会主义行为。基于信息不对称的机会主义行为包括事前的逆向选择和事后的道德风险。逆向选择与交易前的信息不对称有关，信息优势方不会披露那些对自己不利的信息，由此产生“劣币驱除良币”的行为；道德风险问题与交易中的信息不对称有关，指交易过程中由于存在信息不对称，信息优势方有可能产生“偷懒”或不利于对方的行为。

无论是事前的逆向选择还是事后的道德风险，旅游供应商的机会主义行为都将构成旅游供应链协同创新的障碍（Yan and Kull，2015）。一方面，旅游供应商实施机会主义行为的风险降低了旅游运营商与供应商协同创新的意愿和积极性；另一方面，机会主义行为的可能性迫使旅游运营商在协同创新过程中采取措施对旅游供应商进行治理，从而增加了旅游供应链协同创新的成本。由此，本节提出如下假设。

假设一，旅游供应商的机会主义行为负向影响旅游供应链协同创新。

4. 旅游供应链的治理机制

旅游供应链协同创新的必要性和旅游供应商的机会主义行为风险，对旅游供应链的治理提出了要求。供应链治理反映的是组织间关系的治理，是一个组织采用恰当的治理机制，以积极和持续的态度管理组织间行为的过程（Heide，1994）。供应链的治理涵盖供应链上成员之间关系的建立、终止及持续性的关系维护。在旅游供应链的协同创新过程中，不同的利益目标很容易导致供应链成员之间发生冲突和矛盾（Uzzi and Dunlap，2005）。旅游运营商主动积极地运用有效的经济或管理手段对旅游供应链进行治理，能够对企业之间的关系施加影响，进而改善关系质量，提高关系利益。

企业对供应链成员的治理在供应链的协同创新中“扮演着关键角色”，因为治理能够影响交易成本，以及合作伙伴参与价值创造的意愿。供应链的治理也有利于促进供应链成员的创造力。研究表明，在供应链协同创新过程中，主动性和防御性的治理都能够减少机会主义行为。一方面，企业可以主动根据可信度和能力对供应链成员进行选择，签订正式契约，或者依赖关系规范及限制合作范围；另一方面，企业也可以通过加强事后的监督来减少信息不对称，以防御机会主义行为。但目前研究对不同治理措施的治理效果尚无定论。虽然研究发现关系规范能够减少机会主义行为，但也有学者认为，关系规范只有在不确定环境中才具有显著作用（Cannon et al.，2000），影响治理效果的因素还有待进一步研究。此外，已有研究的关注重点是如何通过治理限制机会主义行为，而对供应链协同创新缺乏足够重视。在旅游学领域，已有学者关注旅游供应链的治理问题（Romero and Tejada，2011），但目前的研究重点主要还是旅游营销渠道和旅游目的地集群网络的治理（Wilson et al.，2009）。长期以来，旅游供应链的上游部分，即旅游运营商与旅游供应商之间关系的治理问题仍鲜有研究。

供应链上不同成员之间关系的治理是通过治理机制实现的。治理机制指组织用于控制与其他组织之间的交往，降低其他组织实施机会主义行为的风险，保护组织的交易专属性投资，促进组织之间关系持续的保障措施（Jap and Ganesan，

2000）。治理机制能够影响组织之间的交易成本和协调成本，影响组织共同参与价值创造的意愿，因此对旅游供应链上不同组织之间的关系治理起着非常关键的作用（Kumar et al.，2011）。企业之间正式签订的合法契约和非正式的关系规范是两种主要的治理机制。

1）合法契约

交易成本经济学将企业之间的合作视为交易，企业之间的合作行为可以抽象为二元契约关系。交易成本经济学认为，为了减少机会主义行为及其他不可预见的事件带来的风险，企业应该与合作伙伴签订合法契约，明确规定交易中哪些行为是可以接受的，哪些行为是不能接受的，违背契约的行为则会面临法律的制裁或其他形式的惩罚。正式签订的契约是受法律约束的文件，明确规定了交易双方的角色和责任，以及在未来不可预测的情况下应该采取的行为。

旅游运营商与旅游供应商之间签订合法契约，对各自在协同创新过程中享有的权利和承担的义务达成一致性认识，能够在主观上降低旅游供应商实施机会主义行为的意愿。同时，合法契约明确指出违背契约的惩罚程序，增加了旅游供应商实施自利行为的成本，能够在客观上减少旅游供应商实施机会主义行为的可能性。有学者指出，虽然契约不能完全消除机会主义行为，但却有助于减少交易双方的事后机会主义和投资损失（Wathne and Heide，2000）。事实上，正式签订的合法契约代表着企业在未来实施某项行为的承诺或义务（Macneil，1980）。旅游运营商针对协同创新过程中必要的知识、信息等资源的分享，以及创新收益的分配与旅游供应商签订契约，明确双方在协同创新过程中的角色和责任，能够为旅游供应链协同创新提供法律意义上的基础性保障（Wang et al.，2011）。基于此，本节提出如下假设。

假设二，旅游运营商与旅游供应商之间签订的合法契约负向影响旅游供应商机会主义行为。

假设三，旅游运营商与旅游供应商之间签订的合法契约正向影响旅游供应链的协同创新。

2）关系规范

企业的经济行为并不是孤立的，而是紧密嵌入于社会结构和社会关系之中。“经济行为和后果，如同社会行为和后果一样，受到成员之间的关系及整个关系网络的影响”（Granovetter，2005）。企业之间除了通过签订正式的合法契约构建强制性的法律约束，也可以通过关系规范实现自我约束。关系规范反映各方对某种态度或行为共同的期望（Heide and John，1992），这种共同的期望有利于集体或群体目标的实现。关系规范包括灵活性、信息交换和团结性 3 个维度。其中，灵活性是各方愿意根据环境变化进行相应调整的共同期望；信息交换是积极主动地提供相互需要的信息的共同期望；团结性是期望各方的行为能够促进关系持续，任何企业都不会做出有损于整个关系的决策。

关系规范引导企业不仅关注自身的利益，而且关注群体内各企业共同受益的战略和目标，并在群体内部形成关系的长期导向氛围。从角色观点来看，合法契约更加强调企业的“商人”角色，而关系规范则强调企业的“朋友”角色（Heide and Wathne，2006）。研究表明，关系规范能够促进组织之间的合作行为，对构建有效的组织间关系具有积极影响（Palmatier et al.，2007）。

在旅游供应链网络中，关系规范能够促使成员企业通过共同磋商和讨论来解决冲突和问题，共同参与决策，从关注个体利益转变为关注共同的责任和利益，从而有利于成员企业之间形成共赢的氛围，减少成员企业自利的机会主义行为产生。同时，旅游供应链成员企业共同遵守的关系规范也有助于提高成员企业之间互相交换有价值的信息、知识及分享观点的积极性，减少成员企业之间的谈判成本，使成员企业能够投入更多的资源来进行协同创新。组织间治理研究表明关系规范是促进创新的重要机制。因此，本节提出如下假设。

假设四，旅游运营商与旅游供应商之间的关系规范负向影响旅游供应商的机会主义行为。

假设五，旅游运营商与旅游供应商之间的关系规范正向影响旅游供应链的协同创新。

5. 旅游运营商可替代性的影响

在社会交换关系中，组织间的交换总是会受到结构的制约（Cox et al.，2007）。成员可替代性是结构变动的重要影响变量，可替代性是指关系中某个成员能够被市场上现有的竞争者或潜在竞争者替代的程度。对组织 A 来说，如果现有的或潜在的伙伴 C 拥有与伙伴 B 可比的资源，那么伙伴 B 就是可替代的（王琴，2012）。可替代性的存在将会对现有的组织关系带来威胁，因为成员的可替代性直接影响到该成员与其他成员之间的依赖结构，而依赖结构决定了某个成员影响其他成员的能力（Cao and Lumineau，2015）。

企业之间成功的关系基于对权力地位的正确认识，在与其他企业建立合作关系之前，企业首先应该评估权力地位和环境条件，这种权力地位通常来源于结构性资源（Brown et al.，2000；Inkpen and Tsang，2005）。在旅游供应链上，虽然成员之间都是相互依赖、紧密联系的，但不同成员之间相互依赖的程度，即依赖结构却有所不同。旅游运营商对旅游供应链的治理能力同样受到旅游运营商与旅游供应商之间依赖结构的制约。在其他条件不变的情况下，旅游运营商的可替代性越强，旅游供应商对旅游运营商的依赖程度越低，旅游运营商影响旅游供应商的能力越弱，进而会弱化不同治理机制最终实现的治理效果。因此，本节提出如下假设。

假设六，旅游运营商的可替代性正向调节合法契约与旅游供应商机会主义行为之间的关系。

假设七，旅游运营商的可替代性正向调节关系规范与旅游供应商机会主义行为之间的关系。

假设八，旅游运营商的可替代性负向调节合法契约与旅游供应链协同创新之间的关系。

假设九，旅游运营商的可替代性负向调节关系规范与旅游供应链协同创新之间的关系。

5.1.2　数据收集与分析

本节主要通过问卷调查的方式收集数据。作者参加了北京国际旅游博览会、华中旅游博览会和中国（广东）国际旅游产业博览会，这三个旅游博览会分别在我国北部、中部、南部地区有较大影响力。在旅游博览会上，作者对参会旅游供应商的负责人进行了问卷调查，要求调查对象选定一家存在合作关系的旅游运营商，并根据与该旅游运营商的合作情况填写问卷。问卷中所有的计量项目均采用李科特（Likert）7 点计量尺度。为提高数据质量，作者在问卷中设计了题项以评估调查对象是否熟悉其所在企业与旅游运营商之间的合作情况。调研共发放问卷 400 份，经过筛选并剔除无效问卷（包括调查对象不了解或不太了解其所在企业与旅游运营商之间合作情况的问卷）之后，获得有效问卷 354 份，有效回收率为 89%。

1. 同源误差检验

由于本节的研究属于横断研究，并且问卷由同一人完成，同源误差可能会影响研究结果。因此在进行数据分析之前，作者先对数据同源误差进行了检验。作者采用 Harman 的单因子检验方法检验数据的同源误差程度，即将本次调研问卷所有测量指标进行未旋转的探索性因子分析，考察提取的第一个因子是否解释了总变异量的 50%以上。数据分析结果显示，在未旋转的状态下，探索性因子分析共提取 5 个因子，解释总变异量的 75.37%，其中第一个因子只解释了 29.75%，占总变异量的 39.47%，未达到 50%。可见在本节的研究中，数据并不存在明显的同源误差，可以进行后续分析。

2. 数据的可靠性与有效性分析

数据可靠性指一组计量项目是否在衡量同一概念，是衡量数据质量的一个重要指标。在实证研究中，学术界普遍采用内部一致性系数（Cronbach α 值）检验数据的可靠性。作者使用 SPSS 16.0 软件计算各个计量尺度的内部一致性系数，结果显示所有计量尺度的内部一致性系数为0.77～0.89，表明数据具有较高的可靠性。

美国学者安德森和戈宾指出，在检验结构模型之前，应首先评估计量模型。作者使用AMOS 20.0软件对模型中的概念进行确认性因子分析，以评估计量模型与数据的拟合程度，同时评估数据的鉴别有效性和会聚有效性。分析结果显示，$\chi^2=193.55$，$\chi^2/\mathrm{df}=2.42$，虽然p值显著，但由于卡方值χ^2对样本大小非常敏感，样本数越大，卡方值越容易显著，因此必须同时结合其他指标对模型的适配度进行评估。规范拟合指数（NFI）、不规范拟合指数（NNFI）、比较拟合指数（CFI）、增量拟合指数（AGFI）、相对优度拟合指数（RFI）均大于0.90，近似均方根残差（RMSEA）为0.06，小于0.08，表明计量模型与数据拟合程度较高。所有指标在各自计量概念上的标准化因子负载高度显著，表明数据有较高的会聚有效性。各隐变量解释的方差（AVE）均大于该隐变量与其他隐变量解释的共同方差，表明数据有较高的鉴别有效性。

3. 结构方程模型分析

作者使用AMOS20.0软件的极大似然估计程序对概念模型进行检验。数据分析结果显示，模型与数据的拟合程度指标分别为：$\chi^2=130.82$，$\chi^2/\mathrm{df}=2.73$，规范拟合指数、不规范拟合指数、比较拟合指数、增量拟合指数、相对优度拟合指数均大于0.90，近似均方根残差为0.07，小于0.08，表明模型与数据的拟合程度较高。

结构方程模型分析结果表明，旅游供应商的机会主义行为对旅游供应链的协同创新有显著的负向影响（$t=-1.773$，$p<0.1$）；合法契约对旅游供应商的机会主义行为有显著的负向影响（$t=-1.838$，$p<0.1$）；合法契约对旅游供应链的协同创新有显著的正向影响（$t=4.181$，$p<0.01$）；关系规范对旅游供应商的机会主义行为有显著的负向影响（$t=-2.216$，$p<0.05$）；关系规范对旅游供应链的协同创新有显著的正向影响（$t=5.032$，$p<0.01$）。本节的假设一～假设五得到支持。

4. 调节效应分析

根据温忠麟和侯杰泰（2004）提出的调节效应检验方法，作者使用SPSS16.0对样本数据进行层次回归分析，以检验旅游运营商可替代性对旅游供应链的治理机制与治理效果之间关系的调节作用，各个变量的取值分别用安德森和格宾推出的因子得分来代替。在进行回归分析之前，通过观察标准化误差和标准化预测值的散点图，发现各变量间呈明显的线性关系，变量服从正态分布，可以用来进行回归分析。在各个回归模型中，多重共线性诊断结果显示，VIF均小于10，表明各变量间不存在严重的多重共线性问题。

层次回归分析结果表明，当因变量为旅游供应商的机会主义行为时，交互变量旅游运营商的可替代性×契约机制的回归系数为–0.039，T值为–0.802，模型2

相比模型 1 并没有发生显著改善（ΔR^2 为 0.001，ΔF 为 0.644），旅游运营商的可替代性对合法契约与旅游供应商机会主义行为之间的关系不具有显著的调节效应，本节假设六没有得到支持。交互变量旅游运营商的可替代性×关系规范的回归系数为–0.097（T 值为–2.069，$p<0.05$），模型 4 与模型 3 相比发生了显著改善（ΔR^2 为 0.010，ΔF 为 4.281），旅游运营商的可替代性对关系规范与旅游供应商机会主义行为之间的关系具有显著的负向调节作用。具体表现为，旅游运营商的可替代性能够增强关系规范与旅游供应商机会主义行为之间的负向关系，但这与本节假设七相悖。

当因变量为旅游供应链的协同创新时，交互变量旅游运营商的可替代性×契约机制的标准化回归系数为–0.045，T 值为–0.926，模型 2 相比模型 1 并没有发生显著改善（ΔR^2 为 0.002，ΔF 为 0.857），因此，旅游运营商的可替代性对合法契约与旅游供应链协同创新之间的关系不具有显著的调节效应，本节的假设八没有得到支持。交互变量旅游运营商的可替代性×关系规范的标准化回归系数为–0.090（T 值为–1.966，$p<0.05$），模型 3 与模型 1 相比发生了显著改善（ΔR^2 为 0.008，ΔF 为 3.864），旅游运营商的可替代性对关系规范与旅游供应链协同创新之间的关系具有显著的负向调节作用。具体表现为，旅游运营商的可替代性会减弱关系规范与旅游供应链协同创新之间的正向关系，本节的假设九得到支持。

作者根据 Aiken 和 West（1991）的方法，分别以高程度旅游运营商可替代性和低程度旅游运营商可替代性作调节效应图（图 5-1），以更清晰地反映旅游运营商可替代性的调节作用。旅游运营商可替代性均值为 0，标准差为 1，取大于均值一个标准差的值 1，代表高程度的旅游运营商可替代性，取小于均值一个标准差的值–1，代表低程度的旅游运营商可替代性。当因变量为旅游供应商的机会主义行为时，在高程度旅游运营商可替代性的情境下，回归方程为 Y=0.40–0.299X；在低程度旅游运营商可替代性的情境下，回归方程为 Y=0.396–0.105X。

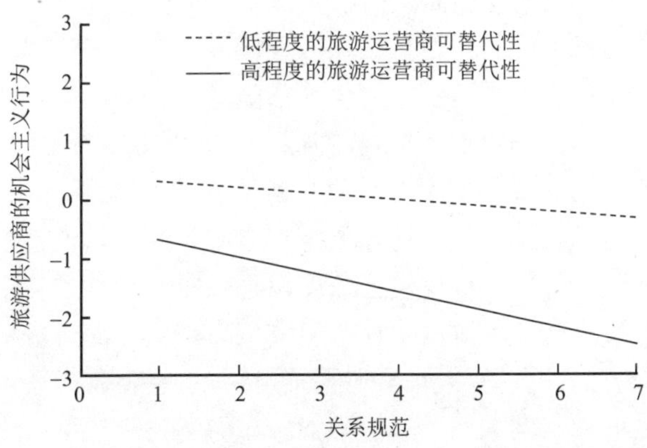

图 5-1　旅游运营商可替代性对关系规范与旅游供应商机会主义行为之间关系的调节效应

作者运用方差分析对两个回归方程的斜率差异进行了检验，结果表明，在旅游运营商可替代性程度高和可替代性程度低这两种不同的情境下，两个回归方程的斜率存在显著差异。表明旅游运营商可替代性对关系规范与旅游供应商机会主义行为之间的关系存在显著的调节作用。

当因变量为旅游供应链的协同创新时，在高程度旅游运营商可替代性的情境下，回归方程为 $Y=0.05+0.393X$；在低程度旅游运营商可替代性的情境下，回归方程为 $Y=0.046+0.573X$（图 5-2）。

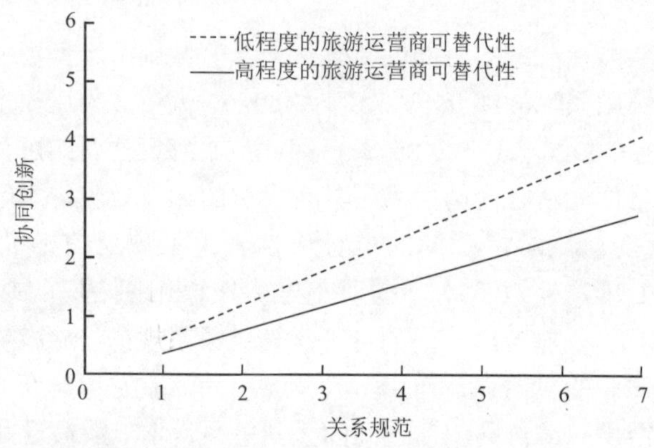

图 5-2 旅游运营商可替代性对关系规范与旅游供应链协同创新之间关系的调节效应

作者运用方差分析对两个回归方程的斜率差异进行了检验，结果表明，在旅游运营商可替代性程度高和可替代性程度低这两种不同的情境下，两个回归方程的斜率存在显著差异。表明旅游运营商可替代性对关系规范与旅游供应链协同创新之间的关系存在显著的调节作用。

5.1.3 研究结论与讨论

本节从旅游运营商视角探讨旅游供应链协同创新及其治理问题。旅游供应商的机会主义行为构成旅游供应链协同创新的障碍。对旅游运营商来说，基于旅游供应链进行协同创新，利用不同成员的互补性资源创造价值的同时，也会受到来自成员机会主义行为的威胁。旅游运营商在事前采用契约机制和在事中构建关系规范对旅游供应链进行治理，能够显著减少旅游供应商的机会主义行为，促进旅游供应链的协同创新。但治理机制产生的治理效果，尤其是关系规范对减少旅游供应商机会主义行为和促进旅游供应链协同创新这两方面的效果在不同情境下呈现显著差异。一方面，旅游运营商的可替代性程度会增强关系规范与旅游供应商机会主义行为之间的负向关系；另一方面，旅游运营商的可替代性程度会弱化关系规范与旅游供应链协同创新之间的正向关系。

1. 合法契约与关系规范对旅游供应链协同创新的治理作用

本节研究结果表明，旅游运营商与旅游供应商之间签订的合法契约能够显著减少旅游供应商的机会主义行为，并促进旅游供应链的协同创新。契约治理来自于经济理性，旨在通过引入第三方强制性力量来实现治理目标。通过明确责任、权利和义务及对违约行为的惩罚，合法契约有助于减少合作伙伴实施机会主义行为的能力和意愿。对旅游运营商来说，与旅游供应商就协同创新事宜签订正式的合法契约，清晰界定双方在协同创新过程中的责任和行为，明确规定双方在协同创新过程中的权利和义务，并在契约中对双方在协同创新过程中的创新收益分配问题达成一致性意见，能够为旅游供应链的协同创新提供基础性保障。

然而，现代企业不仅是“理性的经济人”，更是“社会人”。“社会人”的行为由非正式的规则或社会规范“推动”。对旅游运营商而言，在与旅游供应商签订合法契约的同时，也应意识到与旅游供应商之间构建关系规范，与旅游供应商之间保持灵活性、信息交换和团结性的重要性。本节的研究表明，关系规范不仅能够显著减少旅游企业的机会主义行为，而且能够显著提高旅游供应链的协同创新能力。在现有文献中，有学者也发现企业与上游企业之间的关系规范能够提高企业的合作绩效。企业感知的与合作伙伴之间的关系规范能够减少企业的机会主义行为。关系规范有助于促进企业之间的知识传递和分享，因而能够提高企业之间的协作创新能力。本节的研究对关系规范的治理作用提供了进一步的实证依据。

2. 旅游运营商可替代性程度对旅游供应链治理的影响

旅游运营商可替代性是影响旅游供应链治理重要的情境变量。随着旅游运营商可替代性程度的提高，关系规范对旅游供应商机会主义行为的负向影响作用增强。这与本节之前的假设相悖，但却是合理的。事实上，企业的可替代性将给该企业带来机会主义行为风险，企业的可替代性越强，面临机会主义行为的风险越大。具体到旅游供应链中，旅游运营商的可替代性程度越高，旅游供应商越有可能对旅游运营商实施机会主义行为。在这种情景下，关系规范更能彰显出对机会主义行为的抑制作用。从另一个角度来说，这在一定程度上体现了群体内构建的关系规范在道德层面对弱势群体的“保健”功能。群体关系规范一旦被群体成员认可并接受，就会成为影响群体成员行为的手段。关系规范使群体成员意识到成员之间的关系是一个整体，期望所有的成员都能够根据共同分享的规范实施行动。已有研究显示，在长期合作关系中，企业逐渐采纳关系交换政策，而无论相互依赖结构如何，即使那些有权力优势的企业也倾向于塑造强烈和有效的关系，而不是对伙伴施加压力来最大化自身的私利。

旅游运营商的可替代性程度会弱化关系规范与旅游供应链协同创新之间的正

向关系，这与本节的假设一致。在旅游供应商可替代性程度一定的情况下，旅游运营商的可替代性程度越高，旅游运营商相对于旅游供应商的权力地位随之减弱。旅游运营商与旅游供应商之间出现权力不对称，造成一方主导另一方，或将一方观点强加于另一方身上的情形。此外，在权力不对称的关系之中，沟通也将由权力优势方主导。在这样的情形之下，对实现协同创新而言非常重要的数据和信息分享将会非常困难，甚至是不可能的。这实质上强调了关系规范产生“激励”作用的情境。

无论旅游运营商的可替代性程度如何，合法契约与旅游供应商机会主义行为、旅游供应链协同创新之间的关系都不会发生显著变化。关系规范通过构建成员共同遵守的关系理念，在群体内导入关系契约，实现群体的自我控制作用，因而治理效果难免会受到群体内不同成员之间相互依赖程度及权力地位关系的影响。与关系规范相比，签订合法契约是为群体引入外部强制性的约束力量，这个外部的第三方力量不会轻易受到群体本身结构因素的影响，因此能够为减少机会主义行为、实现协同创新提供基础保障作用。

3. 对实践的启示

通过旅游供应链协同创新获得可持续竞争优势是旅游运营商在激烈竞争的市场上生存发展的重要途径。然而，旅游供应链上成员企业机会主义行为的存在是旅游供应链协同创新的实现障碍。本节的研究为旅游运营商进行旅游供应链的治理，实现旅游供应链协同创新提供了以下启示。①旅游运营商应与旅游供应链上的成员企业签订合法契约，明确界定各方的角色、权利义务和行为。通过引入法律的约束力量实现旅游供应链的治理，减少旅游企业的机会主义行为，促进旅游供应链的协同创新。②旅游运营商应与旅游供应链上的成员企业构建共同分享的关系规范。关系规范能够在成员企业之间发挥自执行性作用，使成员企业自觉减少机会主义行为，并实现旅游供应链的协同创新。③旅游运营商应意识到自身可替代性程度对治理机制与治理效果之间关系的影响。对旅游运营商而言，自身规模越小，可替代性程度越高，越需要重视与供应链上的成员企业构建关系规范。关系规范可通过自我约束作用减少机会主义行为的发生，从而为弱势群体提供基本的保障。旅游运营商自身的可替代性程度会削弱关系规范对旅游供应链协同创新的激励效果。因此，对致力于旅游供应链协同创新的旅游运营商来说，在与供应链成员构建关系规范的同时，还应通过差异化等途径构建核心竞争优势，降低自身在旅游供应链上的可替代性。

4. 研究局限性

尽管作者提出的概念模型建立在坚实的理论基础之上，研究结果可在一定程度上推断概念模型中各个隐变量之间的因果关系，但仍存在以下局限性：由于时间和经费限制，没能采用纵断调研法，因此，作者只能断定各个隐变量之间存在显著的相关关系。同时，数据同源误差对本项研究的结果可能会有一定影响。

5.2　生态旅游服务质量对游客旅游体验及行为意向的影响研究*

《体验经济》（B. 约瑟夫·派恩，詹姆斯 H. 吉尔摩，2002）的发表引起了各产业领域对体验经济研究的热潮。旅游体验是旅游世界的硬核，旅游体验的效果是旅游企业和旅游者从事旅游及相关活动的生命线（谢彦君，2005）。旅游企业和旅游者同为旅游系统中的重要利益相关者，根据利益相关者理论，二者之间相互依存且互相影响。在生态旅游领域，旅游企业开发并保护生态环境，为游客提供生态旅游服务；而旅游者参与生态旅游并为此支付费用，构成旅游企业的收入，间接为保护生态环境作出贡献（但也可能因其不恰当的旅游行为而破坏当地环境），他们的参与行为影响着生态服务价值链的健康持续发展。

生态旅游起步于 20 世纪 80 年代，经过 30 余年的发展，生态旅游已成为国际上公认的最具市场发展潜力的新兴旅游形式，成为旅游业发展最快的一个分支（Weinberg et al.，2002）。生态旅游由于能够同时实现发展和保护的双重目标，降低对自然环境和社会文化的影响，受到业界和学界越来越大的关注。生态旅游的迅猛发展主要得益于两方面的原因：一方面，生态旅游的可持续性符合当今社会发展的主题，人类活动对环境的破坏已经引起人们的高度关注，以牺牲环境为代价的发展是不可持续的，生态旅游的发展适应了当今时代的需求；另一方面，当今社会生活和工作节奏日益加快，城市化的生活使人们远离了大自然，回归大自然、体验自然生态环境已经成为城市居民的强烈追求。

自然保护区生态旅游是生态旅游的一种特定形式，截至 2017 年底，全国共建立各种类型、不同级别的自然保护区 2 750 个，自然保护区陆域总面积为 142.70 万 km^2，占陆域国土面积的 14.86%，形成世界上规模最大的保护区体系之一。国内以自然保护区为对象的研究逐渐增多，寻求为自然保护区的生态保护、自然保护区的价值评估、自然保护区的旅游开发、自然保护区的经营管理等方面提供理论支持。

我国的自然保护区大部分位于欠发达地区，资金投入不足是众多自然保护区面临的难题。近年来，由于民间资本的大量介入，众多自然保护区的经营管理权转入旅游企业，因此，旅游企业承担着追求利润和保护当地生态环境的双重角色。

* 本节选自：梁追达，2010. 生态旅游服务质量对游客旅游体验及行为意向的影响研究[D]. 广州：中山大学.

站在旅游企业的立场，它要获得足够的营业收入，才能保证持续的经营，才能投入资金保护当地的生态环境。这就要求有适量的客源，如果游客过多，会给当地的生态环境带来过重的负担，给当地环境造成破坏；但如果游客过少，营业收入不足，也会给旅游企业造成经营困难，从而不利于自然保护区的发展。站在旅游者的立场，参与生态旅游就是要获得良好的旅游体验，生态旅游景区只有为游客提供良好的旅游体验，旅游者才会参与当地旅游，从而支付相关费用，为当地生态环境的可持续发展做出贡献。

其他领域的研究成果发现服务质量是影响顾客体验的重要因素。但是不同行业的服务内容有很大区别，旅游体验也有别于一般的顾客体验，在生态旅游领域，生态旅游景区的服务质量是否显著影响游客的旅游体验？如果是，哪些服务质量因子最能影响游客的旅游体验？生态旅游服务质量是否通过游客的旅游体验来影响其行为意向？这些都是值得探讨的问题，因此，本节提出以下研究目的：实证研究生态旅游服务质量对游客旅游体验的影响关系；分维度检测生态旅游服务质量对游客旅游体验的影响，找出影响游客旅游体验的关键因子。把旅游体验作为中介变量，探讨旅游体验在生态旅游服务质量对游客行为意向影响关系中的中介效应。

5.2.1 文献综述

1. 生态旅游

对生态旅游的正式研究开始于 20 世纪 80 年代，生态旅游（ecotourism）这个词汇源自加拿大学者 Claude Moulin 1980 年提出的“生态性旅游”（ecological tourism）（毛振宾等，2002）。1983 年，IUCN 生态旅游特别顾问 H. Ceballos Lascurain 首次提出了生态旅游概念，并得到了学术界的广泛认可。

经过 30 余年的发展，生态旅游已经成为业界和学界共同的热点话题，但截至目前，学术界对生态旅游的定义还没有达成一个广泛的共识，不少学者和研究机构都尝试对它进行过界定。Butler（1989）认为，可以把生态旅游界定为沟通、认识和改善环境的一种旅游形式，生态旅游由于其关注环境保护的特点使得它不会带来常规旅游所造成的社会和环境问题。生态旅游试图让旅游者进一步认识环境系统并积极地为目的地的社会发展和环境保护做贡献。国际生态旅游协会（The International Ecotourism Society）给出的概念为：生态旅游就是在自然区域里进行的、保护自然环境同时维护当地人福利的负责任的旅游。Boo（1990）指出，生态旅游是以欣赏和学习自然景观、野生动植物为目的而到受干扰较少或没有受到破坏的自然区域所进行的旅游活动，它能够为保护区筹集资金，为当地居民创造就业机会，为社会公众提供环保教育，从而有助于人类社会和环境的可持续发展。David（1999）认为，生态旅游是一种可持续的、基于大自然的旅游方式，其核心是体验和了解自然环境，这种旅游形式通过生态伦理道德的约束，确保其低影响、非消耗及基于当地社区的特性。世界旅游组织定义为，旅游者以观察和欣赏自然为目的，为保护自然环境做出贡献，努力使对目的地自然、社会文化所造成的负面影响最小化的多形式旅游（袁俊等，2007）。

国内学者对生态旅游的概念提出自己的看法。胡镜荣（1997）认为，生态旅游的空间是大自然，精髓是人和自然的融合，目的是对资源和环境的负面影响力最低。王尔康（1998）认为，生态旅游是人们以享受大自然和了解大自然为目的而进行的一种旅游方式。这种旅游可以使人们更加热爱大自然和更自觉地保护自然生态环境。张斌（2002）认为，生态旅游不是传统的大众旅游，也不完全等同于自然观光旅游，并且在自然保护区的旅游未必是生态旅游。

从以上定义中我们可以总结出生态旅游的一些特点：①生态旅游立足于自然环境；②生态旅游讲求环境保护；③生态旅游以欣赏和学习为主要目的；④生态旅游具有环境和社会的可持续发展性。

国内对生态旅游的研究始于 20 世纪 90 年代初期（马波，2009），在维普数据库中，最早与生态旅游有关的文献发表于 1993 年（张建萍和朱亮，2009）。1994 年，中国生态旅游协会（CETA）成立，随后在西双版纳召开了第一次生态旅游学术研讨会，并发表了《发展我国生态旅游的倡议》，促进了我国对生态旅游研究的发展。截至 2009 年 10 月，作者在知网以生态旅游为题目搜出的文献有 3 927 篇，可以发现，在短短的十几年间，生态旅游已经引起了我国学术界的极大关注。

从作者搜集的文献来看，国内对生态旅游的研究有两个现象：①大多集中在应用性领域，在理论方面的深入研究较少；②大多集中在定性研究的层面，实证研究较少。从学科分析，生态旅游是一个多学科的研究领域，包括地理学、生态学、社会学、经济学、环境学等；从研究方向分析，国内对生态旅游的研究主要包括生态旅游的本质探讨、生态旅游资源的评价与开发、生态旅游的规划与经营管理、生态旅游对自然和环境的影响等方面；此外，案例分析也是研究的一个主流方向。虽然近年来有些学者也加强了实证方面的研究，但总体来说，国内对生态旅游的研究还有待深入。

2. 自然保护区生态旅游

自然保护区是指对有代表性的自然生态系统、珍稀濒危野生动植物的天然集中分布区、有特殊意义的自然遗迹等保护对象所在的陆地或水域，依法划出一定面积予以保护和管理的区域（贺昭和等，2007）。基于大自然的旅游者能够在未遭受破坏的自然区域获得良好的旅游体验（Sharon，2005）。

自然保护区生态旅游是生态旅游的一种特定形式，是一种欣赏和认识自然环境的高层次的旅游方式，陈孝青（2002）认为，自然保护区生态旅游是在自然保护区开展的高度责任化的旅游形式，它不仅保护自然资源，同时还可以提高当地居民的生活水平。自然保护区发展生态旅游具有重大的意义，它能够缓解自然保护区自身及保护区与社区之间保护与发展的矛盾，是自然保护区的保护与当地经济的发展相协调的重要途径之一（王洁等，2009）。2008 年的调查显示，我国已有 75%的自然保护区正式开展生态旅游（刘青等，2009）。但我国自然保护区的发展依然存在很大问题，如自然保护区投入资金不足（贺昭和等，2007），自然保护区过度外包，企业的过度逐利行为导致环境破坏（杨絮飞，2008），等等。对我国自然保护区进行科学的管理已经成为刻不容缓的问题。

3. 服务质量

在分析服务质量之前，需要先了解“服务”的内涵，“服务”是一方为另一方提供的一次表演或活动，尽管这个过程可能和实体产品联系起来，但是它在本质上是无形的，任何一方都不能对它拥有所有权。服务具有无形性、异质性、不可剥离性和不可储存性等特征。服务的无形性表明，服务是看不到摸不着的，顾客在消费之前很难对其进行评估，企业也不能将其像产品一样进行展示；服务的异质性表明，就像世上没有完全相同的两片叶子一样，找不到完全相同的两次服务，因为提供服务的环境总是在变化的；不可剥离性表明，服务的生产和消费是同步进行的，在同一时间和同一地点，并且任何一方都不能拥有服务的所有权；不可储存性表明，不能像产品一样，把服务储存起来再出售，如果这个时间的服务没有销售出去，那么这个时间的服务就是浪费了。由于服务的这些特性，对服务的评估和管理就显得更为困难。

服务质量就是衡量服务的优越性，在学术界，学者们普遍认为服务质量应该是由顾客感知的。Gronroos 在 1982 年首次提出了顾客感知的服务质量（perceived service quality）这个概念，并将感知的服务质量界定为：消费者将实际感知的服务（perceived performance）与服务期望（expectation）相比较，如果实际感知的服务等于或超过服务期望时，顾客感知的服务质量就是好的，反之则是不好的。其中，顾客的服务期望由营销沟通、企业形象、口碑宣传和顾客需求所共同决定。

此外，Gronroos（1984）还研究了感知服务质量的基本构成要素，指出顾客感知的服务质量是由技术质量（technical quality，指服务的结果）和功能质量（functional quality，指服务的过程）两个属性构成，从而将服务质量和有形产品的质量从本质上区别开来。

顾客感知的服务质量的提出得到了学术界的广泛认可。Garvin（1983）指出，服务质量是一种主观感知的质量，而不是客观的。Parasuraman（1985）认为，服务质量取决于顾客购买前期望、感知的过程质量和感知的结果质量，提出了著名的服务质量差距模型（图 5-3）。服务质量是顾客对服务卓越性的感知性评估，从顾客的角度来看，服务质量不仅与服务结果有关，而且与服务过程有关（谢礼珊、李健仪，2007）。

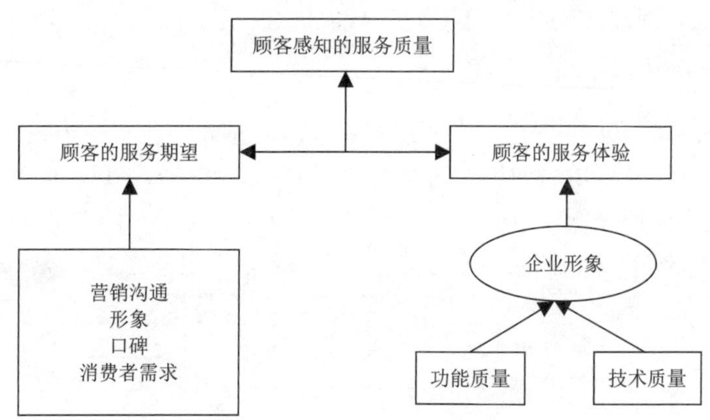

图 5-3　顾客感知服务质量模型（范秀成，1999）

根据服务差距模型，顾客感知的服务质量来源于 5 个方面的差距。①顾客期望与管理者对顾客期望的认知的差距。由于市场的复杂性和多变性，企业的管理者不可能完全了解和及时掌握顾客的需求，顾客的期望值和企业管理者对它的认知是存在差异的。②管理者对顾客期望的认知与服务标准的差距。在管理者对顾客的期望有一定认知的情况下，因为服务是难以衡量的和企业的资源是有限的，管理者也不能够完全按照其所认知的顾客期望来制定服务标准。③服务标准与服务传递的差距。因为服务的无形性、异质性、不可剥离性和不可储存性等特征，服务传递的过程中不可避免地会出现与服务标准的偏差。④服务传递与消费者外部信息的差距。由于信息编码和解码的过程会出现偏差，再加上信息在传递的过程中会被扭曲，消费者接收到的信息跟实际情况往往也会有所不同，进而影响顾客的期望和实际感知。⑤服务感知和服务期望的差距。服务感知是顾客实际感知到的服务绩效，跟顾客消费之前的期望会有所不同，最终决定了顾客对服务质量的评估。

服务因其具有无形性、异质性、不可剥离性和不可储存性等特征，不同的服务提供者和服务接受者对同一服务行为的评价也会存在差异，意味着对于服务质量的测评无法形成像有形产品质量那样的统一标准和客观测量值。很多学者从顾客认知的角度出发，为服务质量的测量提出了可操作化的依据。

1）七维度模型

Sasser 等（1978）认为服务的无形性、不可储存性和顾客在服务过程中的参与都会影响服务质量的水平，他们提出顾客可以根据 7 类服务要素来评价服务质量的水平：①安全性，指人身和财产方面的安全；②一致性，指服务的标准化和规格化；③态度，指服务人员的服务态度；④完整性，指服务过程的内容是否完整；⑤环境，指服务的环境氛围；⑥可及性，指服务的时间和地点是否方便顾客；⑦及时性，指服务能否按时迅速地完成。

2）二维度模型

Gronroos（1984）提出了服务质量由技术质量和功能质量构成，企业形象对它们的影响有调节作用。如果顾客觉得企业形象是良好的，那么即使企业的服务出现了一些小失误，顾客也会认为是可以接受的；相反，如果顾客觉得企业的形象很糟的话，就算一点小的服务失误也会给顾客留下很不好的印象。如图 5-4 所示。

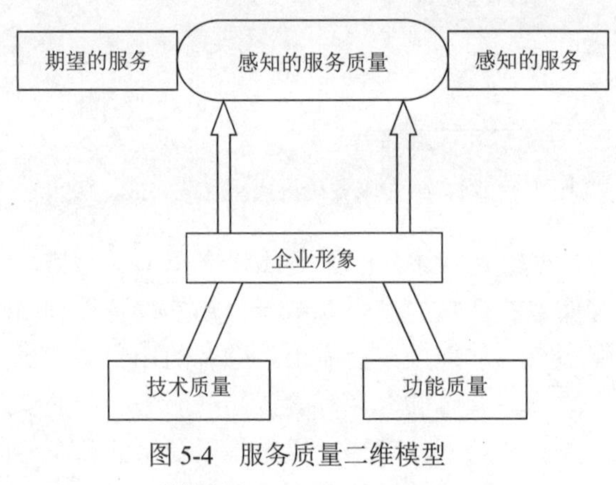

图 5-4 服务质量二维模型

资料来源：Gronroos，1984。

3）十维度模型

服务质量测量方面的代表人物 Parasuraman 等（1985）运用深度访谈的方法，在对零售银行、信用卡、证券经纪和产品维修维护等服务行业进行大量研究的基础上，提出了服务质量由 10 个重要因素构成（图 5-5）：①接近性，指顾客能够方便地得到服务；②沟通性，用顾客熟悉的语言和顾客交谈，倾听顾客的意见；③胜任力，指具备提供服务的知识和技能；④礼貌性，指服务人员的友好态度；⑤信赖性，指服务人员值得信赖、可信任和诚实；⑥可靠性，指一致正确地履行服务承诺；⑦响应性，指服务人员乐意并快速地为顾客提供服务；⑧安全性，指顾客没有危险或风险；⑨有形性，指服务的有形证据；⑩了解顾客，指了解的顾客的特定需求。

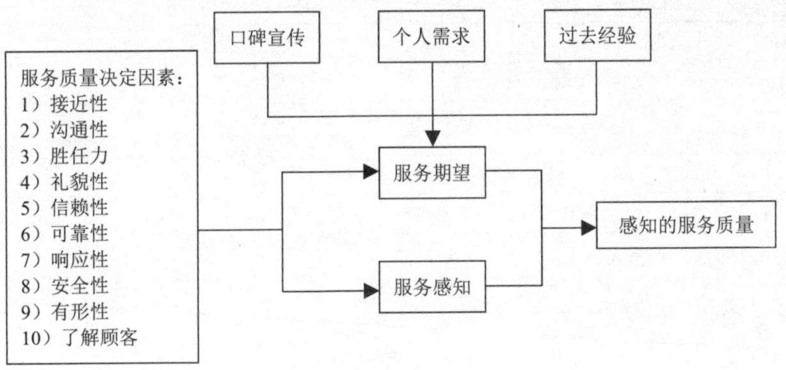

图 5-5 服务质量评价模型

资料来源：Parasuraman et al.，1985。

4）**SERVQUAL 模型**

1988 年，Parasuraman 等在 1985 年研究的基础上，通过实证数据分析进一步将这 10 个关键因素浓缩成 5 个要素，依据这 5 个要素，开发了服务质量的测量量表 SERVQUAL，它由 22 个问项构成，后来这份量表被广泛地用于服务质量的测量研究。5 个要素为：①有形性（tangible），指服务的有形部分，如各种服务设施及服务人员的仪表，也称为"有形证据"；②可靠性（reliability），指准确地、可靠地履行服务承诺的能力，意味着服务以相同的方式、无差错地准时完成；③响应性（responsiveness），指服务人员乐意帮助顾客，随时准备好为顾客提供快速的服务；④保证性（assurance），指服务人员的友好态度和胜任能力，顾客对服务人员的知识和技能是信赖的；⑤移情性（empathy），指服务人员真诚地关心顾客，真正了解顾客的需求，为顾客提供个性化的服务，体现出人情味。

5）**SERVPERF 模型**

在 SERVQUAL 模型的基础上，Cronin 等（1992）开发了 SERVPERF 模型（SERVPERF 是 Service Performance 的缩写，而 SERVQUAL 是 Service Quality 的缩写），直接利用服务绩效来测量服务质量，他们的观点是顾客感知的服务质量就是顾客对服务绩效的感知，不再比较服务感知和服务期望的差异，但它也完全继承了 SERVQUAL 对服务质量维度的划分和测量指标。

此外，一些学者根据不同行业的特点，开发了一些具有针对性的服务质量测量模型，如生态旅游服务质量测量模型 ECOSERV，表 5-1 对其进行了阐述。

表 5-1 服务质量测量汇总

研究者	测量维度
Sasser（1978）	七维度：①安全性；②一致性；③态度；④完整性；⑤调节性；⑥可及性；⑦及时性

续表

研究者	测量维度
Gronroos（1984）	二维度：技术质量和功能质量
Parasuraman（1985）	十维度：①可靠性；②响应性；③胜任性；④接近性；⑤礼貌性；⑥沟通性；⑦信用性；⑧安全性；⑨了解性；⑩有形性
Parasuraman（1988）（SERVQUAL）	五维度：①有形性；②可靠性；③响应性；④保证性；⑤移情性
Cronin 等（1992）（SERVPERF）	五维度：①有形性；②可靠性；③响应性；④保证性；⑤移情性
Khan（2003）（ECOSERV）	六维度：①生态有形性；②保证性；③可靠性；④响应性；⑤移情性；⑥有形性

资料来源：作者收集汇总。

6）生态旅游服务质量

自服务质量量表 SERVQUAL 开发以来，其被广泛地运用于各行业服务质量的测量，成为一份“通用”的服务质量测量量表，在不同的研究背景下，很多学者纷纷质疑 SERVQUAL 量表的“通用”有效性，因为不同行业的服务内容有着很大的差异。在此背景下，Khan（2003）开发了生态旅游服务质量测量模型 ECOSERV，不同于 SERVQUAL 的是，它由六个维度构成，除了 SERVQUAL 已有的 5 个维度，它还增加了第六个维度——生态有形性，在测项方面也进行了修改，实证表明它对生态旅游服务质量的测量具有良好的信度和效度。

在本节中，作者将生态旅游服务质量界定为：游客感知的生态旅游景区的服务质量，也就是游客在生态旅游景区进行旅游过程中所感知的服务优越性。并且本节将运用 Khan 开发的生态旅游服务质量测量模型进行分析（表 5-2）。

表 5-2　生态旅游服务质量测量模型

测量维度	测量项目
生态有形性	（1）人工建设没有破坏当地生态环境； （2）设施与当地生态环境相协调； （3）设施符合环保的要求
保证性	（4）在交易中感到安全； （5）提供必要的信息； （6）有回答问题的知识； （7）服务是值得信赖的； （8）始终对游客客气有礼
可靠性	（9）在承诺的时间提供服务； （10）能够提供所承诺的服务； （11）从一开始就把服务做好； （12）提供没有差错的服务； （13）真诚地为顾客解决问题
响应性	（14）服务人员总是乐意帮忙； （15）服务人员迅速地为游客提供服务； （16）服务人员不会因为太忙而不能帮忙； （17）服务人员能准确地提示等待服务的时间
移情性	（18）服务人员对游客关心； （19）提供个性化的服务； （20）提供服务的时间是方便游客的； （21）了解游客个人特定的需要

续表

测量维度	测量项目
有形性	（22）提供反映当地特色的物品； （23）提供当地的娱乐活动； （24）物品在视觉上的吸引力； （25）设施在视觉上的吸引力； （26）员工穿着当地特色的服装； （27）设施反映当地的特色； （28）员工服装的舒适性； （29）设施的清洁性

资料来源：Khan，2003。

4. 旅游体验

《现代汉语词典》对“体验”的解释是：通过实践来认识周围的事物，亲身经历。《体验经济》中认为体验是“值得回忆的事件”，其内涵是一种参与经历，其特点是能为参与者提供身心享受，留下难以忘怀的印象。

对娱乐休闲“体验”的研究最早由心理学家 Csikszentmihalyi 从 1975 年开始（Ritchie and Hudson，2009），此后很多相关研究都涉及社会心理的层面（Mannell and Iso-Ahola，1987）。谢彦君（2005）在《旅游体验研究》中对旅游体验的定义为：旅游者在旅游活动中通过与外部世界取得暂时性的联系从而改变其心理水平并调整其心理结构的过程，是旅游者在旅游过程中获得的旅游需要的满足程度，这种满足程度是旅游动机和行为与旅游地所呈现的景观、产品及旅游设施与服务之间相互作用的结果。从谢彦君的定义中可以看出，旅游体验是一种心理现象，是游客在旅游过程中满足需求的程度。

旅游体验本身就是一个很复杂的概念，它的真实性问题和体验的类型也是学术界讨论的焦点。关于旅游体验的真实性问题，Edward（1991）提出旅游体验不一定是强烈的和真实的，它可以是“真实”的复制品。Wang（1999）深入地研究了旅游体验的真实性，提出了旅游体验的真实性架构，包括三个方面的真实性：①客观真实性（objective authenticity），指源头的真实性；②存在真实性（existential authenticity），指旅游者活动对象的真实性状态；③结构真实性（constructive authenticity），指旅游企业通过形象化提供的客体。

关于旅游体验的种类：Seppo（2001）区分了 4 种类型的旅游体验：①情感体验，指心理情感方面的感觉；②学习体验，指学习到新知识或提高智力；③实践体验，指提高实践技术方面的能力；④改变体验，指思维、身体或生活方式得到改变。邹统钎和吴丽云（2003）在前人研究的基础上，进一步提出了 5 种类型的旅游体验：娱乐、教育、逃避、美感和移情，并且认为旅游体验具有差异性、参与性、真实性和挑战性等特点。

由于旅游体验在旅游世界的重要性，不少研究探讨了旅游体验的影响因素，众多文献表明，旅游体验的影响因素是极其复杂的，它是很多因素综合作用的结果：Ryan（1997）在其著作《休闲旅游：社会科学的透视》中，将旅游体验的影响因素划分为先在因子、干涉变量、行为和结果几个因素，并且认为旅游体验的效果是这些因素相互作用的结果。

Li（2000）通过调查来中国旅游的加拿大游客证明，地理意识影响游客的旅游体验，具有较强的地理意识的人，想体会不同地域的社会文化和当地人的生活方式，包括了解当地的经济状况、教育水平、生活习惯等信息，丰富旅游经历；李怀兰（2004）认为旅游者的个性心理特点和个人知识能力、企业服务人员、体验产品特性、整体环境氛围等因素会对旅游体验产生影响；苏勤（2004）认为旅游者的旅游动机和需要各不相同，从而旅游体验也存在差异；Shuai 和 Wang（2004）指出，旅游体验是由支撑性体验维度和高峰性体验维度构成，高峰性体验是指对目的地旅游吸引物的体验，而支撑性体验主要来自旅游者在旅游目的地的基础消费，如吃饭、住宿和交通等；旅游体验的整体效果受到高峰体验和支撑性体验的共同影响；李晓琴（2006）认为旅游体验受到旅游者的客观与主观条件的影响，主要包括 6 个方面的重要影响因素：足够的闲暇时间、一定的购买力、知识背景、取得技能的自我努力、接受新鲜事物态度和能力、社会网络关系。

此外，众多研究（Cole and Scott，2004；Jennifer and Tom，2007；吴丽霞和赵现红，2007；康庆，2008）指出服务质量是影响旅游体验的重要因素。从谢彦君对旅游体验的定义中看出，旅游体验是一种心理现象，而体验的效果可以说是旅游者在旅游的过程中获得的心理满足的程度，是旅游者的情感状态，是旅游者体验后心理满足与否的结果。本节对旅游体验的研究也主要是在情感和感知的范畴。谢彦君（2005）认为旅游体验发生在旅游世界的某种具体情境当中，直接涉及旅游者的主观判断，受旅游者主观价值的深刻影响，只有恰当地采用一些主观变量来进行测量才能得出真实的判断；同时认为，在最粗略或最概括的层面上，可用满足感、淡漠感和失望感等主观指标来衡量旅游者的旅游体验效果。

早在 1988 年，Csikszentmihalyi 就提出了最佳旅游体验标准——“畅”，试图从旅游者主观感受的角度来测量旅游体验的效果。在此基础上，Vitterso 和 Marit（2000）借鉴认知图式理论和同化抵制理论，提出了畅爽单体（flow-simplex）测量方法，用单极测量代替了双极测量，采用 5 个问项、七点尺度来测量旅游者旅游体验的差异化信息（表 5-3）。

表 5-3 旅游体验的畅爽单体量表

（1）我对这次旅游感到厌倦（boring）
（2）这次旅游让我感到放松（relaxed）
（3）这次旅游让我感到愉快（happy）
（4）这次旅游让我感到很有趣（interesting）
（5）这次旅游让我感到有挑战性（challenging）

截至目前，还没有一种成熟的方法来进行旅游体验的测量，谢彦君（2005）指出，旅游体验是难以测量的，Vitterso 和 Marit（2000）认为，旅游体验的难以测量并没有降低对它进行测量的必要性。

很多研究都拿满意度来衡量游客旅游体验的效果，但 Vitterso 和 Marit（2000）、William 和 David（2001）、李淼（2004）等学者指出，泛泛的满意度测量不能敏感地反映出主观体验的多种差别，他们认为“畅爽单体”比满意度更适合用于衡量游客的旅游体验。旅游体验的效果是游客的心理满足程度，是游客的情感状态，而畅爽单体正是测量游客的心理情感。康庆（2008）也使用了“畅爽单体”作为量表来实证餐饮满意度对旅游体验的影响，达到比较满意的效果。

在本节中，结合前人的研究成果和本节研究的特定情况，作者也认同应该用情感指标来对旅游体验进行测量。此外，作者还参考了温韬（2007）对顾客体验的研究成果，认为游客在生态旅游景区的旅游体验也可以由情感指标和感知指标来进行测量。

5. 行为意向

行为意向（behavior Intention）这个概念最早由态度理论（attitude theory）发展而来（胡宇，2007），Smith 和 Swinyard（1982）提出行为意向是指个人对态度标的物将进行一项明确的活动或行为的可能性或倾向。类似地，Engel 等（1995）指出行为意向是指消费者在消费后，对于产品或企业可能采取的特定活动或行为。相关研究指出，消费者的信念和感觉两个因素共同影响消费者的态度，而态度会影响行为意向的形成，进而影响消费者的行为。

Parasuraman 等（1996）指出，行为意向可以分为积极的行为意向和消极的行为意向。当顾客对企业有积极的行为意向时，会继续购买甚至增加购买量，对企业进行正面的口碑宣传；反之，当顾客有消极的行为意向时，则会停止购买或者减少购买量，对企业进行负面的口碑宣传。

关于顾客行为意向的测量，Parasuraman 等（1996）开发的量表是目前学术界使用最为广泛的计量方法之一，该量表由忠诚度（loyalty）、支付更多（pay more）、转换倾向（switch）、内部反应（internal response）和外部反应（external response）5 个维度构成，共有 13 个问项，如表 5-4 所示。

表 5-4　行为意向 PZB 量表

维度	计量项目
忠诚度	（1）我会宣传该企业的优点； （2）我会向其他人推荐该企业； （3）我会鼓励亲友光顾该企业； （4）同样需求下，我会将该企业视为第一选择； （5）以后我还会经常光顾该企业

续表

维度	计量项目
支付更多	（6）如果该企业提高价格，我还会继续光顾； （7）即使该企业比其他企业昂贵，我仍会选择该企业
转换倾向	（8）以后我会减少来该企业消费的次数； （9）如果其他企业比较优惠，我会选择其他企业
内部反应	（10）如果遇到问题，我会向该企业员工反映
外部反应	（11）如果遇到问题，我会选择其他企业； （12）如果遇到问题，我会向其他顾客抱怨； （13）如果遇到问题，我会向相关单位反映

资料来源：Parasuraman et al.，1996。

众多文献表明，服务质量、体验价值、顾客满意等因素会影响消费者的行为意向。Parasuraman 等（1996）研究发现，服务质量对于顾客购买后行为所产生的影响会因企业服务性质的不同而有所差异。因此，生态旅游服务质量对游客行为意向的影响也是本节深入探讨的一个问题。

参照 Boulding 等（1993）的测量方法，本节研究的行为意向主要指再购买意向和推荐意向，即旅游者再次参与当地生态旅游的意向和推荐他人前来旅游的意向。

5.2.2 概念模型及假设

1. 生态旅游服务质量与旅游体验

旅游体验受到很多因素的综合影响，不少研究指出旅游服务质量是影响旅游体验的一个重要因素。Ross（1991）提出旅游体验效果的好坏受到旅游企业接待人员的服务水平的影响；Barbara（2005）研究证明工作人员的服务能力影响旅游者"葡萄酒旅游"的旅游体验。旅游过程中的服务水平能够影响旅游者的生态旅游体验。康庆（2008）在研究餐饮满意度对旅游体验的影响时发现，餐饮服务因子对旅游体验有显著的正向影响；谭琼和涂慧萍（2008）认为服务管理因素是影响森林公园游客体验的因素之一，并且指出，优质高效的服务是游客在森林公园获得良好的旅游体验的一个重要条件，它直接决定了游客在景区游览的舒适和愉悦程度。

体验是在服务接触的过程中形成的主观心理感觉（Otto and Ritchie，1996），在很多服务行业中，学者们广泛探讨了顾客体验的影响因素，并且众多文献表明服务质量可以影响顾客的消费体验：Stephan 等（2003）指出，顾客的总体体验来自于对公司产品、服务和氛围的感觉；温韬和侯铁珊（2006）实证研究表明，大型百货商场的服务功能质量是顾客体验的最重要影响因素；范秀成和李建州（2006）实证研究发现餐馆的菜肴质量、服务环境和员工服务影响顾客的消费体验；朱洪军和徐玖平（2008）实证研究证实，服务环境氛围对顾客体验有影响作用。上述研究都表明，服务因素对顾客体验存在影响作用。

综上所述，并结合生态旅游服务质量的六大因子，本研究提出以下假设。

假设一，生态旅游服务质量对游客旅游体验有显著的正向影响。

假设一（a），生态有形性对游客旅游体验有显著的正向影响。

假设一（b），服务的保证性对游客旅游体验有显著的正向影响。

假设一（c），服务的可靠性对游客旅游体验有显著的正向影响。

假设一（d），服务的响应性对游客旅游体验有显著的正向影响。

假设一（e），服务的移情性对游客旅游体验有显著的正向影响。

假设一（f），服务的有形性对游客旅游体验有显著的正向影响。

2. 旅游体验与行为意向

旅游者的目的就是追求良好的旅游体验（谢彦君，2005），可以推测，良好的旅游体验将提升旅游者参与后续生态旅游或推荐他人前来旅游的意愿；反之，不好的旅游体验将降低旅游者参与后续生态旅游和推荐他人前来旅游的意愿。有学者在实证研究中用游客的满意度来测量游客的旅游体验（William and David，2001），更有国内学者直接指出通常对旅游体验效果的测量就是对满意度的测量（李淼，2004），并且相关研究已经证实了顾客满意对行为意向有正向的影响作用（汪纯孝等，2001），虽然本研究认为旅游体验不同于一般的顾客满意，但可以据此进一步推测旅游体验也对游客的行为意向具有正向的影响作用。相关地，生态住宿体验对游客环保行为意向的影响也已得到证实（刘静艳和王郝，2009）。Cole 等（2002）与 Shu 和 lllum（2006）实证研究都表明，游客心理层面的体验效果对其行为意向有显著的正向影响作用。据此，本研究进一步提出以下假设。

假设二，游客的旅游体验对其行为意向有显著的正向影响。

3. 生态旅游服务质量与游客行为意向

服务质量与行为意向的研究已经比较成熟，很多研究表明服务质量通过顾客满意和顾客价值对顾客行为意向产生间接的影响，同时也有研究表明服务质量会直接影响顾客的行为意向。汪纯孝等（2001）的实证研究发现，服务质量对行为意向不仅有显著的间接影响，而且有显著的直接影响。Shu 和 Illum（2006）研究证明，在节日旅游中，服务质量间接影响游客未来的行为意向。现有的研究大多在非生态旅游的领域，本研究认为在生态旅游领域，服务质量对游客的行为意向也存在显著的正向影响，提出以下假设。

假设三，生态旅游服务质量对游客的行为意向有显著的正向影响。

假设三（a），生态有形性对游客的行为意向有显著的正向影响。

假设三（b），服务的保证性对游客的行为意向有显著的正向影响。

假设三（c），服务的可靠性对游客的行为意向有显著的正向影响。

假设三（d），服务的响应性对游客的行为意向有显著的正向影响。

假设三（e），服务的移情性对游客的行为意向有显著的正向影响。

假设三（f），服务的有形性对游客的行为意向有显著的正向影响。

4. 旅游体验的中介效应

前文已经提出 3 个基本假设，根据中介变量的基本原理，本节提出以下假设：

假设四，旅游体验在生态旅游服务质量对游客行为意向的影响关系中具有中介作用。

5.2.3 研究设计

本节研究的是游客感知的生态旅游服务质量对游客旅游体验及行为意向的影响，而生态旅游服务质量界定为游客进入生态旅游景区旅游的过程中所感知的服务质量。本节选择肇庆鼎湖山自然保护区作为研究地点，调研对象为到鼎湖山生态旅游景区旅游的游客。肇庆鼎湖山是我国在 1956 年成立的第一个国家级自然保护区，1979 年又成为我国第一批加入联合国科教文组织“人与生物圈”计划的保护区，并建立了“人与生物圈”研究中心。鼎湖山是岭南四大名山之首，被中外学者誉为“北回归线上的绿宝石”，有野生高等植物 1 843 种，栽培植物 535 种，其中珍稀濒危的国家重点保护植物 23 种，分布着沟谷雨林、常绿阔林、亚热带季风常绿阔叶林等森林类型，其中，地带性常绿阔叶林是有 400 多年历史的原始森林。鼎湖山因其特殊的研究价值闻名海内外，被誉为华南生物种类的“基因储存库”和“活的自然博物馆”。鼎湖山因其丰富的生态资源而被认证为国家级的生态旅游景区，并曾获得“全球优秀生态旅游景区”和广东“十佳森林生态旅游景区”称号。鼎湖山是国内发展较为成熟的生态旅游景区，生态资源丰富，得到广泛的赞誉，作为一个优秀的生态旅游景区，应该为游客提供良好的生态旅游服务，因此，本节选择的区域具有比较好的代表性。

本节采取问卷调查的方式，在文献研究的基础上结合本研究的具体情况，界定了研究模型中各变量的操作性定义如表 5-5 所示，并运用目前国内外学者使用比较广泛的量表，最终形成调研问卷。其中，对于生态旅游服务质量的测量采用了 Khan 于 2003 年开发的生态旅游服务质量量表，问卷中各个问项结合研究的具体情况进行了相应的修改。为了使测量更加精确，所有测量题项均使用 7 点尺度，从 1～7 分别表示完全不同意、比较不同意、有点不同意、中立、有点同意、比较同意和完全同意。问卷分为 3 个部分，第一部分为问卷填写说明，旨在解释本研究的目的和数据保密性，以打消被调查者的疑虑，让其放心填写；第二部分是主体内容，包括模型中所有的测量题项；第三部分为被调查者的基本个人信息，作样本描述统计之用。最后，运用 LISREL8.70 软件和 SPSS16.0 软件对所收集的问卷数据进行统计分析。

表 5-5　研究变量的可操作性定义和计量尺度

变量	操作性定义	计量尺度
生态旅游服务质量	游客感知的生态旅游服务的优越性，游客对生态旅游景区所提供服务的质量感知	Khan（2003）
生态有形性	人工建设没有破坏当地生态环境，设施与当地生态环境相协调，并符合环保要求	Khan（2003）
保证性	服务人员有知识和能力，热情为游客服务，所提供的服务是值得信赖的	Khan（2003）
可靠性	准确、可靠地履行服务承诺，服务以相同的方式、无差错地准时完成	Khan（2003）
响应性	随时准备响应游客的需求，帮助游客和为游客提供快速的服务	Khan（2003）
移情性	关心游客，了解游客的需要，为游客提供人性化的服务，使服务过程富有人情味	Khan（2003）
有形性	指反映当地特色的设备、物品和服务人员的仪表	Khan（2003）
旅游体验	旅游者在旅游的过程中获得心理满足的程度，是旅游者的情感状态和心理感知	Brengman 和 Geuens（2004） 温韬（2007）
行为意向	游客进行旅游后可能采取的行为倾向，例如，愿意再次到当地旅游、向他人推荐等	Parasuraman（1996）

作者于 2010 年 3 月 16～22 日在肇庆鼎湖山生态旅游景区进行了正式问卷调查，并亲身参与景区的生态旅游体验和考察景区内的服务质量，此外，作者还与部分游客进行深入交谈，以便深入了解游客对景区服务质量的看法。从交谈中发现，绝大多数来鼎湖山旅游的游客都是为了欣赏当地的生态自然景观，并且认为保护生态环境是非常重要的，这符合生态旅游者的特点。

在问卷调查中，陪同被调查者共同完成答卷的填写过程并现场回收，以保证问卷的质量和回收率。因为绝大部分鼎湖山的游客都符合生态旅游者的特征，并且生态旅游景区的服务也应该主要是为生态旅游者提供的，所以，作者在调查中尽量排除非生态旅游者样本，例如，在填写问卷前询问游客是不是以欣赏当地自然景观为目的的，是不是愿意保护生态环境。本研究共派发问卷 398 份，回收问卷 396 份，经过问卷的有效性筛选后，获得有效问卷 355 份，问卷的有效回收率为 89%。无效问卷的主要原因是被调查者没有最终完成问卷的全部题目，或者被调查者没有认真填写，把所有题项都选择同一个数值。

收集的样本中，男女所占比例分别为 48.7%与 51.3%，公务员、事业单位工作人员、企业工作人员、教师、学生、军人、农民、私营业主、离退休人员、自由职业者所占比例分别为 8.2%、10.4%、27.3%、5.4%、28.7%、0.8%、0.8%、8.2%、1.1%和 7.0%，总体上处于一个比较合理分散的水平。

5.2.4 数据分析及结果

1. 数据可靠性分析

数据可靠性测量一组计量项目是否在衡量同一概念，是衡量数据质量的一个重要指标，参照学术界的一般做法，本节采取内部一致性系数（Cronbach's α 值）检验数据的可靠性。运用 SPSS16.0 统计分析软件对数据进行分析，结果显示，各变量的 Cronbach's α 值处于 0.746～0.959，均大于 0.7。根据美国统计学家海尔（Joseph F. Hair Jr. ）等的观点，Cronbach's α 值大于 0.7，表明数据可靠性较高；若计量尺度中的项目不足 6 个，Cronbach's α 值大于 0.6 则表明数据可靠，据此，本节研究中各变量的测量是有效的，数据有较好的可靠性。

2. 有效性分析

本节研究使用 LISREL 8.70 软件将合并后的指标转变为正态分布，以协方差系数矩阵为输入矩阵，对模型中的概念进行确认性因子分析。分析结果表明，所有指标在各自计量的概念上的因子负载均为显著（T 值为 13.74～24.94），表明数据有较高的会聚有效性；各个变量解释的方差（AVE）都大于该变量与其他变量的共同方差，表明数据有较高的判别有效性。计量模型与数据拟合程度指标 NFI、NNFI、CFI、IFI、RFI、GFI、AGFI 分别为 0.99、0.99、0.99、0.99、0.98、0.94、0.90，RMR 为 0.036，RMSEA 为 0.058，χ^2/df 为 2.154，全部指标均满足相应的标准，表明计量模型与样本数据有良好的拟合程度。

3. 假设检验

本节研究中，作者使用 SPSS16.0 统计软件依次检验生态旅游服务质量各因子对游客旅游体验的影响关系、游客旅游体验对行为意向的影响关系、生态旅游服务质量对游客行为意向的影响关系，以及旅游体验在生态旅游服务质量对行为意向影响关系中的中介效应。

在进行回归分析之前，首先对研究模型中的变量进行相关分析，以了解各变量之间的关联程度。本节的研究采用 Pearson 相关系数，在 0.01 的显著性水平下，各个变量间的相关性都显著（双尾检验），结果见表 5-6 与表 5-7。假设的各组关系中，相关系数都具有统计意义。

表 5-6　生态旅游服务质量对游客旅游体验的回归分析结果

自变量	因变量	回归方程系数检验			模型拟合度		
		系数 *B*	Beta 值	*T* 值	R^2	调整 R^2	*F* 值
生态旅游服务质量	旅游体验	0.912	0.776	23.092***	0.602	0.601	533.262

***表示在 0.01 的显著性水平下，回归系数或回归方程显著。

表 5-7　生态旅游服务质量各因子对游客旅游体验的多元回归分析结果

自变量	回归方程系数检验			模型拟合度			共线性诊断
	系数 *B*	Beta 值	*T* 值	R^2	调整 R^2	*F* 值	VIF
生态有形性	0.200	0.221	3.194***	0.619	0.612	94.089	1.655
保证性	0.114	0.084	1.715				2.203
可靠性	0.251	0.275	4.181***				3.934
响应性	0.021	0.024	0.316				3.963
移情性	0.070	0.078	1.213				3.721
有形性	0.274	0.277	5.723***				2.131

***表示在 0.01 的显著性水平下，回归系数或回归方程显著。

1）生态旅游服务质量对游客旅游体验的影响

作者将各变量的所有题项汇总后求算术平均值，作为该变量的取值，采用“一次进入法”（enter）进行回归分析，生态旅游服务质量对游客旅游体验的回归分析结果如表 5-6 所示。

回归分析结果显示，上述回归方程通过了显著性水平为 0.01 的 *F* 检验，表明自变量生态旅游服务质量与因变量游客旅游体验之间存在显著的线性关系。调整后的多元测定系数调整 R^2 为 0.601，在 0.01 的显著性水平下，自变量生态旅游服务质量的回归系数 *T* 检验显著，结合标准化回归系数 Beta 值，可以得出以下结论：生态旅游服务质量对游客旅游体验有显著的正向影响，证实了本研究提出的假设一。生态旅游服务质量各因子对游客旅游体验的回归分析结果如表 5-7 所示。

根据表 5-7 多元回归分析的结果显示，上述回归方程通过了显著性水平为 0.01 的 *F* 检验，表明生态旅游服务质量因子与游客旅游体验之间确实存在显著的线性关系。调整后的多元测定系数调整 R^2 为 0.612，表示该模型可以解释因变量 61.2% 的变异性。

结合标准化回归系数 Beta 值及其显著性检验的结果，可以发现，在 0.01 的显著性水平上，自变量生态有形性、可靠性和有形性均对因变量游客旅游体验有显著的正向影响，证实了本节研究提出的假设一（a）、假设一（c）和假设一（f）。另外，自变量保证性、响应性和移情性在本节研究界定的任一显著性水平下，其 *T* 检验均不显著，表明其对因变量游客旅游体验均无显著影响，不支持本研究提出的假设一

(b)、假设一(d)和假设一(e)。

严格来说，由于各变量之间的相关关系，多重共线性是存在的，因此有必要对回归模型进行多重共线性诊断。在本节的研究中，作者使用方差膨胀因子(variance inflation factor，VIF)来检验回归模型的多重共线性是否处于可以接受的水平。一般认为，VIF 值小于 5 便可以接受，如果 VIF 值大于 10，则说明各变量间具有较严重的多重共线性，将影响回归分析的结果。共线性诊断的结果显示，生态旅游服务质量各因子的 VIF 值分别为 1.655、2.203、3.934、3.963、3.721、2.131，均小于 5，表明本回归模型的多重共线性处于可接受的范围。

2）游客旅游体验对行为意向的影响

与前面方法一样，作者将有关各变量的所有题项汇总后求算术平均值，以此作为该变量的取值，然后采用“一次进入法”进行回归分析，游客旅游体验对行为意向的回归分析结果如表 5-8 所示。

表 5-8 游客旅游体验对行为意向的回归分析结果

自变量	因变量	回归方程系数检验			模型拟合度		
		系数 B	Beta 值	T 值	R^2	调整 R^2	F 值
旅游体验	行为意向	0.927	0.810	25.994***	0.657	0.656	675.709

***表示在 0.01 的显著性水平下，回归系数或回归方程显著。

回归分析的结果显示，回归方程通过了显著性水平为 0.01 的 F 检验，表明自变量游客旅游体验与因变量行为意向之间存在显著的线性关系。调整后的多元测定系数调整 R^2 为 0.656，在 0.01 的显著性水平下，自变量游客旅游体验的回归系数 T 检验显著，结合标准化回归系数 Beta 值，可以得出以下结论：游客旅游体验对行为意向有显著的正向影响，证实了本研究提出的假设二。

3）生态旅游服务质量对游客行为意向的影响

同上，作者将有关各变量的所有题项汇总后求算术平均值，以此作为该变量的取值，然后采用“一次进入法”进行回归分析，生态旅游服务质量对游客行为意向的回归分析结果如表 5-9 所示。

表 5-9 生态旅游服务质量对游客行为意向的回归分析结果

自变量	因变量	回归方程系数检验			模型拟合度		
		系数 B	Beta 值	T 值	R^2	调整 R^2	F 值
生态旅游服务质量	行为意向	0.831	0.619	14.794***	0.383	0.381	218.877

***表示在 0.01 的显著性水平下，回归系数或回归方程显著。

表 5-9 回归分析的结果显示，上述回归方程通过了显著性水平为 0.01 的 F 检

验，表明自变量生态旅游服务质量与因变量游客行为意向之间存在显著的线性关系。调整后的多元测定系数调整 R^2 为 0.381，在 0.01 的显著性水平下，自变量生态旅游服务质量的回归系数 T 检验显著，结合标准化回归系数 Beta 值，可以得出以下结论：生态旅游服务质量对游客行为意向有显著的正向影响，证实了本研究提出的假设三。

生态旅游服务质量各因子对游客行为意向的回归分析结果如表 5-10 所示。

表 5-10 生态旅游服务质量各因子对游客行为意向的多元回归分析结果

自变量	回归方程系数检验			模型拟合度			共线性诊断
	系数 B	Beta 值	T 值	R^2	调整 R^2	F 值	VIF
生态有形性	0.120	0.115	2.163**	0.401	0.391	38.878	1.655
保证性	0.145	0.094	1.529				2.203
可靠性	0.203	0.194	2.358**				3.934
响应性	0.036	0.035	0.420				3.963
移情性	0.113	0.110	1.372				3.721
有形性	0.321	0.283	4.680***				2.131

**表示在 0.05 的显著性水平下，回归系数或回归方程显著。
***表示在 0.01 的显著性水平下，回归系数或回归方程显著。

表 5-10 多元回归分析的结果显示，上述回归方程通过了显著性水平为 0.01 的 F 检验，表明生态旅游服务质量因子与游客行为意向之间确实存在显著的线性关系。调整后的多元测定系数调整 R^2 为 0.391，表示该模型可以解释因变量 39.1%的变异性。

结合标准化回归系数 Beta 值及其显著性检验结果，我们可以发现，在 0.05 的显著性水平上，自变量生态有形性、可靠性和有形性均对因变量游客行为意向有显著的正向影响，证实了本研究提出的假设三（a）、假设三（c）和假设三（f）。另外，自变量保证性、响应性和移情性在本研究界定的任一显著性水平下，其 T 检验均不显著，表明其对因变量游客行为意向均无显著影响，不支持本研究提出的假设假设三（b）、假设三（d）和假设三（e）。

4）游客旅游体验在生态旅游服务质量对游客行为意向影响中的中介效应

在统计学中，当考虑自变量 X 对因变量 Y 的影响时，如果 X 是通过变量 M 来影响 Y 的，则称 M 为中介变量。将所有变量标准化（即均值为零）之后，用下面 3 个方程来描述变量之间的关系，检验中介变量的一般做法就是依次检验这 3 个方程中的回归系数。

$$Y = cX + e1 \quad (5\text{-}1)$$

$$M = aX + e2 \quad (5\text{-}2)$$

$$Y = C'X + bM + e3 \tag{5-3}$$

在本节研究的概念模型中，作者将旅游体验界定为中介变量（M），假设其在生态旅游服务质量（自变量 X）对游客行为意向（因变量 Y）的影响关系中具有显著的中介效应。根据检验中介变量的一般做法，如果自变量 X 显著影响因变量 Y（即系数 c 显著），并且在控制了中介变量 M 前面的自变量 X 后，显著影响因变量 Y，则是 Baron 和 Kenny 在 1986 年定义的部分中介过程（即系数 a 显著且系数 b 显著）；如果自变量 X 显著影响因变量 Y（即系数 c 显著），并且在控制了中介变量 M 后，自变量 X 对因变量 Y 的影响不再显著，则是 Judd 和 Kenny 定义的完全中介过程（即系数 c' 不显著）。

在本节研究中，生态旅游服务质量对游客旅游体验的影响关系与生态旅游服务质量对游客行为意向的影响关系都已得到了验证，因此，检验游客旅游体验的中介效应只需把生态旅游服务质量和游客旅游体验当作自变量输入，将游客行为意向当作因变量来进行回归分析就可以进行检测，回归分析的结果如表 5-11 所示。

表 5-11 检验中介变量的回归分析结果

变量	回归方程系数检验			模型拟合度			共线性诊断
	系数 B	Beta 值	T 值	R^2	调整 R^2	F 值	VIF
生态旅游服务质量	−0.34	−0.025	−0.508	0.657	0.655	337.274	2.511
旅游体验	0.949	0.830	16.783***				2.511

***表示在 0.01 的显著性水平下，回归系数或回归方程显著。

根据表 5-11 回归分析的结果显示，在控制了旅游体验（中介变量 M）之后，生态旅游服务质量（自变量 X）对游客旅游体验（因变量 Y）的影响不再显著，这说明了在本节的研究模型中，旅游体验具有完全中介效应，即生态旅游服务质量需要通过游客旅游体验来影响游客的行为意向，从而验证了假设四。共线性诊断的结果显示，自变量的 VIF 值为 2.511，均小于 5，表明本回归模型的多重共线性处于可接受的范围。

5.2.5 结论与讨论

本节旨在探讨生态旅游服务质量对游客旅游体验及其行为意向的影响，作者在学习和回顾相关文献的基础上，提出了研究的概念模型，通过问卷调研收集足够的样本数据后，运用相关统计软件进行了数据有效性分析、相关分析及多元回归分析，最后得出以下结论：生态旅游服务质量对游客旅游体验有显著的正向影响；生态旅游服务质量的生态有形性、可靠性和有形性因子对旅游体验的正向影响显著，而保证性、响应性和移情性因子对旅游体验的影响不显著；旅游体验对游客的行为意向有显著的正向影响；生态旅游服务质量对游客的行为意向有显著的正向影响；生态旅游服务质量的生态有形性、可靠性和有形性因子对行为意向的正向影响显著，而保证性、响应性和移情性因子对行为意向的影响不显著；旅游体验在生态旅游服务质量对游客行为影响的影响关系中具有完全中介作用。

1. 关于生态旅游服务质量对游客旅游体验的影响

本节运用了 Khan 于 2003 年开发的生态旅游服务质量量表进行实证研究，实证数据表明该量表有着良好的信度和效度。Khan 在开发这份量表后，用它进行了游客期望的生态旅游服务质量实证研究，其在研究中指出，游客感知的生态旅游服务质量还有待进一步研究，本节的研究祢补了这一点，并推广了生态旅游服务质量量表的运用。

在本研究中，回归分析的结果表明生态旅游服务质量对游客的旅游体验有显著的正向影响，这验证了生态旅游服务质量是游客旅游体验的重要影响因素，生态旅游景区应该提供优质的服务，让游客获得良好的旅游体验。这一点是很容易理解的，游客在生态旅游景区旅游的过程中，如果能得到恰当的服务，就可以全身地投入享受自然生态环境之中，得到很好的体验；相反，如果生态旅游景区没能给游客提供优质的服务，游客在旅游过程中就要花费不必要的时间和精力，影响体验的效果。

通过对生态旅游服务质量各因子的回归分析，发现生态有形性因子、可靠性因子和有形性因子对游客的旅游体验影响显著；而保证性因子、响应性因子和移情性因子对游客的旅游体验影响不显著。这个研究结论表明，生态旅游景区的游客要求给他们提供一个没有被破坏的生态环境（Wight，1996）和具有当地特色的景观，并只要求景区能够正确可靠地提供所承诺的服务，而不要求景区提供“奢侈”的个人服务。

（1）生态有形性对旅游体验影响显著表明游客要求体验一个没有受到破坏的、良好的自然生态环境，所以要求景区的设施要与当地生态环境相协调、设施要具有环保性、人工建设不能破坏当地的自然生态环境。在鼎湖山自然保护区中，有些方面做得比较好，例如，具有 1000 余米的“天山”已经被保护起来，禁止任何人进入；景区内规划出原始森林保护区域，生物多样性保护得很好；具有“鼎湖山景色最美的地方”之称的“蝴蝶谷”也环境优雅，给人仙境一般的感觉，这些生态环境给游客留下了深刻的印象。但是，也同样存在不少应该改进的地方，例如，有游客反映“蝴蝶谷”中使用的燃料是油气，不够环保，与当地的环境氛围不相称；景区是禁止外来车辆进入的，但也有游客反映有人开车进入景区，不仅汽车尾气会污染环境，这种不平等的感觉也影响了游客的心情。

（2）有形性对旅游体验影响显著表明游客在旅游过程中想体验一些具有当地特色的景观，例如，景区的设施要反映出当地的特色；景区要提供反映当地特色的物品；景区的设施和所提供的物品在视觉上要有吸引力；景区要提供当地的娱乐活动；员工的服装要恰如其分；景区的服务设施是要清洁卫生的。在鼎湖山风景区，古刹云瀑、观砚台、宝鼎园等设施建设是比较能吸引游客的地方，此外，景区提供的鼎湖山过山蕉、三水豆腐花、转运风车、山石榴等具有当地特色的物品也能引起游客的很大兴趣。这与 Rebecca Sims 和 Bessiere 的研究结果相符合：Rebecca Sims（2009）研究证明，当地食物作为一个地方和地方文化的标签，对生态旅游体验起到非常重要的影响作用；当地食物体现一个地方的特色，对旅游者来说很具有吸引力，景区可以通过提供一系列当地食物来吸引旅游者（Bessière，2010）。

（3）可靠性对旅游体验影响显著表明游客在旅游的过程中要得到正确可靠的服务，例如，游客要真正能够体验到景区所宣传的服务，鼎湖山以良好的自然生态环境和新鲜的空气著称，那么游客在旅游时就要真正体验到良好的自然生态环境和新鲜的空气；景区的服务要按时提供，例如，景区的电车规定每隔 15 min 发车，那么就算只有一个游客，也应该及时出发；景区提供的服务要正确无差错，不然就会给游客造成不便，影响游客旅游的心情；景区的服务人员要真诚地为游客解决问题，在调研过程中，有位老年游客反映："我一把年纪从山脚下坐车上来，急着要找卫生间，问了好几个服务人员才找到，连旅游的心情都没有了……"。

（4）保证性、响应性和移情性对旅游体验影响不显著，保证性是指服务人员有知识和能力，热情为游客服务，能够给游客带来信任感；响应性是指随时准备响应游客的需求，为游客提供快速的服务；移情性是指关心游客，了解游客的需要，为游客提供人性化的服务，使服务过程富有人情味，这 3 个服务因子都是强调服务人员对游客的个人服务，但这些个人服务都没有显著地影响游客的旅游体验。这个结果表明，生态旅游景区的服务不用太过"热情"，不用给以游客过多的个人服务。这一点也是可以理解的，游客到生态旅游景区旅游，就是为了体验大自然，找到回归大自然的感觉，不需要太多人为因素的干预，不需要服务人员对游客的"贴心照顾"，只要给游客提供一个良好的环境、最基本的服务，让游客自己"融入"大自然当中。

本节的结论验证了前人的研究成果，即生态旅游者不要求得到"奢侈"的服务，他们要求服务的环境氛围和服务设施是和当地环境相协调的，他们只要求体验一个没有被破坏（相对原生或自然的）的生态环境，体验一种简单的生活方式（Boo，1990；Eagles，1992）。作者在鼎湖山生态旅游景区调研时发现，绝大多数来鼎湖山旅游的游客都是为了欣赏当地的自然生态景观，并且认为保护生态环境是非常重要的，愿意为之做出贡献（他们在景区支付的费用已经构成了保护区的部分资金来源），这符合生态旅游者的特点。

2. 关于旅游体验对游客行为意向的影响

游客的旅游体验对其行为意向有显著的正向影响，说明游客得到的旅游体验越好，就越可能再次到当地旅游，并向其他人推荐这个旅游景点；反之，如果得到的旅游体验不好，就很可能不会再次参加当地旅游，并向他人进行消极的口碑宣传。因此，生态旅游景区要为游客提供良好的生态旅游体验，这样才能保证有充足的客源，从而有足够的资金收入，有能力投入资金保护当地的自然生态环境和促进当地社会经济的发展，实现可持续发展的目标。

在现有的文献中还罕见直接验证旅游体验影响游客行为意向的实证研究，虽然心理层面的体验效果对游客行为意向的影响已经得到验证（Shu and Illum，2006）；另外，顾客满意对行为意向的影响已经得到广泛的证实，但是旅游体验也不同于一般的顾客满意，因此，这个结论深化了旅游体验的研究。

3. 关于生态旅游服务质量对游客行为意向的影响

生态旅游服务质量对游客的行为意向有显著的正向影响，验证了在生态旅游领域，服务质量也能显著地正向影响游客的行为意向。因此，生态旅游景区也要为游客提供优质的服务，才能吸引游客再次参加当地旅游，并且使得游客对景区进行更多的正面宣传。

通过对生态旅游服务质量各因子的回归分析发现，生态有形性因子、可靠性因子和有形性因子对游客的行为意向影响显著；而保证性因子、响应性因子和移情性因子对游客的行为意向影响不显著。这个研究结论跟第一个结论（生态有形性因子、可靠性因子和有形性因子对游客的旅游体验影响显著；而保证性因子、响应性因子和移情性因子对游客的旅游体验影响不显著）相吻合，说明导致游客再次参与当地生态旅游和推荐他人前来旅游意向的也是良好的自然生态环境和当地的特色，而不是景区提供的个人服务。前人研究指出，吸引生态旅游者的是未遭破坏的自然环境、比较原始的设施和当地社区的文化（Jennifer and Tom，2007），印证了本节的这个研究结论。

在其他服务行业中，学者们已经广泛实证了服务质量对顾客行为意向的影响，有些研究表明服务质量对顾客的行为意向有直接的影响作用，而有些研究表明服务质量对顾客的行为意向有间接的影响作用，或者两者兼而有之。那么在生态旅游领域，服务质量又是怎样影响游客行为意向的呢？中介变量的检测可以发现这一点。

4. 旅游体验的中介效应

通过对旅游体验中介效应的检验结果发现，旅游体验在生态旅游服务质量对游客行为意向的影响关系中具有完全中介作用，说明生态旅游服务质量需要通过游客的旅游体验来影响其行为意向，验证了在自然保护区生态旅游领域，服务质量对游客的行为意向只具有间接的影响作用。

研究中介作用的目的是在已知某些关系的基础上，探索产生这个关系的内部作用机制（陈晓萍等，2008），研究中介变量可以使自变量与因变量间的关系链更为清楚和完善，可以解释在自变量变化与因变量随之变化的中间过程。在生态旅游领域，探讨生态旅游服务质量与游客行为意向之间的作用机制非常重要。可能很多旅游企业都希望通过提高服务质量来吸引游客再次参与当地生态旅游活动或推荐他人前来旅游，但是如果旅游企业不了解生态旅游服务质量与游客行为意向关系中的内部作用机制，就很可能无法有效地通过提高服务质量来达到这个目的。

通过本节的研究发现生态旅游服务质量需要通过游客的旅游体验来影响其行为意向，结合前面已经验证的生态旅游服务质量各因子对游客旅游体验的影响，可以得出结论：不能贸然地想通过提高服务质量来试图影响游客的行为意向，因为有些服务质量因子对游客的旅游体验没有显著的影响，而服务质量是需要通过旅游体验才能影响游客的行为意向的，首先应针对那些对旅游体验有显著影响作用的服务质量因子——生态有形性、可靠性和有形性因子，通过提高这些方面的服务水平来影响游客的行为意向。

参 考 文 献

陈晓萍，徐淑英，樊景立，2008. 组织与管理研究的实证方法[M]. 北京：北京大学出版社.

陈孝青，2002. 自然保护区生态旅游开发与保护浅析[J]. 世界林业研究，(4)：71-75.

范秀成，李建州，2006. 顾客餐馆体验的实证研究[J]. 旅游学刊，21(3)：56-61.

贺昭和，秦卫华，王智，2007. 我国自然保护区生态旅游发展的存在问题及对策[J]. 生态环境，16(1)：253-256.

胡镜荣，1997. 生态旅游临界容量的确定和管理[J]. 人与生物圈，(4)：8-10.

胡宇，2007. 拓展的公平维度下服务补救和行为意向的影响关系研究[D]. 杭州：浙江大学.

康庆，2008. 餐饮满意度对旅游体验质量影响的实证研究[D]. 厦门：厦门大学.

李宏，杜江，2011. 旅行社经营与管理（第二版）[M]. 天津：南开大学出版社.

李怀兰，2004. 旅游体验效用因素分析[D]. 广西：广西大学.

李淼，2004. 旅游群体规模与旅游体验质量：针对旅游群体成员间互动过程的实证分析[D]. 大连：东北财经大学.

李晓琴，2006. 旅游体验影响因素与动态模型的建立[J]. 桂林旅游高等专科学校学报，17(5)：609-611.

刘静艳，王郝，2009. 生态住宿体验和个人涉入度对游客环保行为意向的影响研究[J]. 旅游学刊，(8)：82-88.

刘青，王智，钱谊，等，2009. 我国自然保护区生态旅游存在问题分析[J]. 生态与农村环境学报，(3)：11-15.

刘亭立，2013. 旅游价值链研究综述：回顾与展望[J]. 旅游学刊，28(2)：60-66.

马波，2009. 生态旅游在中国：研究回顾与本质回归[J]. 旅游科学，(1)：1-6.

毛振宾，曹志平，赵彩霞，2002. 生态旅游与旅游生态学的研究进展[J]. 环境保护，2：27-30.

苏勤，2004. 旅游者类型及其体验质量研究[J]. 地理科学，(4)：506-511.

谭琼，涂慧萍，2008. 游客旅游体验影响因素分析及其在森林公园旅游开发管理中的应用[J]. 中南林业调查规划，27(1)：24-27.

汪纯孝，温碧燕，姜彩芬，2001. 服务质量、消费价值、旅客满意感与行为意向[J]. 南开管理评论，(6)：11-15.

王尔康，1998. 生态旅游与环境保护[J]. 旅游学刊，(2)：14-16.

王洁，赵蔚霞，黄华，2009. 论自然保护区的生态旅游开发[J]. 内蒙古环境科学，21(4)：8-11.

王琴，2012. 网络治理的权力基础：一个跨案例研究[J]. 南开管理评论，15(3)：91-100.

温韬，2007. 顾客体验对服务品牌权益的影响[D]. 大连：大连理工大学.

温韬，侯铁珊，2006. 大型百货商场顾客体验影响因素的实证研究[J]. 商业经济与管理，(12)：54-59.

温忠麟，侯杰泰，2004. 隐变量交互效应分析方法的比较与评价[J]. 数理统计与管理，23(3)：36-42.

吴丽霞，赵现红，2007. 旅华外国游客旅游体验质量评价实证研究[J]. 地理与地理信息科学，(3)：96-99.

解学梅，左蕾蕾，2013. 企业协同创新网络特征与创新绩效[J]. 南开管理评论，16(3)：47-56.

谢礼珊，李健仪，2007. 导游服务质量、游客信任感与游客行为意向关系研究[J]. 旅游科学，21(4)：43-48.

谢彦君，2005. 旅游体验研究[M]. 天津：南开大学出版社.

杨絮飞，2008. 自然保护区生态旅游规划与管理对策研究[J]. 商业研究，(03)：181-183.

于海波，方俐洛，凌文辁，2007. 组织学习及其作用机制的实证研究[J]. 管理科学学报，10(5)：48-61.

袁俊，吴殿延，常旭，2007. 关于生态旅游的若干质疑[J]. 商业研究，10：188-191.

张斌，2002. 我国生态旅游的几个误区[J]. 环境保护，(07)：27-29.

张建萍，朱亮，2009. 国内生态旅游研究文献综述[J]. 旅游论坛，2(6)：881-885.

朱洪军，徐玖平，2008. 服务环境对顾客体验影响的实证分析[J]. 现代管理科学，(5)：47-53.

邹统钎，吴丽云，2003. 旅游体验的本质、类型与塑造原则[J]. 旅游科学，(04)：7-11.

Aho S K，2001. Towards a general theory of touristic experiences[J]. Tourism Review，50(3/4)：33-37.

Aiken L S，West S G，1991. Multiple regression：Testing and interpreting interations[M]. New York：Sage Publications：36-48.

Alexiev A S，Volberda H W，Bosch F A，2016. Interorganizational collaboration and firm innovativeness：Unpacking the role of the organizational environment[J]. Journal of Business Research，69(2)：974-984.

B. 约瑟夫・派恩，詹姆斯 H. 吉尔摩，2002. 体验经济[M]. 北京：机械工业出版社.

Barbara A，2005. Carmichael. Understanding the Wine Tourism Experience for Winery Visitors in the Niagara Region，Ontario，Canada[J]. Tourism Geographies，7(2)：185-204.

Bellamy M A，Ghosh S，Hora M，2014. The influence of supply network structure on firm innovation[J]. Journal of Operations Management，32(6)：357-373.

Bessière J，2010. Local Development and Heritage：Traditional Food and Cuisine as Tourist Attractions in Rural Areas[J]. Sociologia Ruralis，38(1)：21-34.

Boo E，1990. Ecotourism：the potentials and pitfalls[J]. World Wildlife Fund，(1)：70.

Boulding W，Kalra A，Staelin R，1993. A Dynamic Process Model of Service Quality：From Expectations to Behavioral Intentions[J]. Journal of Marketing Research，30(1)：7-27.

Brengman M，Geuens M，2004. The four dimensional impact of color on shopper's emotions[J]. Advances in Consumer Research，31：122-128.

Brown J R，Dev C S，Lee D J，2000. Managing marketing channel opportunism：the efficacy of alternative governance mechanisms[J]. The Journal of Marketing，64(2)：51-65.

Butler R，1989. Alternative Tourism：Pious Hope or Trojan horse?[J]. World Leisure and Recreation，31(4)：9-17.

Cannon J P，Achrol R S，Gundlach G T，2000. Contracts，norms，and plural form governance[J]. Journal of the Academy of Marketing Science，28(2)：180-194.

Cao Z，Lumineau F，2015. Revisiting the interplay between contractual and relational governance：A qualitative and meta-analytic investigation[J]. Journal of Operations Management，33(1)：15-42.

Cole C S T，Scott D，2004. Examining the Mediating Role of Experience Quality in a Model of Tourist Experiences[J]. Journal of Travel & Tourism Marketing，16(1)：79-90.

Cole S T，Crompton J L，Willson V L，2002. An Empirical Investigation of the Relationships Between Service Quality，Satisfaction and Behavioral Intention among Visitors to a Wildlife Refuge[J]. Journal of Leisure Research，34(1)：1-24.

Cox A，Chicksand D，Palmer M，2007. Stairways to heaven or treadmills to oblivion? Creating sustainable strategies in UK farming and redmeat supply chains[J]. British Food Journal，109(9)：689-720.

Cronin J，Joseph J，Steven A，1992. Taylor. Measuring Service Quality：A Reexamination and Extension[J]. Journal of Marketing (56)：55-68.

Cronin J，Joseph J，Taylor S A，1992. Measuring Service Quality：A Reexamination and Extension[J]. Journal of Marketing，56：55-68.

Csikszentmihalyi M，Csikszentmihalyi I S，1988. Optimal Experiences[M] . Cambridge：Cambridge University Press.

David A，1999. Fennel. Eco-tourism：An Introduction. New York：Routledge：119.

Eagles P，1992. The Travel Motivations of Canadian Ecotourists[J]. Journal of Travel Research，3(2)：3-7.

Edward M，1991. Bruner. Transformation of self in tourism[J]. Annals of Tourism Research，18(2)：238-250.

Engel J F，Blackwell R D，Miniard P W，1995. Consumer Behavior[M]. New York：The Drydden：365.

Garvin D A，1983. Quality on the Line[J]. Harvard Business Review ，(61)：65-73.

Granovetter M，2005. The impact of social structure on economic outcomes[J]. Journal of Economic Perspectives，19(1)：33-50.

Gronroos C，1982. An Applied Service Theory[J]. European Journal of Marketing，16(7)：30-41.

Gronroos C，1984. A service quality model and its marketing implications[J]. European Journal of Marketing，18(4)：36-44.

Heide J B，1994. Interorganizational governance in marketing channels[J]. Journal of Marketing，58(1)：71-85.

Heide J B，John G，1992. Do norms matter in marketing relationships[J]. Journal of Marketing，56(2)：32-44.

Heide J B，Wathne K H，2006. Friends，businesspeople，and relationship roles：A conceptual framework and a research agenda[J]. Journal of Marketing，70(3)：90-103.

Hjalager A M，2010. A review of innovation research in tourism[J]. Tourism Management，31：1-12.

Inkpen A C，Tsang E W，2005. Social capital，networks，and knowledge transfer[J]. Academy of Management Review，30(1)：146-165.

Jap S D，Anderson E，2003. Safeguarding inter-organizational performance and continuity under ex post opportunism[J]. Management Science，49(12)：1684-1701.

Jap S D，Ganesan S，2000. Control mechanisms and the relationship life cycle：Implications for safeguarding specific investments and developing commitment[J]. Journal of Marketing Research，37(2)：227-245.

Jennifer K L C，Baum T，2007. Ecotourists' perception of ecotourism experience in Lower Kinabatangan，Sabah，Malaysia[J]. Journal of Sustainable Tourism，15(5)：574-590.

Jr D J K，Ireland R D，Snow C C，2007. Strategic entrepreneurship，collaborative innovation，and wealth creation[J]. Strategic Entrepreneurship Journal，1：371-385.

Kashyap V，Antia K D，Frazier G L，2012. Contracts，Extracontractual Incentives，and Ex Post Behavior in Franchise Channel Relationships[J]. Journal of Marketing Research，49(2)：260-276.

Khan M，2003. Ecotourists' Quality Expectations[J]. Annals of Tourism Research，30(1)：109-124.

Kumar A，Heide J B，Wathne K H，2011. Performance implications of mismatched governance regimes across external and internal relationships[J]. Journal of Marketing，75(2)：1-17.

Lee G K，Cole R E，2003. From a firm-based to a community-based model of knowledge creation：the case of the Linux kernel development[J]. Organization Science，14(6)：633-649.

Li Y P，2000. Geographical Consciousness and Tourism Experience[J]. Annals of Tourism Research，27 (4)：863-883.

Macneil I R，1980. Power，contract，and the economic model[J]. Journal of Economic Issues，14(4)：909-923.

Mannell R C，Iso-Ahola S E，1987. Psychological nature of leisure and tourism experience[J]. Annals of Tourism Research，14：314-331.

Miles R E，Miles G，Snow C C，2006. Collaborative entrepreneurship：how communities of networked firms use continuous innovation to create economic wealth[J]. Organization Studies，27(6)：899-902.

Otto J E，Ritchie J R，1996. The service experience in tourism[J]. Tourism Management，17(3)：165-174.

Palmatier R W，Dant R P，Grewal D，2007. A comparative longitudinal analysis of theoretical perspectives of interorganizational relationship performance[J]. Journal of Marketing，71(4)：172-194.

Parasuraman A，Valarie A Z，Leonard L B，1985. A Conceptual Model of Service Quality and Its Implications for Future Research[J]. Journal of Marketing，(49)：41-50.

Parasuraman A，Valarie A Z，Leonard L B，1988. SERVQUAL：A Multiple－Item Scale for Measuring Consumer

Perceptions of Service Quality[J] . Journal of Retailing，64 (1)：12-37.

Parasuraman A，Zeithmal V A，Berry L L，1985. A conceptual model of service quality and its implications for future research[J]. Journal of Marketing，49：41-50.

Parasuraman A，Zeithmal V A，Berry L L，1988. A multiple-item scale for measuring consumer perceptions of service quality[J]. Journal of Retailing，64(1)：12-37.

Parasuraman A，Zeithmal V A，Berry L L，1996. The behavioral consequences of service quality[J]. Journal of Marketing，60(2)：31-46.

Rebecca Sims，2009. Food，place and authenticity：local food and the sustainable tourism experience[J]. Journal of Sustainable Tourism，17(3)：321-336.

Ritchie J R B，Hudson S，2009. Understanding and Meeting the Challenges of Consumer/Tourist Experience Research[J]. International Journal of Tourism Research，11：111-126.

Romero I，Tejada P，2011. A multi-level approach to the study of production chains in the tourism Sector[J]. Tourism Management，32(2)：297-306.

Ross G，1991. Tourist Destination Images of the Wet Tropical Rainforests of North Queensland[J]. Australian Psychologist，26：153-157.

Roy S，Sivakumar K，Wilkinson L F，2004. Innovation generation in supply chain relationships：A conceptual model and research propositions[J]. Journal of the Academy of Marketing Science，32(1)：61-79.

Ryan C，1997. The Chase of a Dream，the End of a Play In The Tourist Experience：A New Introduction[M]. London：Cassell.

Sasser W E，Olsen R P，Wyckoff D D，1978. Management of service operations：Text，cases，and readings[J]. Boston：Allyn and bacon：33-54.

Sharon C，2005. Can Sites Formerly Subjected to Development Provide Satisfying Nature. Tourism Experiences?[J]. JOURNAL OF SUSTAINABLE TOURISM，13(1)：50-63.

Sheldon P J，1986. The tour operator industry：an analysis[J]. Annals of Tourism Research，13(3)：349-365.

Shu T C，Illum S F，2006. Examining the mediating role of festival visitors’ satisfaction in，the relationship between service quality and behavioral intentions[J]. Journal of Vacation Marketing，12(2)：160-173.

Shuai Q，Wang N，2004. Towards a structural model of the tourist experience：an illustration from food experiences in tourism[J]. Tourism Management，25(3)：297-305.

Sivadas E，Dwyer F R，2000. An examination of organizational factors influencing new product success in internal and alliance-based processes[J]. Journal of Marketing，64(1)：31-49.

Smith R，Swinyard W，1982. Information Response Models：An Integrated Approach[J]. Journal of Marketing，46：81-93.

Stephan H，Haeckel，Lewis P，2003. Carbone. and Leonard L. Berry. How to Lead the Customer Experience[J]. MM January，12(1)：18-24.

Stewart W P，Cole D N，2001. Number of encounters and experience quality in Grand Canyon Backcountry：consistently negative and weak Relationship[J]. Journal of Leisure Research，33(1)：106-119.

Todo Y，Matous P，Inoue H，2015. The strength of long ties and the weakness of strong ties：Knowledge diffusion through supply chain networks[J]. Research Policy，45(9)：1890-1906.

Uzzi B，Dunlap S，2005. How to build your network[J]. Harvard business review，83(12)：53.

Vitterso J，Vorkinn M，Vistad O I，et al，2000. Tourist experiences and attractions[J] . Annals of Tourism Research，27(2) ：432-450.

Wang L，Yeung J，Zhang M，2011. The impact of trust and contract on innovation performance：The moderating role of environmental uncertainty[J]. International Journal of Production Economy，134(1)：114-122.

Wang N，1999. Rethinking authenticity in tourism experience[J]. Annals of Tourism Research，26：349-370.

Wang Q，Bradford K，Xu J，et al，2008. Creativity in buyer-seller relationships：The role of Governance[J]. International Journal of Research in Marketing，25(2)：109-118.

Wathne K H，Heide J B，2000. Opportunism in inter-firm relationships：Forms，outcomes，and solutions[J]. Journal of Marketing，64(4)：36-51.

Weinberg A，Bellows S，Ekster D，2002. Sustaining Ecotourism：Insights and Implications from Two Successful Case Studies[J]. Society & Natural Resources：An International Journal，15(4)：371-380.

Wight P，1996. North American Ecotourists：Market Profile and Trip Characteristics[J]. Journal of Travel Research，34(4)：2-10.

Wilson E，Nielsen N，Buultjens J，2009. From lessees to partners：exploring tourism public-private partnerships within the New South Wales national parks and wildlife service[J]. Journal of Sustainable Tourism，17(2)：269-285.

Yale P，1995. The business of tour operations[M]. Harlow：Longmane-Pearson：57-62.

Yan T，Kull T J，2015. Supplier opportunism in buyer-supplier new product development：A China-US study of antecedents，consequences and cultural/institutional contexts[J]. Decision Science，46(2)：403-445.

Yeniyurt S，Henke J W，Yalcinkaya G，2014. A longitudinal analysis of supplier involvement in buyers' new product development：working relations，inter-dependence，co-innovation，and performance outcomes[J]. Journal of the Academy of Marketing Science，42：291-308.

Zhang X，Song H，Huang G Q，2009. Tourism supply chain management：A new research agenda[J]. Tourism Management，30(3)：345-358.